本书幸承国家自然科学基金项目资助（编号：72471111，72171113，71471086）

认知与
行为决策

探寻人类行为的
非理性逻辑

李 娟／著

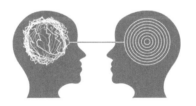

Cognition and Behavioral
Decision Making

Exploring the Irrational Logic of
Human Behavior

科学出版社

北 京

内 容 简 介

本书借助认知心理学理论和管理决策理论，包括前景理论、心理账户理论、双系统理论、相互决策与群体决策行为等，利用数学模型进行运算，讨论个体的行为决策特征、有限理性驱动的个体行为、群体中的个体行为特征。本书还通过"兰"和"芽"的对话，引入生活中的见闻，解读个体非理性决策行为背后的机理，并提出改善决策效果的策略。

本书不仅适合用作决策理论与决策行为相关课程的参考用书，还可以被当作解释生活中认知现象的"手册"。本书可供高年级本科生、研究生自行研读。

图书在版编目（CIP）数据

认知与行为决策：探寻人类行为的非理性逻辑 / 李娟著. -- 北京：科学出版社, 2024. 11. -- ISBN 978-7-03-080352-8

Ⅰ. C934

中国国家版本馆 CIP 数据核字第 202470SK65 号

责任编辑：朱丽娜　高丽丽 / 责任校对：张小霞
责任印制：赵　博 / 封面设计：有道文化

科学出版社 出版
北京东黄城根北街 16 号
邮政编码：100717
http://www.sciencep.com
北京厚诚则铭印刷科技有限公司印刷
科学出版社发行　各地新华书店经销

*

2024 年 11 月第 一 版　开本：720×1000　1/16
2025 年 8 月第二次印刷　印张：21
字数：300 000
定价：98.00 元

谨以本书献给两位授业恩师：
董沛武先生
黄培清先生

序一
preface

　　李娟在农历甲辰春节来临前，发来新春拜年短信及书稿《认知与行为决策——探寻人类行为的非理性逻辑》，并邀请我作序，我很乐意。作为在国内行为运筹与管理领域的一名"老兵"，很高兴看到有一本将决策行为应用于管理的书籍即将出版。并且，李娟长期从事行为运营管理相关研究，身处研究前沿，能够很好地把握章节铺排的脉络和表述节奏。

　　人是管理系统的重要组成部分，因此非常有必要探究人在做决策时的偏差和噪声对管理效果的影响。以有限的篇幅系统地分析决策行为的偏差和噪声并非易事，这是因为它涉及行为经济学、心理学及管理学等多学科的交叉。该书一方面基于主流的前景理论构造个体的效用函数，分析个体的行为偏差，借助必要的数学模型揭示人类行为偏差和噪声背后的内在机理，提出改善决策效果的助推策略；另一方面，还考虑了不同于前景理论的识别启发式理论，并基于此讨论人类的行为决策特性。因此，该书可以帮助读者从多维度来思考行为决策理论在管理情景中的应用。

　　该书分为三篇，第一篇和第二篇围绕个体决策行为展开，第三篇围绕互动决策和群体决策行为展开。该书的独特之处是约 1/3 的篇幅讨论的是多人情景中的互动决策和群体决策。在人工智能时代，人类需要与机器及算法并肩作战，二者如何互动和合作是值得持续关注的议题。期待作者在后续的工作中能够对这一问题做更深入的讨论。

该书适合对行为决策理论和应用感兴趣的学生和教师，以及其他一般性读者阅读。为了缓解阅读过程中面临的理解困难，该书穿插了一些用于"承上"的"兰"和"芽"的对话，以帮助读者换个角度理解看似抽象、实则非常接地气的行为决策理论。这种用对话的插曲帮助读者理解的写作方法也是李娟在她以往的著作中一以贯之的做法。

欢迎大家翻阅该书，与作者一道去经历一次认知与行为决策中的偏差和噪声的认知历程。

赵晓波

清华大学工业工程系教授

2024 年 3 月 1 日

序二
preface

　　欣闻李娟老师的又一著作《认知与行为决策——探寻人类行为的非理性逻辑》即将出版，很高兴有机会为该书作序。李娟老师是一名在行为运营领域颇有学术研究成果的学者。在其诸多论文、研究著作的基础上，该书又为其研究增添了一份新的成果，在此表示热烈祝贺！

　　人类社会有关认知与行为决策的研究有比较久远的历史。该书和很多相关著作的一个显著差异是，在介绍决策人非理性行为的基础上，还对行为经济学中相关的行为模型进行了介绍与讨论。过去多年，我在国内很多高校做过有关"商业行为建模"（behavioral modeling in business）方面的讲座和开过博士生课程，发现这方面的教学和科研还有很大的发展空间。李娟老师的这本著作为这个迅速崛起领域的进一步发展提供了很好的中文学习素材，非常有意义。

　　商业行为建模的研究是基于经济学领域的行为经济学研究。行为经济学是把基于心理学的决策者行为和基于传统经济学的量化建模统一起来，通过量化建模的方法对非理性决策行为及相关的因素进行研究。行为经济学最早可以追溯到 18 世纪的亚当·斯密。而后由于这方面的研究而获得诺贝尔经济学奖的赫伯特·西蒙（1978 年获奖）、丹尼尔·卡尼曼（2002

年获奖）和弗农·史密斯（2002 年获奖）等学者的科研成果和推动工作，进一步确立了行为经济学作为一个独立学科的重要性和必要性。商业行为建模则是在行为经济学的基础上，利用行为经济学理论和模型来研究决策者在商业环境下的非理性决策行为及其影响。全球各高校商学院关于这方面的研究最早始于金融，而后很快在营销、会计、战略等领域得到推广。行为运作管理领域的确立则主要是以 2006 年在宾夕法尼亚州立大学及 2007 年在明尼苏达大学举行的第一届和第二届 BOM（Behavioral Operations Management）会议作为起始标志。国内行为运营管理方面的研究也紧随其后，从 2009 年开始在清华大学举办第一届"行为运筹学与行为运营管理"研讨会至今，相关会议为国内学者传递了大量相关的科研信息和提供了交流机会。

该书通过相关的行为模型，从行为决策理论、有限理性驱动的行为及互动决策与群体决策行为三个方面，对决策者的非理性行为及其对传统经济学结论的影响进行了描述，内容深入浅出，既有顶级学术期刊论文涉及的量化模型，又有现实生活中相关的案例，使读者在充满趣味的阅读中能充分感受到将量化模型与非理性决策行为综合起来而体现出的学术之美，不但给商业行为建模学者带来了新的知识和启示，也给业界和其他领域读者带来了有意义的体验。

崔海涛

明尼苏达大学卡尔森管理学院艺康·皮尔森讲座教授

2024 年 10 月 29 日

前言
Foreword

　　基于完全理性假设的行为模型，因建立在大量假设的基础上而受到诟病。行为主义研究的兴起，在挑战建立在完全理性假设基础上的行为模型的同时，也为行为决策分析提供了微观视角。本书通过研究个体决策、相互决策和群体决策过程中的心理与认知偏差、情绪倾向等因素，分析行为主义研究在行为决策研究中的应用，以及其面临的挑战。

　　本书借助认知心理学理论和管理决策理论，探究个体的认知过程，这必然涉及个体对生活和工作的认知、对世界的理解。本书从期望效用理论（expected utility theory）出发，探讨基于前景理论的个体行为、有限理性个体的行为特征，分析了不同于客观效用的主观效用函数特征，以及不同于客观概率的主观权重函数（subjective probability weight function）特征，通过刻画主观特征的效用函数和权重函数，帮助我们更好地理解各类行为异象背后的机理。

　　本书的结构安排如下。

　　第一篇"行为决策理论"。首先，从客观期望效用理论无法解读的阿莱悖论的视角引出前景理论，并扼要解读前景理论中价值函数的边际效用递减（diminishing marginal utility）特征。其次，基于前景理论引出心理账户（mental accounting），从心理账户的决策编辑与结果评估、分类与贴标签等视角，考察决策者的效用函数，并阐述了助推概念及其应用。再者，考虑受参考点影响的决策者效用函数的多样化表现形态。特别是在个体决策情景下，个体依赖的参考点可以不是固定的，而是动态的、随机的。最后，分析不确定性情景中决策者受参考点影响的风险偏好及其导致的行为。

第二篇"有限理性驱动的行为"。首先，从系统 1 和系统 2 的视角，概括性地讨论了决策者的有限理性（bounded rationality）特征。其次，分别考察了跨期视角下决策者的探索与利用行为及其对时间的偏好，决策者在有限认知资源约束下的满意解（satisfactory solution），以及决策者的有限推理层级行为。接下来，考察了决策者对信息更新情景下的客观概率的主观评价，基于贝叶斯更新法则（Bayes updating's rule），从先验概率（prior probability）的认知偏差视角，讨论了忽视基础比例谬误和保守主义，以及如何寻找可靠的信号进行解读；从似然比（likelihood ratio）的认知偏差视角，讨论了热手谬误（hot hand fallacy）和赌徒谬误（gambler's fallacy）的刻画方式。最后，从信号质量的角度，讨论了决策者关于概率的判断偏差，以及其与实践决策行为的联系。

第三篇"互动决策与群体决策行为"。根据决策主体的数量，可以将决策分为三类：个体决策、群体决策和相互决策。其中，相互决策也属于群体决策的形式，但涉及彼此间的竞争。在相互决策情景中，个体会展现出公平感。首先，本篇分别考察了公平感和信任感如何影响决策者的效用函数。其次，依然是基于贝叶斯更新法则，讨论如何利用更新信号说服他人，分别讨论了如何说服粗疏者和贝叶斯思考者。

本书适合作为决策理论与决策行为的相关课程的教材。若是面对高年级本科生授课，适合讲授的章节是第一篇中的第 1、第 2、第 3 章，其中，讲授重点是第 2 章中的前景理论及损失厌恶（loss aversion）行为；第二篇中的第 5、第 6、第 7 章，其中，讲授的重点是第 6 章中的主观贝叶斯更新导致的行为偏差；第三篇中的第 9 和第 10 章，其中，讲授的重点是第9章中关于公平感的刻画。若是面对研究生授课，可以在讲授第一篇时，增加关于随机参考点、动态参考点如何影响个体的决策行为的内容（第4章）；在讲授第二篇时，可以增加关于跨期决策情景下的现时偏向型偏好（present-biased preference）行为的讨论的内容（第8章）；在讲授第三篇时，可以增加关于有限推理行为（第11章），以及从众行为（第12章）的内容。

　　本书不仅可以作为基础专业书籍，还可以作为解锁生活中认知现象的"手册"。本书的篇章布局在一定程度上反映了决策理论与决策行为的学科前沿，进而希望折射出时代背景下的人类行为特征。据此，本书引用了学术文献作为分析的基础，结合日常生活中的观察，试图为读者呈现观察行为决策的新角度。

　　本书的特点如下：一是通俗易懂，深入浅出。本书以经济管理应用的视角而非心理学的视角来呈现各种认知心态，使不具有深厚研究训练基础的读者也可以掌握行为决策的核心思想。特别地，本书借助"兰"和"芽"之间的对话，用轻松、日常生活语言表达认知行为现象，揭示认知行为规律。二是相对于带来成功的认知与判断，本书更关注决策者的认知偏差和噪声导致的失败，这是因为认知偏差和噪声导致的失败通常比成功更有启迪性。本书并不想传递人类是糟糕的决策者的信念，恰恰相反，想通过揭示人类的认知偏差和噪声的形成过程，让人们意识到很多偏差是具有系统性的，人类可以提前预判，从而避而远之或采取补救行动，以趋近于成功。与此同时，人们彼此之间也能更好地理解对方做出的决策。三是以中国情景的案例串联起问题和知识点。我们需要关注的是身边的日常的、具体的议题。特别地，本书的写作过程伴随着社会经济生活的巨变：人工智能和平台经济的迅猛发展、企业社会责任感觉醒。因此，每一章都涵盖了众多中国情景问题，围绕着这些问题的讨论与解决，将各知识点串联起来。这些案例既能够激发读者的学习兴趣，又清晰地展现了不同知识点的差异，有助于读者理解经济管理背后的决策与判断。

让认知直抵心灵，用行为护佑苍生。本书也适用于高年级本科生、研究生自行研读。希望本书能够捕捉到过去几年中国社会和经济巨变的一些片段。尤其希望年轻学生成为主要的读者群，因为他们终将决定中国的未来，有必要让其了解当下在经济管理情景中中国正在发生的事。

目录
Contents

序一（赵晓波）

序二（崔海涛）

前言

第一篇　行为决策理论

第1章　客观期望效用理论面临的挑战　　　　　5

1.1　不确定性情景中的决策行为　　　　　5

1.2　对阿莱悖论的解读　　　　　11

1.3　对概率的主观认知　　　　　16

第2章　应对阿莱悖论的前景理论　　　　　23

2.1　价值函数的边际效用递减特性　　　　　23

2.2　个体的损失厌恶　　　　　29

2.3　前景理论的概念及其面临的挑战　　　　　34

第 3 章　心理账户与助推　46

3.1　沉没成本及心理账户　46

3.2　心理账户的特性　51

3.3　助推及其面临的挑战　58

第 4 章　受非固定参考点影响的决策行为　65

4.1　受随机参考点影响的决策行为　65

4.2　受动态参考点影响的决策行为　68

4.3　受参考点影响的风险偏好及其导致的行为　75

第二篇　有限理性驱动的行为

第 5 章　双系统理论　92

5.1　从双系统理论解读受生理状态和理性感受驱使的
　　　行为决策　92

5.2　基于系统 1 的行事法则　99

5.3　基于系统 2 的行事法则　105

5.4　基于系统 1 和系统 2 行事的可能冲突　117

第 6 章　面对信号的信念更新行为偏差　120

6.1　面对单信号的反应行为　120

6.2　对不考虑到达顺序的多个信号的主观解读
　　　行为　130

6.3　对考虑到达顺序的多个信号的主观解读行为　140

第 7 章　满意解决策行为 　156

　7.1　采用最优响应均衡策略刻画有限理性者的决策
　　　　行为 　157

　7.2　借助探索与利用策略刻画有限理性者的决策
　　　　过程 　164

　7.3　有限注意力个体的决策过程 　172

　7.4　采用识别启发式刻画有限理性者的决策过程 　184

第 8 章　受时间偏好影响的跨期决策行为 　192

　8.1　现时偏向型偏好理论的发展脉络 　192

　8.2　揭示现时偏向型偏好的棉花糖实验 　197

　8.3　现时偏向型偏好的刻画 　203

　8.4　基于拟双曲贴现解读行为异象 　211

第三篇　互动决策与群体决策行为

第 9 章　受公平感驱使的决策行为分析 　225

　9.1　具有公平感的个体行为 　225

　9.2　影响个体公平感的因素 　233

　9.3　考虑公平感的模型 　239

第 10 章　去信任与被信任行为 　247

　10.1　与去信任和被信任行为相关的典型实验 　247

　10.2　影响信任度的因素 　256

　10.3　提高信任度的机制 　258

第 11 章　有限推理层级行为 263

　　11.1　典型的推理案例 266

　　11.2　认知层级模型 271

　　11.3　用认知层级模型刻画战略行为 278

第 12 章　从众行为 283

　　12.1　从众行为的实验和特征 284

　　12.2　利用从众行为 291

　　12.3　从众行为的刻画 292

参考文献 297

索引 311

后记 317

第一篇

行为决策理论

本篇遵循"发现非理性行为并解释它"的逻辑，以期望效用理论为基础，引出前景理论（prospect theory），据此探讨了经济管理情景中的行为决策特征。特别值得注意的是，人对管理活动规律的影响具有能动性，这使得相关行为决策研究的结论具有普遍的适用性。

第1章分析了客观期望效用理论面临的挑战。客观期望效用理论认为，完全理性的决策者可能会追求最大化决策可能结果的效用与概率的组合。但是，阿莱悖论（Allais paradox）①向客观期望效用理论发起了挑战，它发现个体的选择偏好违背了独立性或相消性的原则。为了解释阿莱悖论，后来的学者分别从后悔理论（regret theory）和齐当别理论（equate-to-differentiate theory）的视角给出了解释。除此之外，本章还讨论了个体关于客观概率的主观认知行为。

第2章围绕前景理论分析了人们决策的目标函数不总是经济效用，更有可能是包括交易效用在内的效用。人们往往难以准确地估计客观概率，

---

① 阿莱悖论的提出者是莫里斯·阿莱（M. Allais）。尽管阿莱悖论让莫里斯·阿莱闻名于世，但是他于1988年获得诺贝尔经济学奖的理由是他在一般均衡理论方面取得的成就，而非基于实验的相关研究。

这种不确定性在人们的认知心态方面表现为风险偏好，从而将人类原始的行为天性毫不掩饰地呈现出来。前景理论更具体地揭示了个体在面对潜在获利时往往倾向于风险寻求（risk seeking），而在面对可能损失时则倾向于风险规避（risk aversion），并用价值函数来刻画这种得与失产生的效用差异。

第 3 章深入探讨了心理账户与助推（nudge），分析了个体对不同来源的收支账户的决策行为。考虑到个体内心的心理账户对于解释沉没成本（sunk cost）的重要性，学者据此提出了"心理账户"的概念。另外，本章还讨论了如何通过简单的干预，潜移默化地影响个体的行为和决策的助推策略，从而取得"四两拨千斤"的效果。

第 4 章探讨了受非固定参考点影响的决策行为。具体而言，分别考察了受随机参考点、动态参考点影响的决策行为，以及受参考点影响的风险偏好及其导致的行为。

芽作为南京大学的校友，站在熟悉的南校门前，深吸一口气后走进校园。自从出国读博，这是她第一次回到母校。校园依旧美丽如初，学生们来来往往，无声地诉说着时间的流逝。她想起了与导师兰约定在与行为决策相关的国际研讨会会议期间见面。兰曾是她的硕士生导师，也是她学术道路上的引路人。即将重逢的喜悦，使芽的脚步不自觉地加快了。

正式会议前一日的下午，兰与芽如约相遇。哪怕是戴着口罩，她们也一眼认出了对方。叙完家常后，兰问起芽的研究进展。

兰：博士学业进展如何？

芽：之前学习以修课为主，最近在准备博士生资格考试。

兰：参加学术会议，可以帮助你了解目前认知科学和行为决策的研究现状，以及它们在企业管理中的应用。

芽：传统经济管理研究崇尚完全理性假设，然而人的理性是有限的。生活在不确定世界，人们经常做违背基于完全理性假设的事情。在人工智能、算法决策一路高歌猛进的背景下，研究人们偏离完全理性的行为特征，还有意义吗？

兰：当然有，因为人的行为特征通过算法，或被放大，或被利用，需要探究人与算法（机器）的交互、协同行为。

两人结伴走出会场，顺着马路牙子，在校园边走边聊。她们看到路边的一间校园书咖人影错落，于是便走了进去，迎面而来的是热门类书籍，如人工智能、元宇宙等。

兰：这本书是周志华教授撰写的"西瓜书"《机器学习》，在人工智能领域极具影响力。

芽：很多同行在研究人工智能，想把算法设计得像人一样聪明，我却在研究人的愚蠢行为。

兰：每个人都是独一无二的。个体的判断虽然会受到他人的影响，但是不会完全相同。并且，当遇到麻烦时，人不会像机器、算法那么容易地陷入死循环，而是会根据其他信息重新审视当前的情况，灵活地做出决策。

芽：我一头扎入行为决策相关研究领域，是因为我对人的行为背后的奥秘感到好奇。在探寻的过程中，受到了您的启发和引领。我有一个好奇已久的问题，那就是老师何时、因何契机对认知科学产生了兴趣。

兰：这要从我攻读企业管理博士学位说起。那时，我喜欢上一个忧郁、内敛的男生，为了多了解他，我开始阅读心理学领域的文献。

芽：你们后续相处得如何？

兰：后来，他有了别的追求，我也走到了博士生高年级阶段。在一次暑期课堂上，我听到了上海交通大学安泰经济与管理学院时任海外院长陈方若教授介绍的一篇和人的行为相关的文章。我逐渐地发现，我不是对具体的人感兴趣，而是对人类行为背后的一般性规律感到好奇，也因此和认知与决策科学结下了不解之缘。

芽：早期的情感经历影响了你后来的研究选题？

兰：我时常在想，当时我对认知与决策充满兴趣，是对这个领域感到好奇，还是为了寻求一段浪漫的恋情？不过，尽管我当时被爱情的多巴胺折腾得七荤八素，却偶尔也有学术的灵感迸发出来。

芽：能在科研生涯的早期就明确自己感兴趣的研究领域，真是幸运！

兰：我与所从事的研究领域虽然一见钟情，但是后续也经历了各种波折。我逐渐意识到自己对行为决策的理解，与他人的理解有些不同。随着不断思考与探索，我便与行为决策这个激动人心、充满智力和体力挑战的学术领域情愫渐生，便打定主意一辈子就从事这个领域的研究。

第①章　客观期望效用理论面临的挑战

本章围绕客观期望效用理论面临的挑战展开讨论。1.1 节从赌金分配问题切入，引出客观期望效用理论，分析阿莱悖论向其发起的挑战；1.2 节分别借助后悔理论和齐当别理论，从主观效用函数的角度解读阿莱悖论；1.3 节从主观权重函数的角度分析个体对概率的主观认知行为特征。

1.1　不确定性情景中的决策行为

1.1.1　赌金分配问题

对不确定性情景中决策行为的探究可以追溯到 1654 年布莱士·帕斯卡（B. Pascal）关于赌金分配决策的探讨。为了讨论简洁起见，笔者改写了赌金分配决策，并将其中的两位赌徒命名为小文和小雨。

◎ 情景 1-1（赌金分配决策）————————————————

两个赌徒小文和小雨约定谁先赢满 5 局，谁就可以获得全部赌金，数量记为 1。赌了 7 局，小文赢了 4 局，小雨赢了 3 局。这时突然听到有人说警察马上来了，两个赌徒便拿着奖金匆忙逃离现场。到达安全地点后，两个赌徒开始商量如何分配赌金。赢了 3 局的小雨认为，由于两人获胜的局数之比为 4：3，因此应当按照 4：3 的比例来分配赌金。然而，赢了 4 局的小文提出了异议，他认为只要自己再赢 1 局就可以获得全部赌金，而小雨需要连续再赢 2 局才能获得全部赌金，显然小文获得全部赌金的可能性更大，按照 4∶3 来分配赌金不公平。

帕斯卡认为，若两位赌徒继续玩下去，再进行 1 局，如果小文胜，则可以获得全部赌金；如果小雨胜，则小文和小雨各有 50% 的概率获得赌金，因为双方各胜 4 局，赌金对半分。

综上所述，应以 50% 的概率把全额赌金分配给小文，再以 50% 的概率把赌金平分给小文和小雨两个人，据此分配方案为

$$小文获得的赌金 = 1 \times \frac{1}{2} + \frac{1}{2} \times \frac{1}{2} = \frac{3}{4}$$

$$小雨获得的赌金 = 0 \times \frac{1}{2} + \frac{1}{2} \times \frac{1}{2} = \frac{1}{4}$$

因此，按照 3∶1 分配，才是对两人都公平的方案。

帕斯卡写信给好友皮埃尔·德·费马（P. de Fermat）讨论赌金分配问题。费马则提出了另一种解法：两人至多再玩 2 局便可分出胜负。可以想象，若再玩 2 局，只要小文至少赢 1 局，就可以获得全部赌金；小雨需要连胜 2 局，才能获得全部赌金。小文至少赢 1 局发生的概率∶小雨需要连胜 2 局发生的概率为 3∶1。因此，应以 3∶1 分配赌金。

帕斯卡和费马从不同角度提出了合理分配赌金的方案。赌金分配问题蕴含了期望值的概念，为经典概率论之发端。后来，经克里斯蒂安·惠更斯（C. Huygens）、托马斯·贝叶斯（T. Bayes）、丹尼尔·伯努利（D. Bernoulli）、富兰克·奈特（F. Knight）等的不断完善，1944 年，冯·诺依曼（von Neumann）和摩根斯坦（Morgenstern）基于经典概率论，将不确定性决策系统公式化地上升为客观期望效用理论。该理论契合了当时如日中天的经济学公理化思潮，一经诞生便迅速融入经济学主流理论框架中，为学者分析不确定情景中个体的行为提供了完备的工具。自此，多数学者认同人是基于最大化效用原则行事的，即便被选中的选项在客观上不是最好的，也必然是个体主观感觉上最好的。也就是说，个体的决策行为无论如何都不会脱离"最优化"思考路径。

1.1.2　客观期望效用理论

依从最优化思考的精神，客观期望效用理论假设个体在面对不确定情景时，具有完全理性的认知能力和无限的计算能力，知晓所有备择选项的效用及其概率（von Neumann & Morgenstern，1947）。

在完全理性者的眼里，所有的认知与行为决策都是统计行为。若随机变量 X 以概率 p_i 取值 x_i，$i=1,2,\cdots,I$，给定 x_i，个体可获得的效用为 $u(x_i)$，那么随机变量（选项）带给个体的期望效用为

$$u(X) = E[u(x_i)] = \sum_{i=1}^{I} p_i \times u(x_i) \tag{1-1}$$

根据式（1-1）可推出，若个体面临多个选项，把多个选项与多个随机变量一一对应，再计算出每个选项的期望效用，就可以选出期望效用最大的选项。特别值得一提的是，式（1-1）刻画的决策偏好满足程序不变性（procedure invariance）。

> **定义 1-1（程序不变性）**：个体关于选择的偏好与该选项表述的形式无关。

式（1-1）预测的个体行为适合充满不确定性但完全已知的情景，即个体知晓所有概率、方案和后果。此时，个体只需要对结果做统计性的数学工作，就可以算出最优解。比如，赌徒依据赔率或者游戏规则，计算输赢期望值。特别地，完全理性者的决策行为会表现出弱显示性偏好的特征。

> **定义 1-2（弱显示性偏好理论）**：面对两个不同的商品束 (x_1,x_2) 和 (y_1,y_2)，若完全理性者对 (x_1,x_2) 的直接显示偏好不低于 (y_1,y_2)，则记为 $(x_1,x_2) \succ (y_1,y_2)$。

尽管效用最大化的理念是完全理性者行事的基本准则，但如果决策者

无法测量"效用",那么也就无法基于效用最大化进行决策。即便决策者可以测量"效用",个体依然常常做出不符合理性假设决策的行为。其原因如下:①即便个体知晓所有不确定性信息,却依然没有能力采取最大化期望效用的选择,此时个体表现出决策能力方面的有限理性;②个体无法获取所有信息或结果,只能依靠直觉判断,采取快速却易出错的方法。

1.1.3 阿莱悖论向客观期望效用理论发起挑战

向客观期望效用理论发起的第一波挑战来自阿莱悖论(Allais, 1953)。

◎ 情景 1-2(阿莱悖论)——————————————————

情景 1-2-1:在下面两个选项中做出选择。

选项 A:稳得 100 万元。

选项 B:以 89% 的概率得到 100 万元,以 10% 的概率得到 500 万元,1% 的概率分文不得。

情景 1-2-2:在下面两个选项中做出选择。

选项 C:以 11% 的概率得到 100 万元,89% 的概率分文不得。

选项 D:以 10% 的概率得到 500 万元,90% 的概率分文不得。

在阿莱悖论情景中,当个体面临情景 1-2-1 的决策时,若个体偏好选项 A,有 $u(A) > u(B)$。根据式(1-1),则有

$$u(A) = u(100)$$

$$u(B) = 0.89 \times u(100) + 0.1 \times u(500) + 0.01 \times u(0)$$

由 $u(A) > u(B)$ 可得

$$0.11 \times u(100) > 0.1 \times u(500) + 0.01 \times u(0) \tag{1-2}$$

当个体面临情景 1-2-2 的决策时,若个体偏好选项 D,有 $u(D) > u(C)$。结合式(1-1),可得

$$0.11 \times u(100) < 0.1 \times u(500) + 0.01 \times u(0) \qquad （1-3）$$

当出现情景 1-2-1 中的个体偏好选项 A 及情景 1-2-2 中的个体偏好选项 D 时，就会导致式（1-2）和式（1-3）彼此矛盾。这违背了客观期望效用理论中个体偏好需要满足独立性或相消性的特征。

> **定义 1-3（独立性或相消性）**：独立性或相消性是指面对两个选项，个体做出的选择只取决于它们之间的差异点而非共同点，即两个选项具有的共同点不应该影响完全理性者的选择。

回顾情景 1-2-2 中选项 C 和选项 D 在 89% 概率下的回报相同，根据独立（相消）性原理，若个体在情景 1-2-1 中偏好选项 A，那么他就应在情景 1-2-2 中偏好选项 C。这是因为将情景 1-2-1 中的两个选项分别去掉"89% 概率赢得 100 万元"的共同点，可得情景 1-2-2 中的两个选项。

兰：在给学生讲授阿莱悖论时，当我讲到"个体在情景 1-2-1 中的决策不等价于在情景 1-2-2 中的决策"时，一名来自南京大学物理学院的学生表示该结论很奇怪。他说："在我看来，情景 1-2-1 和情景 1-2-2 就是等价的，若个体在情景 1-2-1 中选择了选项 A，那么个体在情景 1-2-2 中必然选择选项 C。"

芽：情景 1-2-1 中的两个选项都包含"以 89% 的概率得到 100 万元"，情景 1-2-2 中的两个选项都包含"89% 的概率分文不得"。把这两个情景中相同的部分均去掉后，两个情景对应的选项就一样。但是，多数人未必能意识到情景 1-2-1 和情景 1-2-2 之间的联系。

兰：面对这两个情景，多数人首先想到的是立刻决策，深入思考的人会进一步编辑两个情景。这名学物理的男生的思维方式是：看到问题后，先不着急做决策，而是先将问题化繁为简，去掉相同部分后再决策。所以，他很自然地就觉得两个情景是等价的。

在阿莱悖论中，个体在情景 1-2-2 中的行为不同于情景 1-2-1 中的行为，违背了独立（相消）性。这是因为在情景 1-2-1 中，若个体选择冒险（风险寻求），那么没有将失败归因于外的余地，都是因为自己选择冒险，因此个体表现出了风险规避行为（偏好选项 A）。在情景 1-2-2 中，若个体选择冒险，完全可以将失败归因为中奖概率很小，因此个体表现出了风险寻求行为（偏好选项 D）。这看起来好像是都少了"以 89% 的概率得到 100 万元"的机会，事实上，关键是在于"是否由个体承担不中奖的结果的概率"的从无到有（从 0 到 1）的区别。即人在决策时，会表现出对结果确定的现象过度重视的行为。阿莱悖论中看似自相矛盾表象的背后是确定效应（certainty effect）带来的结果。为方便后续讨论，我们对"确定效应"这一概念进行定义。

> **定义 1-4（确定效应）**：个体偏好确定性收益，主观地赋予确定性收益较高的权重。

两人离开校园书咖，走在附近彩砖铺就的步道上，兰注意到芽走在彩砖围成的方格上时，会刻意地避开彩砖之间的缝隙。

芽（觉察到兰的眼神，笑道）：我曾一度对不确定过度厌恶，对某些行为的正确性反复地产生怀疑，明知毫无必要，但又不能摆脱。这导致我的心理负担很大，产生焦虑。看了心理医生后，我才知道自己患上了强迫症。

兰：个体对确定性的过度偏好会引发强迫症。

芽：我应该有轻度强迫症。走在人行道上，从不踩砖缝。在家时，都是我洗碗，因为父母洗的碗，我总能找出瑕疵。

兰：你走在这些彩砖铺就的步道上，也会有不适应感吧？

芽：被您发现了。若地砖是各种颜色的，我就试图探寻颜色布局的规律，然后按照发现的规律走路。

兰：轻度强迫症能被用在合适的地方是一件好事！如果从事质量检测工作，适当的强迫症会迫使员工追求完美，能帮助企业提高产品和服务的质量。不断地获得反馈后，员工的行为就会表现出确定效应。

芽：但是，在做研究时，如果反复确认，将精力都消耗在重复的事情上，就可能错失创新基因。如果科研中缺少了创新基因，成果就很难达到预期。

1.2 对阿莱悖论的解读

本节讨论解读阿莱悖论的两个理论：后悔理论、齐当别理论。

1.2.1 后悔理论

在阿莱悖论情景中，当个体关于概率和效用的主观感受因素被调动起来后，他们会产生"只缘身在此山中"的认知偏差，难免不遵从完全理性假设下的期望效用理论。作为读者，置身事外，您可能会觉得阿莱悖论只是用来检验理论而设定好的决策情景，因此认为自己遵从客观期望效用理论理性地看待问题，不足为怪。决策时，人或多或少会受到后悔情绪的影响。这意味着对决策的理解，需要从经济和情感两个方面进行。一些俗语也描述了人的后悔心理，比如，"一失足成千古恨，再回头已百年身""事后追悔不如事前稳妥""It is better to be safe than sorry"（安全点总比后悔好）等常被人们用以自我规劝或规劝他人决策前三思，以免事后后悔。

> **定义 1-5（后悔理论）**：也称遗憾理论，即个体比较自己所处的现实状况与可能的其他状况（个体采取反事实思维，在过去选择其他方案），若个体发现自己选择其他方案能得到更好的结果，就会感到后悔；反之，就会感到欣喜。

在后悔理论的叙事框架中，个体会评估自己对未来事件或情形的预期反应，这些预期情绪将改变他的效用函数，因此个体在决策中力争将后悔程度降至最低（Bell，1982；Loomes & Sugden，1982）。

若从后悔感受的角度解释阿莱悖论，那么阿莱悖论并非"悖论"。在情景 1-2-1 中，根据后悔理论，选项 A 给个体带来的效用为

$$U(A) = u(A) + R[u(A) - u(B)]$$

其中，$R[u(A) - u(B)]$ 表示后悔-欣喜值。如果相对于选项 B，选项 A 给个体带来的效用较大，那么选项 A 会给个体带来欣喜；如果相对于选项 A，选项 B 给个体带来的效用较小，那么选项 B 会给个体带来后悔。$R[u(A) - u(B)]$ 是关于效用差 $[u(A) - u(B)]$ 的边际递减的增函数。

类似地，选项 B 给个体带来的效用为

$$U(B) = u(B) + R[u(B) - u(A)]$$

其中，$R[u(B) - u(A)]$ 的解释逻辑类似于 $R[u(A) - u(B)]$。

个体选择选项 A，是因为一定能获得 100 万元，选择选项 B 而最终分文不得，会导致个体产生后悔。也就是说，选项 A 中的 $R[u(A) - u(B)]$ 大于 0，表示选项 A 可以给个体带来欣喜，而选项 B 会给个体带来后悔。但是，情景 1-2-2 中的两个选项都有较大概率导致分文不得，所以个体在做选择时，不存在情景 1-2-1 中的后悔，他们只是单纯地基于期望效用理论来进行决策。

后悔理论无法解释个体面对获益时为何会表现出风险规避偏好，也无法解释个体面对损失时为何会表现出风险寻求偏好。并且，后悔理论只刻画了效用变动的负面影响，而没有刻画相应的正面影响。因此，需要寻找更恰当的解释理论，这便有了关于前景理论的后话。

在不确定性决策情景中，个体可以表现为风险规避，也可以表现为风险寻求。风险规避者面对具有同样期望回报的选项，更偏好无风险选项，如"前怕狼，后怕虎"描述了他们怕冒险而难以决断的心态；风险寻求者更偏好高风险高回报的选项，如"不入虎穴焉得虎子"描述了他们的冒险行为。

在包括投资决策在内的情景中，为便于定量化刻画个体的风险规避特征，多采用哈里·马科维茨（H. Markowitz）于 1952 年针对投资决策而提出的均值-方差模型，使收益的均值与方差的双目标优化达到最佳平衡效

果。从数学的角度来看，均值-方差模型将收益的均值和方差均纳入个体
目标函数中，建立凹性效用函数，刻画了个体的风险规避特征。哈里·马
科维茨也因该研究而在 1990 年获得了诺贝尔经济学奖。

当个体清楚高风险高回报、低风险低回报时，一方面，个体对风险的
承受度会影响其是否选择承担风险获得高回报；另一方面，回报的程度也
会影响个体的选择。自然地，从效用角度看，风险规避者要求用较高收益
以补偿承担较大风险带来的效用减少。

记具有不确定性的选项 A（或被理解为前景 A）的确定性等价收入
（certainty equivalent，CE）的表达为

$$CE(A) = E[u(A)] - r\mathrm{Var}[u(A)] \tag{1-4}$$

其中，$E[u(A)]$ 为风险选项收入的期望，$\mathrm{Var}[u(A)]$ 为风险选项收入的方差；
r 为个体风险偏好系数，描述了最大化回报与最小化风险的折中的确切性
质，r 越大，个体越倾向于风险规避；$r\mathrm{Var}[u(A)]$ 是风险规避者要求对其自
身承担风险的补偿，记为风险溢价（risk premium）。

> **定义 1-6（风险溢价）**：在不确定性决策情景中，风险规避者选择该
> 选项时要求对其自身承担风险的补偿，即该选项带给风险规避者的期
> 望收益与确定性等价收益之间的差值。

1.2.2　齐当别理论

1.2.1 节从后悔理论角度解读阿莱悖论，依然是遵循了"最优化"思维
路径。也就是说，采用期望法则的完全理性者将概率赋予每个选项，并对
相应的选项进行期望加和，其认知过程如图 1-1 所示。

阿莱本人对阿莱悖论的解读思路有所不同。在获得诺贝尔经济学奖后
进行演讲时，他阐述了对以自己名字命名的阿莱悖论的看法：阿莱悖论只
是外表上显得自相矛盾，实际上蕴含了深刻的心理现实——接近确定事件

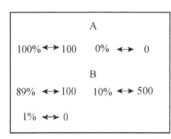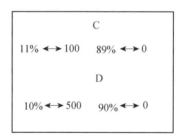

图 1-1　用期望效用理论解读阿莱悖论

注：图中的双向箭头表示注意力移动（信息加工）的轨迹

时对安全的偏好（Allais，1991）。因此，当被试面临情景 1-2-1 中的"稳得 100 万元"时，偏好安全，选择了选项 A；当被试面临情景 1-2-2 中两个存在风险的选项时，会通过比较两个选项的期望收益做出选择，由于 11%×100＜10%×500，所以被试选择了选项 D。

与阿莱本人的解读思路类似，李纾采用具有识别启发式精神的齐当别理论解读了阿莱悖论，意在说明个体对选项的认知并非固定在同一维度上（Li，1994）。

定义 1-7（齐当别理论）：左右个体风险决策行为的机制不是最大限度地追求某种形式的期望值，而是从某种形式上辨察选项之间是否存在优势性关系，即个体认知世界的方式是否为启发式方法。

在情景 1-2-1 中，选项 B 的"坏结果"（获 0 元）与选项 A 的"坏结果"（获 100 万元）之间的差异较为突出。在情景 1-2-2 中，选项 D 的"好结果"（获 500 万元）与选项 C 的"好结果"（获 100 万元）之间的差异较为突出。因此，在情景 1-2-1 中，多数个体的决策是在最坏结果维度进行，在情景 1-2-2 中，多数个体的决策是在最好结果维度进行。个体的认知过程如图 1-2 所示。

基于定义 1-7 可得，在齐当别理论中，个体辨察选项之间优势关系的关注点是否有迹可循，比如，特别关注选项间的"无"和"有"的对比，尚且不能用公式进行量化描述。

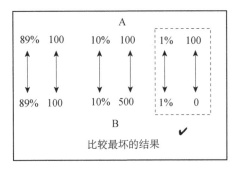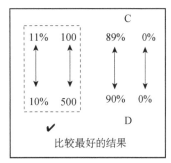

图 1-2　用齐当别理论解读阿莱悖论

注：图中的双向箭头表示注意力移动（信息加工）的轨迹

芽：齐当别理论这一名字，听起来很奇特。

兰：我第一次学习这个理论时，也是这种感觉，我请教了这个理论的提出者李纾教授。他解释，人们做决策时常常抓主要矛盾。如何把这个思想凝练成为让人一见就印象深刻的术语，他思考良久。有一日，他突然想到了"受当施"，于是，就给自己的这一理论命名为"齐当别"。

芽：这个理论在生活中有哪些应用？

兰：比如，当你面临两个选项时，每个选项可以从两个维度刻画，你需要从两个中选出一个。你遵从抓主要矛盾的启发决策思想，选出自己认为重要的维度，在此重要维度上对两个选项进行比较，从而选出你主观上认为最佳的选项。

芽：这也是用齐当别理论解读阿莱悖论的基本思想。每个选项中的两个维度分别是概率和价值，决策者选择其中一个维度比大小，进而做出选择。

因此，我们时常要借用抽象决策框架描述决策任务。抽象决策框架对角色和行为使用中性标签，例如，不是将任务参与者称为企业家、消费者或某个人名，而是将其标记为玩家、被试、个体、参与者等。使用抽象决策框架有两个考量：①避免让参与实验的人类做出无意中（或有意地）有偏差的决策；②抽象和中性的表述使得预期研究结果具有一般性，即使得研究结果具有更高的内部有效性，但这是以牺牲研究结果的外部有效性为代价的。也就是说，若给被试提供特定的决策情景，那么研究结果与该特定背景的关系较大。

1.3 对概率的主观认知

1.2 节借助对阿莱悖论的解读，主要从期望效用函数的角度进行了讨论。本节主要考察个体关于概率的主观认知。

人类很早就与概率共处，并与之做斗争。古时，人们将动物的骨头打磨、抛光，做成骰子，掷出后，它们会以四种方式往下落，根据朝上面的形态一决胜负。20 世纪中期，概率理论已经比较完备。即便如此，也没有任何理论宣称前景理论中的主观权重（subjective probability weight）$w(\cdot)$ 需要与客观概率保持一致。相反，在估计事件发生的概率时，个体不会以线性方式处理客观概率，即式（1-1）中的概率 p_i 可以是函数 $w(p_i)$，该主观权重函数刻画的主观权重是关于客观概率 p_i 的凸函数或凹函数，从而偏离客观概率，即 $w(p_i) \neq p_i$。

接下来，1.3.1 节借助主观权重函数讨论个体关于客观概率的主观感受，1.3.2 节结合研究进展，刻画主观权重函数的性质。

1.3.1 主观权重函数的几大特性

个体在解读客观概率时会表现出主观偏好：高估客观小概率、次可加性（subadditivity）行为、次确定性（subcertainty）行为及次比例性（subproportionality）。

下面讨论高估客观小概率。首先，定义主观权重函数特征。

定义 1-8（主观权重函数特征）：个体高估客观小概率的主观权重，低估客观大概率的主观权重，这会使得主观权重关于客观概率的函数呈反 S 形。

比如，人类患某种疾病的概率因性别有所不同，若考虑患病概率属于客观小概率，如女性以 2%的概率患某种疾病，而男性以 1%的概率患这种疾病，那么女性患病的风险是男性的 2 倍；若患该疾病的概率属于中概率，如女性以 43%的概率患病，男性以 42%的概率患病，1%概率的差异似乎就不显著了，该差异就被视为微不足道的性别差异。然而，当患该疾病的概率接近 100%，即女性以 100%的概率患病，男性以 99%的概率患病时，1%概率的差异又显著了，此时患病概率又表现出了显著的性别差异。因此，附加的客观概率（1%）带来的主观影响取决于它是添加到小概率、中概率还是大概率上。

基于定义 1-8，可得定义 1-9。

定义 1-9（ 高估客观小概率行为 ）：在不确定性决策情景中，个体对客观小概率 p 高估（ $w(p) > p$ ），即个体表现出关于客观概率的主观感受的敏感度递减。

个体之所以对客观小概率事件迷恋，是因为客观小概率事件易在脑海中形成深刻印象，从而促使个体深刻地记住它。我们以俄罗斯轮盘赌为例说明被试对客观小概率的高估（Kahneman & Tversky，1979）。在左轮手枪里装上了 5 颗子弹，然后让被试对着自己的头部扣动扳机。现在，给被试花钱从手枪里买出 1 颗子弹的机会。设想：同样是买出 1 颗子弹，将子弹数从 4 颗减至 3 颗与从 1 颗减至 0 颗，被试愿付出同样的钱吗？

让我们来做一个思想实验。若枪里面的子弹是 5 颗，那么子弹射出的概率是 100%，若减少 1 颗子弹，子弹射出的概率变成 80%，所以概率降低了 20%。进一步而言，子弹从 4 颗变成 3 颗，此时子弹射出的概率是 60%，子弹射出的概率又降低了约 20%。以此类推，当子弹从 1 颗减少至 0 颗时，此时子弹射出的概率降低了 20%。

实验发现，相对于子弹从 4 颗减至 3 颗的情景，在子弹从 1 颗减至 0 颗的情景中，多数被试愿意花更多的钱。据此，可以归纳出，同样都是使子弹射出的概率降低了 20%，被试愿意花的钱却不同。这体现了被试关于客观概率的主观估计（权重函数）的不一致性，表现为对客观小概率发生的事件易形成深刻印象，从而高估客观小概率。

具有高估客观小概率行为特性的被试对"完全不可能"和"可能"之间的差别比较敏感，高估小概率的行为倾向使得个体愿意选择具有客观小概率特征的选项。比如，在"得"的区域，个体赋予客观极小概率更高的主观权重，这可以被用于解释为何彩票头奖金额增加时，彩票的吸引力变大，即便赢得头奖的概率相应地下降了（Cook & Clotfeler, 1993）；也可以解读个体为何愿意付钱买盲盒，即便盲盒中隐藏款出现的客观概率非常小。在"失"的区域，个体同样赋予客观小概率更高的主观权重，这可以用于解释为何保险对人有吸引力（Wakker et al., 1997）。

出于对客观小概率事件的迷恋，人们总想将风险降低至趋近于 0，即使这样要付出很大的代价。比如，新冠疫情期间，人们非理性地抢购防护性更高的 N95 口罩，其背后也是类似的心理认知。人们总希望能得到100%的防护，想要将感染风险降低为 0，才会盲目地抢购 N95 口罩。

需要注意的是，上述讨论的是人们总是高估客观小概率这一行为背后是有前提条件的。例如，在抢购 N95 口罩的情景中，人们的抢购行为不一定反映了他们对感染新冠病毒这种小概率事件的高估，而更多关注的是这个小概率事件一旦发生带来的损失，因为结果过于严重，一旦发生，就可能给人们造成无法承受的巨大损失。所以，无论感染新冠病毒的概率有多大，人们都会去抢购 N95 口罩。购买彩票也是一个道理，彩票中大奖也是小概率事件，争相购买的这种群体行为似乎说明人们都高估了自己能中大奖的概率，但是从个体心理方面说，人们更多是希望自己能中大奖，因为一旦中大奖，可能让一个人一辈子衣食无忧。综上所述，如果某种小概率事件发生后的损失或者收益太大，人们一定会争相效仿，从群体表现上看似乎高估了小概率，但是从个体心理角度进行分析，人们貌似也不会对小概率事件的发生抱太大的希望。

除了高估小概率，个体在解读客观概率时也会表现出主观偏好，如次可加性、次确定性及次比例性。

根据式（1-6）可得，主观权重函数 $w(p)$ 关于客观概率 p 的性质为先凹后凸，即在 p 较小时，$w(p)$ 关于 p 是凹函数（Kahneman & Tversky，1979）。结合 $w(0)=0$，可推出 $w(\alpha \times p) = w[\alpha \times p + (1-\alpha) \times 0] > \alpha \times w(p) + (1-\alpha) \times w(0) = \alpha \times w(p)$。这样，就有了定义 1-10。

> **定义 1-10（次可加性）**：在不确定性决策情景中，对于小概率 p，个体认为 $w(\alpha \times p) > \alpha \times w(p)$，其中，$0 < \alpha < 1$。

如何理解次可加性呢？罗斯和斯凯利（Ross & Sicoley，1979）请团队成员独立估计自己的付出对团队取得成果的贡献。结果显示，团队成员的估计值总和高于团队取得的成果，也就是说团队成员均高估了自己对团队取得成果的贡献。这种现象背后的原因是个体的认知形成于记忆提取和想象生成之中。

与次可加性形成鲜明对比的是超可加性（superadditivity），即在客观概率估计上整体要大于部分之和。这是因为当分解后的成分难以被想象和回忆时，它们就会被被试判定为不可能发生，从而使得整体事件发生的概率比其各部分发生的概率之和要高。这就是反向提取困难效应（Macchi et al.，1999）。

无论是次可加性还是超可加性，都说明决策者采用可得性启发（availability heuristic）方法，显著地影响了其对客观概率的主观估计。所谓可得性启发方法，是指个体倾向于关注显而易见的信息。

接下来，我们讨论次确定性。

> **定义 1-11（次确定性）**：在不确定性决策情景中，个体认为 $w(p) + w(1-p) < 1$，其中，$0 < p < 1$。

个体判断未来事情发生的概率时，有思维惰性，即偏好维持现状，低估未来各种情形发生的总概率，剩下的一部分概率是被保留下来的，用于解读不发生任何事的概率。这是因为预测概率需要额外花费精力，包括收集信息和分析信息的过程。出于对这种精力消耗的规避，也就是行为的惰性，个体会对当前状态产生依赖惯性。如此，未来状态中除了已知的几种确定性状态之外，还有无法做出判断的混沌态。

最后，我们讨论次比例性。

> **定义 1-12（次比例性）**：在不确定性决策情景中，个体认为 $\dfrac{w(p \times q)}{w(p)} \leqslant \dfrac{w(\alpha \times p \times q)}{w(\alpha \times p)}$，其中，$0 < p, q, \alpha < 1$。

在定义 1-12 中，不等式的左边刻画的是在概率事件 p 发生的前提下，$p \times q$ 同时发生的概率；不等式的右边刻画的是在两件概率事件 $\alpha \times p$ 发生的前提下，再发生一件概率事件 $\alpha \times p \times q$ 的概率。次比例性揭示出的行为是，与"概率事件发生了一次后，更可能发生一次"的概率相比，个体认为"概率事件发生了两次后，更有可能发生第三次"的概率较大。

我们可以从信念更新的过程理解个体的次比例性行为。在信念更新过程中，个体存在矫枉过正的行为偏差，面对过往已经发生的事件，会因应激反应而对接下来事件的发生概率有更高的估计。

1.3.2 主观权重函数的敏感性递减和吸引力

多数科学研究有其历史意义的基准。沃德·爱德华（W. Edward）较早地指出了主观权重未必完全等价于客观概率。依据 1.3.1 节的相关讨论，接下来，我们以冈萨雷斯和吴（Gonzalez & Wu，1999）提出的逻辑上彼此独立的两个心理特性（敏感性递减和吸引力），刻画主观权重函数的特性。

敏感性递减又称为可辨别性，由权重函数的曲率表达，是指当个体远离参考点时，对客观概率变化的主观感受就不敏感了。比如，以两个端点 0 和 1 作为参考点，0 端表示肯定不发生，1 端表示肯定发生。根据敏感性递减原则，个体在客观概率尺度起点或终点附近的主观感受增量比在客观概率尺度的中间附近的主观感受增量要强。比如，个体倾向于认为 0.1 与 0 之间的差别大于 0.45 与 0.55 之间的差别。

敏感性递减属性对于权重函数相对于客观概率（即 45°对角线）的减持或增持保持沉默，即它无法解释主观权重的绝对水平。因此，我们采用主观权重函数的第二个特征——吸引力，对应于 $w(p)$ 的绝对水平，以反映客观概率 p 对个体的吸引力（高程）。比如，在一项赌博中，两个人都有 50%的概率赢 X 元，50%的概率分文不得。个体 1 的主观权重函数为 $w_1(0.5) = 0.6$，而个体 2 的主观权重函数为 $w_2(0.5) = 0.4$。据此可宣称，个体 1 认为该赌博更吸引人，因为他赋予了客观概率 0.5 更大的主观权重。

根据以上讨论，我们用两个参数建模权重函数。参数 γ 代表可辨别性（敏感性递减），参数 τ 代表高程（吸引力）。在对数概率尺度上，主观权重函数的可辨别性（斜率）和高程（截距）之间的关系为

$$\log \frac{w(p)}{1-w(p)} = \gamma \log \frac{p}{1-p} + \tau \tag{1-5}$$

其中，γ 刻画了可辨别性，根据经验估计，$\gamma = 0.64$；τ 刻画了高程；$\dfrac{w(p)}{1-w(p)}$ 为关于主观权重的似然比，$\dfrac{p}{1-p}$ 为关于客观概率的似然比。

式（1-5）反映出了不同个体的主观权重函数在可辨别性和（或）高程上不同。一些实证研究支持了式（1-5）揭示的主观权重函数的特性（Camerer & Ho, 1994；Tversky & Kahneman, 1992；Wu & Gonzalez, 1996）。根据式（1-5）可得

$$w(p) = \frac{\delta p^{\gamma}}{\delta p^{\gamma} + (1-p)^{\gamma}} \tag{1-6}$$

其中，$\delta = \exp(\tau)$。

式（1-6）刻画的主观权重 $w(p)$ 与客观概率 p 之间的关系受到了 δ 和 γ 的影响，如图 1-3 所示。

再回到关于对个体高估客观小概率行为的偏差方面，如果个体对客观小概率的估计表现出了低估，那么主观权重函数为反 S 形就不成立了，此

时主观权重函数可能为 S 形。

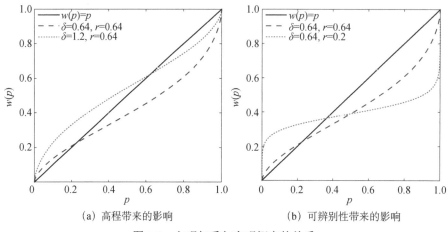

(a) 高程带来的影响　　　　　(b) 可辨别性带来的影响

图 1-3　主观权重与客观概率的关系

芽：如果直接归纳主观权重和客观概率的关系，可能很难立刻洞察到两者之间的反 S 关系。但是，将两者的关系做如式（1-5）所示的变换，即放在对数空间下，就比较容易归纳出关于主观权重的似然比和关于客观概率的似然比存在线性关系。

兰：在计量经济学领域，对实际变量取对数再做分析的做法很常见。通常情况下，我们拿到数据集以后，先进行描述性统计分析，当数据中存在极端值时，用算术平均值来反映数据的平均水平就不合适了。比如，500 强 CEO 的平均年薪是多少？要是直接算平均值就会出现问题，因为 500 强 CEO 的年薪分布是一个右偏分布，也符合社会运行的法则，即 80% 的财富掌握在 20% 的人手里。那这样的分布如何求平均值呢？

芽：对所有 CEO 的年薪取对数后，再求平均值。

兰：是的。取对数后，500 强 CEO 的年薪分布从一个右偏分布转变为一个正态分布。此时，再取平均值就有实际意义了。

第2章　应对阿莱悖论的前景理论

为了应对阿莱悖论带来的挑战，本章分别从价值函数、权重函数的改造角度，引出前景理论和累积前景理论（cumulative prospect theory），解读在第 1 章中提出的挑战。2.1 节分别从价值函数的边际效用递减特性，以及受参考点影响的相对边际效用角度展开讨论；2.2 节讨论损失厌恶导致的行为特征，以及从禀赋效应（endowment effect）的角度解读损失厌恶行为；基于 2.1 节和 2.2 节的准备，2.3 节首先给出前景理论的概念，进一步通过改造权重函数时构造主观权重和价值函数之间的彼此依赖，基于等级效用依赖理论，引出累积前景理论。

2.1　价值函数的边际效用递减特性

本节考察价值函数的边际效用递减特性。其中，2.1.1 节介绍边际效用递减的物理学特征，2.1.2 节基于边际效用递减解读圣彼得堡悖论（St. Petersburg paradox）。

2.1.1　边际效用递减的物理学特性

考虑到后悔理论解读阿莱悖论的局限性，本节从改造效用函数的角度，引出边际效用递减特性。

无论个体拥有的总财富变动是增还是减，其感受到的都是边际效用递减。这意味着与参照水平距离较近的财富效用边际变化大于与参照水平距离较远的财富效用边际变化。这恰如一杯水，口渴时，你觉得它贵如黄金，不渴时，你觉得它索然无味，最解渴的永远是第一杯水。

人间有味是清欢，古人深谙此道。苏州拙政园有一块门匾上写的是"得少佳趣"，叙述了拙政园四季美景各有不同，可是人们只能领略到一季美景，从而启迪后人要知足常乐："只得到很少，就要觉得很有趣。"依从类似的认知理念，在旅行、田野调查过程中，新奇的经历会让旅行者的感官比平素更加敏感，相应地，旅行者也能更敏锐地觉察到不同于平常事物的其他事物。

对边际效用递减的研究，需要追溯到心理物理学领域。心理物理学是研究心与物（或身）关系的学科。它要解决的问题是：多大的物理刺激才能被人觉察到？为了给泛灵论观点寻找证据，费希纳（Fechner）在 1860 年出版的《心理物理学纲要》（Elements of Psychophysics）中阐述了"心"与"物"的关系。费希纳由自然科学家转变成哲学唯心主义泛灵论者，他承认"心"与"物"不可分割，但是"心"是主要的，"物"是"心"的外观。这与公元 700 年左右，慧能的"不是风动，不是幡动，仁者心动"的唯心主义观念的精神一致（慧能，2008）。

如何精确地测量"心"与"物"之间的关系呢？受韦伯（Weber）提出的韦伯定律（同一刺激的差别量必须达到一定比例，才能引起差别感觉）的影响，费希纳想到用刺激强度（"物"）的变化来衡量感觉强度的大小（"心"）。同时，他也发现刺激强度按几何级数增加，而感觉强度则按算术级数增加。于是，就有了韦伯-费希纳定律（Weber-Fechner law）。

> **定义 2-1（韦伯-费希纳定律）**：在给定中等强度刺激时，感觉强度 S 与刺激强度 R 之间的关系为
>
> $$S = K \times \log R \tag{2-1}$$
>
> 其中，刺激强度 R 表示包括有形的、生理的、外界能量对人类的刺激；K 是常数，$K > 0$，又被称为韦伯分数。

在韦伯-费希纳定律的基础上，我们再讨论边际效用递减。边际效用

递减听起来抽象，理解起来却接地气。损失 10 元和损失 20 元之间感觉强度的差别强于损失 50 元与损失 60 元之间感觉强度的差别。这可以用韦伯–费希纳定律在数字认知方面的应用给出解释，如图 2-1 所示。

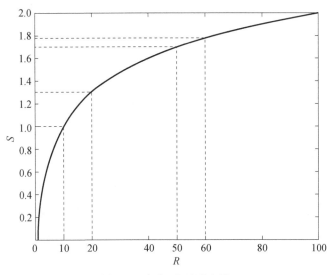

图 2-1 韦伯–费希纳定律

注：$S = K \times \log R$，$K = 1$

韦伯–费希纳定律认为，个体的感觉强度随刺激强度呈对数单调递增。因为对数函数是递增的凹函数，且其斜率随刺激强度单调递减，因此相比小基数范围内的刺激强度的增加，大基数范围内的刺激强度的增加带给个体的感觉强度的增加会减小。所以，个体感受到的损失 50 元与损失 60 元之间的差别小于感受到的损失 10 元与损失 20 元之间的差别。

兰：韦伯–费希纳定律反映的是刺激强度的变化对感觉强度变化的影响，这里的刺激强度包括所有感官刺激，如视觉、听觉等。

芽：开着电视，我迷迷糊糊地听着声音，就进入了梦乡。如果他人关掉电视，一时无声，却会让我惊醒。

兰：人类的一切活动，包括恋爱的感受都是遵守韦伯–费希纳定律的，所以才有了"爱情保鲜期""七年之痒"的说法。

芽：在一次学校社团活动中，我和一个男生确立了恋爱关系。在我跟他确定恋爱关系初期，受荷尔蒙刺激的影响，我们感觉很甜蜜、开心。但是，时间久了，相同量的荷尔蒙刺激带来的心情愉悦程度降低，也就觉得爱情越来越平淡。

兰：爱情保鲜的秘诀是不断地制造惊喜及自我提升，这可以使爱情中双方的参考点发生改变。通过不断地创造新的刺激，带来的感觉强度的变化不再满足原来的韦伯分数，而是新情景下的韦伯分数，从而双方可以避免荷尔蒙刺激带来的边际效用递减导致的感情寡淡。

芽：适当改变日常习惯也很有效。比如，若情侣一直习惯黑白灰的穿衣风格，偶尔换一套清新的马卡龙色系衣服，会让对方眼前一亮。再如，将每次约会的"逛街、吃饭、看电影"的"三件套"偶尔改成"逛一家温馨复古的书店""品一杯浓香醇厚的咖啡"，可以使情侣收获别样的甜蜜。

兰：马卡龙颜色由一名时尚心理学家创造，该颜色能刺激人的多巴胺的产生，这种颜色也被称为多巴胺配色。其关键就在于高明度色彩之间的直接碰撞，而这些颜色令人眼前一亮，唤醒了人们的兴奋感。

费希纳的心理物理学的出发点是为唯心主义泛灵论做论证，希望为物理世界与精神世界的关系提供数学说明。然而，他并未考虑到刺激强度与感觉强度之间的关系会受其他因素的影响，以及式（2-1）只适用于中等强度的刺激等。那么，在低强度刺激和高强度刺激条件下，感觉强度 S 与刺激强度 R 之间的关系如何？其实，低强度条件下的行为很容易推理。低强度的刺激由于强度太低而无法使人产生知觉方面的变化，此时感觉强度 S 为 0。然而，在高强度刺激条件下，过高刺激会使知觉感受失灵。

心理物理学的发展为冯特（Wundt）建立实验心理学奠定了基础。冯特能于 1879 年在莱比锡大学建立世界上第一个心理学实验室，部分要归功于费希纳的心理物理学研究。冯特的弟子在辅仁大学教授心理学时，培养出了张厚粲等杰出的中国心理学家。1908 年，已届不惑之年的蔡元培前往莱比锡大学求学，其间选修了冯特的心理实验课。那个时代的中国内忧外患，民众面临着强烈的精神危机。蔡元培等先贤认为，改变社会要从改变人心开始，但是因为当时特殊环境的影响，蔡元培中断了学业，但他将心理学带回了中国（霍涌泉，2015）。心理学的英文"psychology"源于希腊文"psychology"，意为关于灵魂的学科。起初，"psychology"被译为"灵学"，王国维认为既然有"物理"，那么就应有"心理"，于是便将"psychology"译为"心理"（佚名，2023）。

　　芽：与那个内忧外患的时代相比，今日中国正以自信姿态屹立于世界。

　　兰：这种自信既来自经济社会的发展，更源于对自身文化传统的认同和创新，以及由此而塑造的强大精神内核。

　　芽：在国际学术会议中，能感受到这种变化。中国学者的声音越来越响亮，观点也越来越受到重视。

　　兰：这是一个民族日益走向成熟的标志，既能虚心学习，又能自信表达，这本身就反映了中国文化的包容与开放。

2.1.2　基于边际效用递减解读圣彼得堡悖论

阿莱悖论揭示了客观期望效用理论的局限性，即决策者的实际行为违背了客观期望效用理论中个体偏好的独立性或相消性的特征。圣彼得堡悖论则从效用和金钱是否呈线性关系的角度，对客观期望效用理论提出了挑战。

1738 年，数学家丹尼尔·伯努利的堂兄尼古拉·伯努利（N. Bernoulli）提出了圣彼得堡悖论。

◎ **情景 2-1（圣彼得堡悖论）**————————————————

　　玩家掷一枚硬币，掷出正面为赢，且第一次掷出正面得 2 元，第二次掷出正面得 4 元，第三次掷出正面得 8 元，直到无穷；掷出反面为输，游戏终止。请问你愿意花多少钱玩该游戏？

　　基于客观期望效用理论可得，圣彼得堡悖论的回报期望值为 $\sum_{i=1}^{\infty} 2^i \left(\frac{1}{2}\right)^i = \infty$，$i = 1, 2, 3, \cdots$。然而，在实践中，却没有玩家愿意花很多冤

枉钱玩该游戏，这就是圣彼得堡悖论。

为了解答堂兄提出的悖论，丹尼尔·伯努利提出了边际效用递减函数，认为游戏的期望值应是金钱的期望效用（Bernoulli，1954），即利用期望效用递减规律，将金钱的效用 U 用关于金钱数量 x 的对数函数表示为

$$U = \alpha \log(w + x) + c$$

其中，w 为玩家的初始财富水平（禀赋），α（$\alpha > 0$）是效用函数的尺度参数，表示对财富变化的敏感度；c（$c > 0$）是常数，用于调整效用函数的基准水平。

为了便于计算，令 $w = 0$。在圣彼得堡悖论问题中，掷一枚硬币给玩家带来的期望效用为

$$\sum_{i=1}^{\infty} (\alpha \log(2^i) + c)\left(\frac{1}{2}\right)^i = \alpha \log 2 \sum_{i=1}^{\infty} i \left(\frac{1}{2}\right)^i + c = 2\alpha \log 2 + c$$

圣彼得堡悖论给我们的启示是，通过刻画玩家的边际效用递减偏好，可以解释玩家不愿意花很多钱玩该游戏的行为异象。

芽：效用对金钱的测度为何是对数函数的关系呢？金钱对效用影响的表达形式只有一种吗？

兰：效用对金钱的测度未必就是对数函数的形式，只要满足边际效用递减，都可以是效用测度的形式。

芽：也就是说，其他函数形式，比如，系数为负的指数函数形式等，也可以用来表征外界刺激对个体的效用的影响。这样不会产生问题吗？不会有人质疑学者假设的效用函数形式的科学性吗？

兰：韦伯定律并没有给出具体的刺激强度变化与人类的感觉强度变化之间的关系，只是给出了韦伯分数。这样后人在心理物理学及相关领域的研究中，可以根据研究问题及对象的特点"定制"效用函数。

芽：如此推理，效用函数的表现形式有很多种，因为不同的研究对象的特征是不一样的，不同研究问题，其侧重点也是不一样的，需要根据研究的问题及对象，构建合适的效用函数，但是其本质——边际效用递减不变。

虽然人们关于客观价值的主观效用函数通常具有边际递减的特性，但是在日常生活中，人们常常忘了效用边际递减的特征。实际上，很多商品供给量的边际成本很小，如雪糕、茶、咖啡、饮料等大小份的成本相差不大，定价却相差很大。显然，商家希望顾客能选择大份的商品，为此会采用使大份平均价更低的策略来进行促销。

比如，星巴克的咖啡就采用了这种定价策略。星巴克的美式咖啡，中杯（355 毫升）27 元，大杯（473 毫升）30 元，超大杯（592 毫升）33 元。显然，除非是对咖啡特别上瘾的消费者，否则小杯咖啡就可以满足需求。因此，根据边际效用递减理论，完全理性者应购买小杯咖啡。然而，多数消费者忘记喝咖啡是为了提神的初心而选择了超大杯，因为超大杯的平均单价（即每毫升的价格）最低。这种选择"中庸之道"而忘记了初心的现象，可以被称为"超大杯效应"。

芽：星巴克的"超大杯效应"，在巧妙地利用着消费者的心理特征。

兰：我回河南老家，经常会去合记烩面馆吃上一碗烩面。我发现这家烩面馆的定价很有意思，小份烩面 31 元一碗，大份烩面 32 元一碗。

芽：这与星巴克的定价策略不同，这家面馆是严格按照边际成本来定价的。

兰：多加的那份面条和汤的成本确实就在 1 元左右。不过，一些顾客看到这个价格，都会直接选择大份的，觉得"反正就差 1 元钱"。

芽：消费者在点餐时往往会忽略边际效用递减，只关注平均成本，但实际吃的时候会发现，大份的根本吃不完。

2.2　个体的损失厌恶

除了 2.1 节刻画的边际效用递减特性，个体还会表现出因损失厌恶行为引发的禀赋效应。2.2.1 节介绍损失厌恶行为的特征，2.2.2 节解读因损失厌恶导致的禀赋效应，2.2.3 节从得失程数的角度解释个体的损失厌恶行为特征。

2.2.1   损失厌恶的行为特征

个体喜欢增加正的交易效用，对负的交易效用避之不及。个体在决策过程中对利害的权衡是不均衡的，对"避害"的考量远大于对"趋利"的考量。这表现为个体具有损失厌恶的行为特征。

世间诸多烦恼，皆因拥有而起。人们不易逃出损失规避的陷阱，陷入困境中的人常用"当这扇门关闭时，还有另一扇窗打开"这类慰藉性的话语来表达错失某些东西的失落心情。但是，身处当下，人们常盯着那扇已关了的门，无法释怀，即使另一扇门已打开。

回顾阿莱悖论，在情景 1-2-1 中，若参考点为"最可能发生的情景"，也就是获利 100 万元，那么选项 A 的结果相对于参考点保持稳定，而选项 B 中虽然有可能获利 500 万元，得到相对于参考点的正向效用变化，但是在最坏情况下收益为 0，此时有相对于参考点的负向效用变化，因此情景 1-2-1 中的个体偏好选项 A。在情景 1-2-2 中，若参考点为"最可能发生的情景"，也就是收益为 0，此时选项 C 和选项 D 的收益结果相对于参考点都不是负向效用变化，个体希望追求更多的正向变化，也就是偏好选项 D。

2.2.2   因损失厌恶导致的禀赋效应

因参考点效应引发的损失厌恶行为会导致个体表现出禀赋效应。

> **定义 2-2（禀赋效应）**：当个体拥有某种物品时，他对该物品的价值评估高于没有拥有这一物品时对它的价值评估。

有时候，没有拥有物品，仅是想象拥有，也会使个体对该物品的价值评估高于没有想象拥有它时的价值评估，这称为伪禀赋效应说明。比如，在拍卖会上，竞拍者最终的成交价格不仅远远高出拍卖品的真实价值，也高出竞拍者最初设定的最高价值。损失厌恶可以解释该现象：在拍卖初期，势在必得的竞价者将拍卖品视为已拥有物，一旦其他竞拍者给出了更高的价格，为了不失去"已拥有物"，竞拍者会非理性地抬高出价以拍得该物品，但此时出价已远超物品的实际价值。这就像是竞拍者主动用支付弥补了损失感，却未觉察早已钱财不保。赢了拍卖，却亏了钱的现象，被称为"赢者诅咒"（winner's curse）。①

启动受（伪）禀赋效应影响的行为很简单，只要让消费者投入更多劳动、时间、精力或情感在商品上，他们就会受到禀赋效应的影响。电商平台上销售的 DIY（Do It Yourself，自己动手制作）油画很火，很多消费者愿意购买现成的底稿，然后用卖家搭配的颜料和画笔，自己按照说明填上颜色，最后再进行装裱。在整个过程中，消费者下意识地认为这是自己创作的画，可能还会发在朋友圈炫耀一下。这不仅提升了消费者的满意度，还帮商家进行了免费宣传。

芽：为了刺激人们的消费欲望，商家会各显神通。

兰：有些商家在"小红书"上借助意见领袖发布产品软广告，或者是通过一些网络红人、直播达人，在个人微博等社交媒体上分享日常动态，吸引潜在用户的注意力，提高潜在用户的认同感、代入感，悄悄地把产品"种草"到消费者的心智中。

芽：消费者看到的信息，是商家有针对性地推送过来的，此时的消费者的个人偏好完全暴露在网络平台上，仿佛"裸奔"在互联网上。消费者如何才能事前防止自己被"种草"呢？

兰：把手机上所有关于隐私的项目都设置为"不能个性化追踪"的状态，以免被个性化推送的广告信息影响，从而尽量避免自己的认知心智被广告占据。

芽：有一次，我接到电话，客服人员上来就说出了我的姓氏。我立刻质问他，我已设置了隐私免打扰，为何他还能知道我的姓氏？

---

① 在实验室情景中，没有经验的竞价者会出现赢者诅咒的行为。但是，在成熟的竞拍市场中，那些经验丰富的竞价者可能不会现出赢者诅咒的行为。

兰：他怎么回答？

芽：他仓皇失措地道歉后就挂了电话。

除了从损失厌恶的角度解读禀赋效应，还可以从以下两个角度解读。

一是从所有权理论的角度进行解读。所有权理论，即拥有一件物品会令个体感受到物品带给自己的较强吸引力，这是因为个体会认为自己有的东西比自己没有的东西更有价值，这是个体占有感导致的（Belk，1988；Pierce et al.，2003）。

芽：上述例子让我想到了星巴克的杯子。星巴克总要把顾客的名字写在杯子上，并不是为了避免顾客多时出错。若是为了叫顾客来拿，直接跟餐厅一样叫号来取餐岂不更方便？星巴克发现，在杯子上写上顾客的姓名的做法，让顾客和星巴克之间产生了奇妙的"化学反应"。很多顾客拿到咖啡后很开心，并会对着写有自己名字的咖啡拍照修图，并晒到社交平台上。这种做法无疑是对星巴克品牌的二次宣传，由此也带来了更多流量。

兰：人们对自己的名字比较敏感。一旦杯子上写上自己的名字，它就不再仅仅是一只普通的杯子，而是和自己发生了情感连接的杯子。星巴克通过写名字这种方式将杯子和顾客进行了连接，让顾客下意识地感觉这只杯子只属于自己，这是自己拥有的，会觉得其更加有价值和更加贵重。

芽："金窝，银窝，不如自家的狗窝。"同样是禀赋效应在起作用。自己的房子，不论多么破败不堪，正因为它属于自己，所以才显得更加贵重。

二是可以从心理距离（psychological distance）的角度进行解读。

> 定义2-3（心理距离）：个体对另一个体或物品亲近、接纳或难以相处的主观感受程度，表现为在感情、态度和行为上的疏密程度，个体与其越疏离（亲密），心理距离越远（近）。

之所以会出现禀赋效应，是买卖双方从不同距离角度考虑物品价值导致的。卖方倾向于考虑产品对买方的价值，即从远端的视角考虑决策行为；买方倾向于考虑物品能给自己带来的价值，即从近端的视角考虑决策行为。与买方相比，卖方在宣传产品的性能时，倾向于使用抽象的、高层次的高解释水平词汇，如与远端相关的术语，而非采用具体的、低层次的低解释水平词汇，如与手段相关的术语（Trope & Liberman，2010）。与此同时，卖方关注的是物品的所有功能，而买方关注的只是物品的部分功能。因此，对于买方来说，物品价值只来自产品的那几个功能，卖方考虑到了物品的全部功能，因此确定的卖价高于买方愿意支付的价格。

从拉开与物品的心理距离、减少消费欲望的角度看，当消费者面对一件物品要做出是否购买的决策时，可以思考把"自己是否购买该物品"换为"自己是否需要该物品"，从而构建超脱的思考视角，助推自己做出理性的思考。

2.2.3　因得失程数引发的损失厌恶

本小节讨论引发个体损失厌恶的机理。得失感受在于有没有"得"的过程。人们对失而复得的东西可能更加珍惜。

过去有研究认为，面对相同的损失，实际成本的效用要大于机会成本，这是因为实际成本能够"体现具体的得失过程"，因此给人们带来的损失规避感更强（Sayman & Öncüler，2005）。刘欢等（2009）认为，损失的效用应该还与损失发生的过程有关，即损失和获得经过人们手中的次数，可能会影响物品给人们带来的效用。比如，抛硬币时，出现正面，个体获得100元，出现背面，则个体失去100元，一个看似很公平的赌博，多数人却不愿意参加，那么这是否可以得出人类对损失更加敏感？细细探究，参加这个赌博，如果获得100元，似乎不需要任何条件，而损失100元的前提条件是自己口袋里有100元，而口袋里的100元是先从外界进入口袋的，因此损失100元的过程是"先进后出"，而获得100元的过程只有"进"。如果把抛硬币实验做一下改变，即硬币为正面，纳税减少100元，硬币为背面，纳税增加100元，参加的人数就会大幅增加。这是因为纳税的金额并没有到口袋里,就好像这 100 元还在空中。为什么工资发到账户前先扣除各种税收,我们没有太大的损失感?这是因为工资还没有进入我们的口袋。

这个想法是合理的,因为它可以用来解释目前已有的研究成果。在过去的研究中,大部分的"获得"是单程的,即"从无到有",而大部分的"损失"是双程的,即"从无到有",再"从有到无"。也就是说,在大多数情况下,损失的程数要大于获得的程数,因此损失对人的心理产生的影响自然就会大于获得对人的心理产生的影响,这也就解释了损失厌恶。

2.3 前景理论的概念及其面临的挑战

如果影响个体效用的是财富的相对变化而非绝对水平,能否解释人们对收益和损失不同的偏好呢?换言之,令人兴奋的是财富的相对变化而非绝对水平。这是因为人类是通过变化来体验人生与人性的。

洞察到"效用衡量的是财富的相对变化而非绝对水平"这一点,以及面对收益,个体更厌恶损失,卡尼曼和特沃斯基(Kahneman & Tversky,1979)"无中生有"地提出了前景理论,将韦伯-费希纳定律提升到了新的高度。该理论具有一定的简洁性和广泛的解释性,被经济学、管理学等领域的学者广泛引用。诺贝尔经济学奖评审委员会发现了两位学者的独特研究视角的价值,2002 年,将诺贝尔经济学奖授予包括卡尼曼在内的两位学者。

接下来,首先给出前景理论;其次,讨论个体的损失厌恶度;最后,基于禀赋效应解读损失厌恶。

2.3.1 前景理论的概念

在抽象意义上,一切科学都是数学。个体对某决策结果的判断是相对于参考点(基于主观感受的)而非绝对水平(基于客观期望的)而言的。

根据"效用衡量的是财富的相对变化而非绝对水平"的观点，学者引入参考点，依从个体是理性与感性的混合体的精神，将刻画个体效用函数的公式表示为

$$u(x\mid RP)=\begin{cases}\underbrace{x}_{经济效用}\underbrace{+(x-RP)^{\alpha}}_{交易效用} & x\geqslant RP \\ \underbrace{x}_{经济效用}\underbrace{-\lambda(RP-x)^{\beta}}_{交易效用} & x<RP\end{cases}\qquad（2-2）$$

其中，λ 为个体的损失厌恶度，$\lambda>1$；RP 为参考点，是个体用来评估当前结果的基准；x 为经济效用；α 为增益参数，表示个体对收益的敏感度，$0<\alpha<1$；β 为损失参数，表示个体对损失的敏感度，$0<\beta<1$。交易效用的幂函数形式仅是为了抓取个体主观感受关于客观相对变化的单调递增且边际递减的特性，当然也可以采用对数函数等形式来反映该特性。

　　芽：前景理论的公式中反映个体损失厌恶度的参数 λ 的数值是怎么确定的？

　　兰：它会受到个体的情绪状态、财富水平、得与失之间的时间间隔等因素的影响。

　　芽：这个参数是依据决策情景动态调整的，有什么客观方法可以测量这种主观参数吗？

　　兰：可以借助二择一的实验设计，通过被试的选择行为，估算被试的损失厌恶度。根据已有研究中的结论，损失厌恶度 λ 大约为 2.25。

　　芽：存不存在损失厌恶度 λ 趋近于 1 这种情况？即个体是否会有不会表现出损失厌恶倾向的情况？

　　兰：在极端情况下，这种现象有可能会发生。比如，一个富豪持有 1 亿元，那么对他来说得到和失去 1000 元的感觉几乎没有差别，此时 λ 趋近于 1。

　　我们可以将式（2-2）形象化地表示为图 2-2，其中，横坐标为个体拥有的财富 x，纵坐标为个体的价值函数 $u(x)$。其中，受损失厌恶度 λ 的影

响，效用函数 $u(x)$ 在"得"与"失"的区域会表现出不对称性（gain-loss asymmetry）。

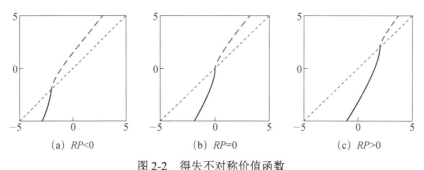

图 2-2　得失不对称价值函数

注：横坐标为 x ，纵坐标为 $u(x)$ ，$\alpha = 0.5$ ，$\beta = 0.5$ ，$\lambda = 2.25$

在式（2-2）中，x 为个体拥有的财富，RP 为个体的（财富）参考点，表现为心中的期望值、预期。在实践或实验情景中，学者无法准确识别个体选择的参考点，因此本节的讨论多是给定参考点，分析其产生的影响。α、β（$0 < \alpha, \beta < 1$）分别为在"得"的区域和"失"的区域的个体边际效用递减程度的系数。特别是在"得"的区域，个体情绪越强，其效用函数越凹，即系数越小（Schunk & Betsch，2006）。借助施加在价值函数中的系数 α、β，刻画了个体在"得"的区域表现为风险规避，而在"失"的区域表现为风险寻求。在"得"的区域，价值函数呈现凹形，这不仅反映了个体的边际效用递减特性，也反映了个体的风险规避偏好。例如，投资者不愿意将"鸡蛋放在一个篮子里"，而是采取分散投资的策略，为什么说这就刻画了投资者的风险规避偏好？对应地，在"失"的区域，价值函数呈现凸形，这刻画了个体的风险寻求偏好。λ（$\lambda > 1$）为个体的损失厌恶系数，体现了价值函数刻画的个体效用在跨界（RP）过程中的"那一哆嗦"。

记前景（选项）为 $\left(P_1, x_1; \cdots; P_n, x_n\right)$，其中，选项 x_i 实现的概率为 P_i，$i = 1, 2, \cdots, n$，则有定义 2-4。

定义 2-4（前景理论）：采用前景理论构念，前景 $(p_1, x_1; \cdots; p_n, x_n)$ 带给个体的效用为

$$U(p_1, x_1; \cdots; p_n, x_n) = \sum_{i=1}^{n} w(p_i) u(x_i)$$

其中，$w(p_i)$ 为权重函数，刻画了个体关于客观概率 p_i 的主观感受，$w(p_i)$ 是概率 p_i 的递增函数。也就是说，一件事客观上越容易发生，个体就越会主观地认为它发生的概率更大。同时，$w(0) = 0$，$w(1) = 1$。$u(x_i)$ 为价值函数，刻画了个体关于选项 x_i 的主观效用，$u(x_i)$ 是选项 x_i 的递增函数。

对比定义 2-4 中关于主观期望效用函数与式（1-1）刻画的客观期望效用函数可知，个体关于客观概率 p_i 的主观感受为权重函数 $w(p_i)$，个体关于选项 x_i 的主观效用函数为 $u(x_i)$。

芽：卡尼曼和特沃斯基为何要给该不确定性决策情景下的行为决策规则起名为"prospect"？

兰："prospect"是选项的意思，卡尼曼和特沃斯基用"prospect"，是为了吸引读者的有限注意力。

芽：这让我想起了贝尔实验室的一则传言。香农（Shannon）虽然提出了"信息是对不确定性的度量"，却没想好用什么词来描述它。于是，冯·诺依曼建议香农把这个概念记为"熵"，理由是没人能一下子理解，这样他人就无从辩驳。

兰：关于"熵"的增减，我们后面再讨论。

芽：再回到前景理论的话题上，"prospect theory"为何被译为"前景理论"？

兰：这里有一段翻译趣事。"prospect theory"有多种翻译版本，这里采用的是管理领域学者常用的翻译——"前景理论"。中国科学院心理研究所李纾教授课题组采用的译法为"预期理论"。看到"前景理论"，便可

以从字面上猜到这是管理学者的工作；看到"预期理论"，便可以从字面上猜到这是心理学者的工作。

芽：在卡尼曼和特沃斯基提出"前景理论"的过程中，他们各自做了什么？

兰：特沃斯基比卡尼曼年长，他们开始合作之前，特沃斯基的研究成果基本上都是单独署名，且都是以数学模型为基础，探讨人的决策行为的启发式推断工作。这启发了以格尔德·吉仁泽（G. Gigerenzer）和李纾为代表的学者开创出不同于双系统加工理论的生态理论、齐当别理论。但是，当特沃斯基和卡尼曼合作以后，他没有延续之前"先构建模型，再解决现实问题，最后改善模型"的思路，即"用数学模型解决心理学问题"的思路，而是针对问题采用了"实验调研方法研究人类为何犯错"的思路。

芽：这两种研究思路的差异，让我想到了拉斐尔·桑西（R. Santi）创作的《雅典学院》中刻画的柏拉图与亚里士多德关于研究思想的争论。亚里士多德是柏拉图的学生，但他们两个人代表了两种截然不同的研究思想。柏拉图手指向上，代表他追求形而上学的研究，即从现实中抽象出严谨而富有创新性的理论，使用数学工具建模分析。然而，作为柏拉图学生的亚里士多德，秉承"吾爱吾师，吾更爱真理"的原则，手心向下，强调做研究要脚踏实地，直接解决现实问题。

兰：学者在研究中追求研究的双重目的，既要构建严谨的理论，又要解决与现实相关的问题。柏拉图与亚里士多德的思想看似对立，实则并非如此。构建严谨的理论与解决现实问题这两方面并不是对立的，相反，它们之间应是互补的、相辅相成的。特沃斯基在不同阶段的研究分别呈现了这两种研究思想。

芽：我好奇特沃斯基是一个什么性格的人？

兰：特沃斯基聪明且义气！他具备的不可思议的能力是既能抓住问题的核心，又具备思考深度。在非学术领域，特沃斯基展现出了个人英雄主义风采。他在精锐伞兵部队担任军官，晋升为上尉，参加过三场战争。

芽：遗憾的是，这两位学术大家没有长久地合作下去。

兰：有一本书叫《思维的发现：关于决策与判断的科学》（The Undoing

Project：A Friendship That Changed Our Minds），艺术化地记录了特沃斯基和卡尼曼两位学术大家惺惺相惜又分道扬镳的历程（迈克尔·刘易斯，2018）。在该书中，卡尼曼说道："有些天才是单打独斗，我不是天才，特沃斯基也不是，但是我们联起手来就能所向披靡。"并且，两人分开后，卡尼曼表示"我有无数个想法，只是特沃斯基已不在我身边了，这些想法一无所用，只有特沃斯基能赋予它们生命"。但是两人的地位和处境的差异始终横亘在他们心中。特沃斯基外向的个性使得他人将其视为团队的核心人物，这也为他带来了很多荣誉和奖励，尤其是 1984 年特沃斯基获得了麦克阿瑟天才奖，卡尼曼却一无所获，两人的隔阂越来越深。1996 年，卡尼曼下定决心向特沃斯基提出绝交。但是，几天后，特沃斯基打电话给卡尼曼说自己被诊断为恶性黑色素瘤，最多只能活几个月。两人冰释前嫌，卡尼曼陪特沃斯基度过了生命的最后一段时光（迈克尔·刘易斯，2018）。

芽：与特沃斯基分开后，卡尼曼做了什么工作？

兰：卡尼曼转向了注意力相关研究。其中，峰终效应（peak-ending effect）就是其系列研究成果之一（Fredrickson & Kahneman，1993；Kahneman et al.，1993）。迪士尼的烟花表演就是利用了游客感知的峰终效应的手段。迪士尼通常晚上 9 点闭园，而一些游客躲在园区里希望等到次日继续玩，于是迪士尼就在园区的中心放烟花，这样所有游客都聚集在此，等到表演结束后统一清场，既达到了宣传园区的效果，也节省了工作人员找游客的精力。

芽：一些女子偶像团体的击掌告别的环节符合峰终效应。我曾经看过 JKT48 的街头表演。表演结束后，JKT48 艺人在剧场门口站成一排，所有观众排队和这些艺人一一击掌告别，其中一位大叔也蹦蹦跳跳地和少女偶像逐一击掌。这幅画面一直萦绕在我的脑海中。

兰：中国也有类似的女团组合，叫作 SNH48。在 2021 年度汇报表演活动中，北京女团因为疫情取消了线下活动，也就少了击掌环节（无法诱发近因效应）；而上海女团保留了与粉丝线下互动的环节，这令粉丝的体验变好。历届奥运会火炬传递的最终环节——主火炬点火也体现了峰终效应，即通过主火炬的点火仪式将观众的情绪推至高潮。

　　芽：在经济决策情景中，商家也会利用峰终效应加强人们的消费倾向吧？

　　兰：实施动态定价的商家，通过不断地提醒消费者关于历史销售价格之高和当下销售价格之低，让消费者立刻购物。

　　芽：我读过卡尼曼的《思考，快与慢》(Thinking, Fast and Slow)。他还写过什么书吗？

　　兰：卡尼曼与同行合著的《噪声：人类判断的缺陷》(Noise: A Flaw in Human Judgment)再次提醒读者，人类远远不如自我想象的那么理性，但是也有很多克服噪声的方法。

　　芽：什么方法呢？

　　兰：比如，采用清单辅助决策，建立更规范的评估标准，或者引入算法辅助。但最关键的是，我们要先承认这些噪声的存在。

　　到此的讨论均假设价值函数和主观权重函数彼此独立。比如，一项1万元的收益发生的客观概率为0.1%，个体会将这0.1%的客观概率视为1%的主观权重。若该项收益的额度为10万元，其发生的客观概率依然为0.1%，那么个体仍然将0.1%的客观概率视为1%的主观权重，即主观概率不随着该项收益额度的改变而改变。

　　虽然在多数决策情景中可以假设主观权重和价值函数之间彼此独立，但也需要考虑到一些决策情景中主观权重和价值函数之间的彼此关联。本节的讨论从前景理论面临的挑战出发，分析价值函数和主观权重彼此关联产生的影响。

2.3.2　前景理论违背一阶随机占优性

　　前景理论在广受欢迎之余，也受到了挑战，其中面临的最大也是最早的挑战是不满足一阶随机占优性(first order stochastic dominance)。一阶随机占优性是个体在不确定性情景中通常遵循的行事法则之一。本节首先解释一阶随机占优性；其次，采用反证法说明前景理论如何违背了一阶随机占优性。

> **定义 2-5（一阶随机占优性）**：前景 L 和 S 的收益的累积分布函数分别为 F_L 和 F_S。若前景 L 一阶随机占优优于前景 S，当且仅当对任意 x，有 $F_S(x) \geq F_L(x)$。

在图 2-3 中，横坐标为随机变量 x，纵坐标为随机变量 x 的累积分布函数。对于任意的 x，$F_S(x)$ 始终都在 $F_L(x)$ 的上方，即前景 S 的累积概率总是大于或等于前景 L。

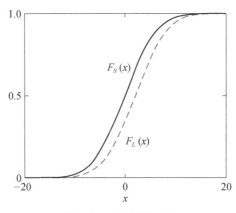

图 2-3　一阶随机占优

注：$F_L(x): \mu = 2, \delta = 5; F_S(x): \mu = 0, \delta = 5$

接下来，我们在离散空间中构造前景 L 和前景 S，表达一阶随机占优性被违背的逻辑。

$$L = (1 - p^L - q^L, 0; q^L, y; p^L, x)$$
$$S = (1 - p^S - q^S, 0; q^S, y; p^S, x)$$

其中，$x > y > 0$ 是结果值，p 是与较大结果 x 相关的概率，q 是与较小结果 y 相关的概率，$1 > p^L > p^S > 0$，$p^L + q^L = p^S + q^S$。

根据客观期望效用理论，有 $E(L) = p^L x + q^L y$ 和 $E(S) = p^S x + q^S y$，那么 $E(L) - E(S) = x(p^L - p^S) + y(q^L - q^S) = (x - y)(p^L - p^S) > 0$，其中 $E(L)$ 和

$E(S)$分别是前景 L 和前景 S 的期望值。

因此，比起前景 S，个体更偏好前景 L，即前景 L 一阶随机占优优于前景 S，记为 $L \succ S$。

若前景理论遵从一阶随机占优法则，则有

$$U(L) = w(p^L)u(x) + w(q^L)u(y) > U(S) = w(p^S)u(x) + w(q^S)u(y) \quad （2-3）$$

其中，$U(\cdot)$ 为一个前景的效用，$w(\cdot)$ 为客观权重的主观权重函数。

整理式（2-3）可得

$$\frac{w(p^L) - w(p^S)}{w(q^S) - w(q^L)} > \frac{u(y)}{u(x)} \quad （2-4）$$

当个体给客观小概率以较大主观权重 $w(\cdot)$（凹性），而给客观中、大概率以较小主观权重（凸性）时，在 $w(\cdot)$ 的凸函数部分，假设 $p^L < q^L$，令 $(p^S, q^S) = (p^L - \omega, q^L + \omega)$，则有

$$\frac{w(p^L) - w(p^S)}{w(q^S) - w(q^L)} = \frac{\dfrac{w(p^L) - w(p^S)}{p^L - p^S}}{\dfrac{w(q^S) - w(q^L)}{q^S - q^L}} \quad （2-5）$$

若 $\omega \to 0$，由式（2-5）可得 $\dfrac{w'(p^L)}{w'(q^L)} < 1$。然而，$\dfrac{u(y)}{u(x)} \in (0,1)$，因此当 $y \to x$ 时，有 $\dfrac{u(y)}{u(x)} \to 1$，故有

$$\frac{w(p^L) - w(p^S)}{w(q^S) - w(q^L)} \leqslant \frac{u(y)}{u(x)} \quad （2-6）$$

观察式（2-4）与式（2-6），可以发现两者彼此矛盾，这说明前景理论违背了一阶随机占优。其原因是，个体对不同结果出现概率的赋权过程与评价不同结果价值的过程相分离，即 p^L、q^L 的大小关系与 x、y 的大小关系彼此分离。从中可知，当评估前景（选项）带来的效用时，参考点的选择和主观权重的编辑方式影响了个体对选项的评估结果与选择。

卡尼曼和特沃斯基很快就意识到了这一点，从编辑主观权重函数的视角修正了前景理论中的权重函数，提出了累积前景理论（Tversky & Kahneman，1992）。

2.3.3 累积前景理论

若对客观概率的主观赋权与结果好坏直接相关,违背一阶随机占优的问题是否能被解决呢? 针对此问题,受等级依赖效用理论(rank-dependent utility theory)(Quiggin,1982)的启发,卡尼曼和特沃斯基改造了权重函数(Tversky & Kahneman,1992)。

定义 2-6(等级依赖效用理论):赋予结果的主观权重不仅与结果出现的客观概率有关,也与每个结果相对于其他结果的排序有关。通过对所有最终结果进行排序,然后结合(逆)累积概率而非单纯概率的方法来赋予各结果相应的主观权重。

特沃斯基和卡尼曼提出累积前景理论,用累积概率代替单一概率计算结果的权重值(Tversky & Kahneman,1992)。

考虑前景 P ,结果集合中有 n 个正向结果和 m 个负向结果,将其从小到大(升序)排列,记为

$$P = (p_{-m}, x_{-m}; \cdots; p_{-1}, x_{-1}; p_1, x_1; \cdots; p_n, x_n)$$

与正向结果 x_i 相关的决策权重 π_i^+ 是"结果至少和 x_i 一样好""结果严格优于 x_i"这两个事件集合累积权重之差,表示为

$$\pi_i^+ = w^+(p_i + \cdots + p_n) - w^+(p_{i+1} + \cdots + p_n), 0 \le i \le n-1 \quad (2\text{-}7)$$

与负向结果 x_{-i} 相关的决策权重 π_i^- 是"结果至少和 x_i 一样差""结果严格比 x_i 差"这两个事件集合累积权重之差,表示为

$$\pi_i^- = w^-(p_{-m} + \cdots + p_i) - w^-(p_{-m} + \cdots + p_{i-1}), 1-m \le i \le 0 \quad (2\text{-}8)$$

其中, w^+ 和 w^- 是从单位区间到自身的严格递增函数,满足 $w^+(0) = w^-(0) = 0$, $w^+(1) = w^-(1) = 1$ 。特别地,当 $i = n$ 时, $\pi_n^+ = w^+(p_n)$;当 $i = -m$ 时, $\pi_{-m}^- = w^-(p_{-m})$ 。

个体通常面临着结果为正前景,将其记为前景 $(p_1, x_1; p_2, x_2; \cdots; p_n, x_n)$,其中, $x_1 < x_2 < \cdots < x_n$ 。采用累积前景理论刻画该前景给个体带来的效用,

则有

$$U(p_1,\cdots,p_n) = w(p_n)u(x_n) + \sum_{i=1}^{n-1}\left[w\left(\sum_{j=i}^{n}p_j\right) - w\left(\sum_{j=i+1}^{n}p_j\right)\right]u(x_i)$$

（2-9）

由式（2-7）和式（2-9）可以给出累积前景理论的定义。

定义2-7（累积前景理论）：个体使用等级依赖形式评估选项的主观权重，即选项的主观权重取决于该选项相对于其他选项的排序。

对比前景理论（定义2-4）和累积前景理论（定义2-7）可知，前者将个体关于客观概率的主观扭曲作用于概率密度函数上，而后者将个体关于客观概率的主观扭曲作用于概率分布函数上。

本书以掷骰子为例说明累积前景理论中的主观权重函数（Tversky & Kahneman，1992）。掷骰子，然后观察结果 $x = 1, 2, \cdots, 6$，如果 x 是偶数，得到 x；反之，若 x 是奇数，付出 x。该掷骰子游戏可被记为前景 f，即

$$f = \left(\frac{1}{6}, -5; \frac{1}{6}, -3; \frac{1}{6}, -1; \frac{1}{6}, 2; \frac{1}{6}, 4; \frac{1}{6}, 6\right)$$

前景 f 给个体带来的主观效用为

$$U(f) = u(2)\left[w^+\left(\frac{1}{2}\right) - w^+\left(\frac{1}{3}\right)\right] + u(4)\left[w^+\left(\frac{1}{3}\right) - w^+\left(\frac{1}{6}\right)\right] + u(6)w^+\left(\frac{1}{6}\right)$$
$$+ u(-5)w^-\left(\frac{1}{6}\right) + u(-3)\left[w^-\left(\frac{1}{3}\right) - w^-\left(\frac{1}{6}\right)\right] + u(-1)\left[w^-\left(\frac{1}{2}\right) - w^-\left(\frac{1}{3}\right)\right]$$

接下来，再以前景 L 和 S 为例子说明如何利用累积前景理论分析个体的决策行为。根据累积前景理论，有 $U(L) = [w(p^L+q^L) - w(p^L)]u(y) + w(p^L)u(x)$，$U(S) = [w(p^S+q^S) - w(p^S)]u(y) + w(p^S)u(x)$。若一阶随机占优成立，应满足 $U(L) > U(S)$，又因为 $p^L+q^L = p^S+q^S$，所以 $U(L) > U(S)$ 可以化为

$$1 = \frac{w(p^L) - w(p^S)}{w(p^L) - w(p^S)} > \frac{u(y)}{u(x)}$$

即 $\dfrac{u(y)}{u(x)}<1$ 符合假设，故一阶随机占优成立。

由上述分析可得，当概率的扭曲作用于分布函数时，将每个结果依次排列，再对累积概率扭曲，这样作用于不同结果对应的概率扭曲就变得相互关联，即概率扭曲与结果不再相互独立。这使得累积前景理论符合一阶随机占优性。

第❸章　心理账户与助推

本章围绕理查德·塞勒（R. Thaler）的代表性研究成果——心理账户与助推，展开讨论。考虑到心理账户最初被用来解读个体的沉没成本规避行为，因此 3.1 节讨论沉没成本及心理账户；3.2 节论述心理账户的特性；3.3 节讨论助推及其相关理论面临的挑战。

3.1　沉没成本及心理账户

在完全理性者的假设下，个体应当在决策时只考虑未来的预期成本，而不受过往成本的影响。这意味着只有未来的预期成本才应被个体纳入当前的决策分析中，个体应该忽视过往成本，将其视为不相关因素。然而，在实践中，个体的决策行为往往受到多种因素的影响，而不仅仅是理性分析。据此，本节首先考察沉没成本规避行为（3.1.1 节），其次从心理账户角度解读沉没成本（3.1.2 节）。

3.1.1　沉没成本规避行为

依据完全理性者的假设，若参考点 RP 以下的负效用表现为成本，那么这些过往成本不应影响个体的决策行为，只有未来的预期成本才应被个体考虑进当下的决策分析中，个体应对过往成本熟视无睹。因此，我们将以往发生的，但与当前决策无关的费用记为沉没成本。

出于对沉没成本的规避的考虑而带来的持续投入付出行为，被标记为承诺升级（escalation of commitment）（Arkes & Blume，1985）。

> **定义 3-1（承诺升级）**：即使过往决策是错的，出于对沉没成本规避的考虑，个体仍会不断地增加承诺（投资），该行为被记为承诺升级。

　　承诺升级现象常发生在个体要对自己的失败负责，或为了证明自己最初的决策正确的情景中。并且，随着沉没成本的增加，个体表现出更强的承诺升级行为。比如，让药企决策者放弃新药的已有研发投资，另起炉灶，他们是断然不愿意承认过往决策的错误的。为了避免以往的投资打水漂，即成本沉没，药企决策者选择坚持下去，继续增加投资。与受沉没成本影响的药企决策者的行为相反，互联网企业英特尔的成功转型是克服承诺升级的典范。当时，英特尔内存业务发展受阻，计划进军处理器领域，但因顾及核心的内存业务而迟迟下不了决心。有一天，英特尔董事局主席格鲁夫（Grove）问当时的首席执行官摩尔（Moore）："若我们被免职，来了一位新的首席执行官，你猜新首席执行官上任后会怎么做？"摩尔说："新首席执行官肯定会砍掉内存业务部门。"格鲁夫问："那咱们为何不先走出公司大门，再走回来，假装咱们就是新首席执行官呢？"于是，英特尔放弃内存业务，开始专心做处理器业务，才有了后来的处理器霸主（安迪·格鲁夫，2002）。据此可得，应对沉没成本规避行为的原则是向未来看而不要向过去看，"该放手时就放手"。

　　存在即合理。既然承诺升级这种行为存在，那么在某种情况下，它可能会为个体带来好处。对沉没成本的规避，可以激励人们坚持长期任务并最终实现目标（Hong et al.，2019）。承诺升级行为的背后是个体希望自己的决策能展示和维护好声誉。比如，健身意愿不强的人通过缴纳健身会员费，提醒自己按时健身，或者购买一件昂贵但尺码略小的衣服，以激励自己健身、减肥，从而规避因购买昂贵新衣服却穿不上导致的沉没成本。再者，从提供并维护一段长久婚姻关系但可能婚姻质量不高的角度来看，男性向女性提供订婚彩礼、结婚钻戒，这使得男性或被动或主动地承诺有初心和意愿长久地维系这段感情和婚姻，因为背叛这段感情的代价太大，即沉没成本过高。从维护双方长期情感关系的角度来说，男性和女性或许都乐见及乐于接受巨大的沉没成本。这也解释了为什么不同历史阶段、不同阶层的人都花了大量精力创新各种婚姻仪式、彩礼和与之相关的迷信故事，众多伦理规则从多个维度加固婚姻关系，尽量使新婚夫妇白头偕老的概率最大化。

芽：为了最大化新婚夫妇白头偕老的概率，男生需要给女生买价格不菲的钻石。

兰：考虑到钻石在亲密情感关系中扮演的"沉没成本"的角色，只有天然钻石可胜任，人工钻石是无法体现出男性的承诺意愿的。因此，纵然人工钻石的品质与天然钻石几乎无差别，但因为其成本比天然钻石要低很多，消费者对人工钻石的接纳度较低（Zheng & Alba，2023）。

芽：增强双方之间的亲密情感关系，不仅可以通过钻石购买行为实现，还可以通过年轻夫妇双方联名买房实现。这样的话，钻石就卖不出去了。

兰：钻石行业协会有对策。其通过"For Me，From Me"（送给自己的礼物），营销"女性应当如何"的价值观，暗示女性通过给自己买钻石，从而做到"真我"。

芽：除了借用天然钻石传递男性的承诺意愿，男性也可以利用在社交媒体上"秀恩爱"的方式，在社交圈宣示爱恋对象的存在性和重要性，也能展现自己对这段亲密关系的郑重承诺。

兰：过高的订婚彩礼、昂贵的结婚钻戒，是男人要付出的沉没成本，为了规避沉没成本，一些男人对婚姻望而却步。

众包平台也需要考虑如何规避沉没成本。比如，在人才众包共享平台猪八戒网上，发包商在发布需求时，需要先将赏金托管到猪八戒网，再从平台上收集到的稿件中选出中标稿件。兼职者为了展示能力，需要完成部分工作。因此，兼职者需要在交易之前付出成本，而该成本就是沉没成本。但是，在众包任务中，只有一位中标者，有些兼职者预判自己中标的概率较低，或者当众包任务较难时，索性不参与招标。众包共享平台是双边平台，兼职者参与度的降低使得需求发包商的数量减少，从而导致平台收益降低。为了避免这种情况的出现，猪八戒网可以选择补偿兼职者的预先付出，同时也为未中标者提供补偿，使得兼职者愿意承担沉没成本。

在 2019 年的"双十一"，天猫玩起了"盖楼游戏"。消费者通过"盖楼游戏"获得的优惠券看似免费，究其本质是消费者花了大量时间和精力买来的券。"盖楼游戏"的精妙之处在于，不直接赠送用户免费的优惠券，而是需要用户付出成本才能获得，消费者得到优惠券的那一刻，时间成本就沉没下来了。为了消费掉这些沉没成本，用户会努力把它转化成更多消费。若人人都能抢到优惠券，优惠券在消费者心中的价值就不高了。正是因为不易抢到，那些抢到优惠券的消费者才会认为"哇，我今天运气爆棚"，这能促使他们用掉优惠券。

3.1.2 从心理账户角度解读沉没成本

个体之所以会受到沉没成本的影响而做出非理性行为，原因在于个体做决策时，会不自觉地将过去已投入成本与以后预设投入合并到一个心理账户中，并综合考虑以衡量决策的后果。特沃斯基和卡尼曼通过构造演出实验，解读了沉没成本产生的影响（Tversky & Kaneman，1981）。

◎ **情景 3-1（观看演出）** ————————————————

情景 3-1-1：你打算去看演出，准备到现场买票，票价为 10 元。到剧院后，你发现自己丢了 10 元，你是否会买票看演出？

情景 3-1-2：你打算去看演出，花 10 元买好门票。到剧院后，你发现票丢了，若你想看演出，必须再花 10 元买票，你是否会再次买票？

实验中，183 名被试参与了情景 3-1-1 的实验，其中 88%的被试表示会买票，12%的被试表示不会买票。200 名被试参与了情景 3-1-2 的实验，其中 46%的被试表示会再次买票，54%的被试表示不会再次买票。基于完全理性者的假设，在情景 3-1-1 和情景 3-1-2 中，被试同样都是损失了 10 元，但是被试在决策是否再花费 10 元买票时，两种情景下的决策结果却大相径庭。

在情景 3-1-1 中，默认参与该情景决策的被试到剧院要付出的出行成本较低。若被试的出行成本较高，出于对出行成本沉没的规避，无论是在情景 3-1-1 还是情景 3-1-2 中，被试都更可能继续看演出。

卡尼曼和特沃斯基认为，被试做出选择，实际上是对多种选择结果估价的过程，而最简单、最基本的估价方式就是对选择结果进行收益与损失（得失）的评价，他们采用心理账户刻画了被试的这种认知心态（Kahneman & Tversky，1984）。

随后，塞勒揭示出了人们的内隐式心理账户的存在性，认为在编辑选项的过程中，被试会受到心理账户的影响。无论是个体、家庭还是集团组织，在制定决策时，总会受到一个或者多个内隐心理账户系统的影响，而且这种影响不在人的预期之中。同时，这些心理账户系统遵守的记账方式和潜在运算规则与理性运算规律相悖（Thaler，1985）。因此，心理账户使个体的决策违背了完全理性法则下的预测。在该项研究中，塞勒提出了"心理账户"这一概念。

> **定义 3-2（心理账户）**：心理账户是用来分析人和家庭如何在日常消费中做各种决策的一个模型。它的核心含义包括三个部分：①个体如何评估消费决策的结果；②对于资金的来源和使用，个体会在心里将不同的资金划分到不同的心理账户中；③在决策过程中，一系列决策可能会被个体独立地或放在一起对待。

兰和芽沿着校园的林荫小道慢慢踱步。路边不时有学生骑着共享单车匆匆驶过。眼看到了晚饭时间，她们恰巧走到了学生餐厅附近，芽想起了在这里生活的时光。于是，两人决定在学生餐厅就餐。

芽：在本科阶段，其实很多同学在学专业一年半载后，就能清楚地知道这个专业是否适合自己，但真正敢于转专业的人却很少。

兰：你觉得是什么原因导致他们不愿意改变呢？

芽：可能是觉得已经投入了一些时间和精力，如果放弃的话，就都白费了。而且，也会担心万一转到新专业后发现不合适，岂不是更后悔？

兰：人们常因为害怕后悔而受到沉没成本的影响。就像我们刚才讨论的电商优惠券，消费者担心不用就会后悔，反而可能会做出不理性的决策。

芽：还好当年我不管是在本科还是研究生阶段都是坚定地选择了现在的专业，没有感受到太多后悔。

兰：我们是试图从后悔理论角度解读人类的沉没成本规避行为。那么，除了从心理账户理论和后悔理论分别解读人类的沉没成本规避行为，还可以从什么角度解读呢？

芽：我没有想到其他新角度。但是，我更多不是去思考如何解读沉没成本规避行为，而是思考如何帮助人们在面对沉没成本时做出更理性的选择。有时候，"放下"反而是更明智的决定。

3.2　心理账户的特性

情景 3-1 说明了不同心理账户之间的不可替代性。推而广之，小到个体、家庭，大到企业集团，都有或明确或潜在的心理账户系统。这种心理账户系统常常遵循一种与完全理性假设下的运算规律不一致的潜在心理运算规则，因此经常以非预期的方式影响着决策，使个体的决策违背最简单的理性决策法则。

我们可以从三个角度讨论心理账户的特性（Thaler, 1999）：①个体如何编辑选项；②个体如何对收入及支出等账户进行分类；③个体评估账户的频率如何影响决策，以及如何拆分选项，即在决策过程中，个体是独立地看待一系列决策，还是将这一系列决策放在一起看待。

接下来，我们分别从上述三个视角解读心理账户。需要指出的是，本节在一定程度上跳出了对期望效用理论的刻画，而是聚焦于个体普遍的且看似非理性的决策行为。

3.2.1 决策编辑与结果评估

决策分析中的重要一环是理解个体如何评估各种决策的结果。继承卡尼曼和特沃斯基在前景理论中提出的价值函数的思想——将决策可能出现的结果转化为个体能感知到的价值函数，塞勒（Thaler，1985）将个体的决策过程分为两个阶段：编辑和估值。编辑是个体依据不同参考点体系编辑选项中的"得"与"失"的主观感受，"估值"是个体对编辑过的选项的效用的估价。

我们借助情景 3-2 讨论个体的编辑与估值行为是如何影响其选择行为的。

◎ 情景 3-2 ————————————————————

在阶段一，你已赢得 30 元。

在阶段二，你需要在下面两个选项中选择。

选项 A：没有进一步的获益或损失。

选项 B：以 50% 的概率赢得 9 元，以 50% 的概率输掉 9 元。

当个体不将其在阶段一对结果的感知带入阶段二（记为无记忆模式）时，设定参考点 $RP=0$，若他选择选项 A，获得的效用为 $U^{无记忆}(A)=u(30)+u(0)$；他选择选项 B，获得的效用为 $U^{无记忆}(B)=u(30)+w(0.5)[u(9)+u(-9)]=u(30)+w(0.5)(1-\lambda)u(9)$。该编辑方式意味着个体已赢得了 30 元。接下来，他以 50% 的概率赢得 9 元，以 50% 的概率输掉 9 元。那么，在无记忆模式下，$U^{无记忆}(A)>U^{无记忆}(B)$，因此个体总是会选择选项 A。

当个体将其在阶段一对结果的感知带入阶段二（记为有记忆模式）时，设定参考点 $RP=0$，若他选择选项 A，获得的效用为 $u^{有记忆}(A)=u(30)+u(0)$；若他选择选项 B，获得的效用为 $U^{有记忆}(B)=u(21)+w(0.5)[u(39)-$

$u(21)]+w(0.5)\times u(0)$。该编辑方式意味着个体选择选项 B，一定可以赢得 21 元，除此之外，他还以 50% 的概率使收益从 21 元增加到 39 元，以 50% 的概率使收益保持不变。那么，在有记忆模式下，若有 $U^{有记忆}(B)>U^{有记忆}(A)$，那么个体会选择选项 B。

结合情景 3-2 的编辑与估值分析过程，以及心理账户中的金钱不可替代性，塞勒（Thaler，1985）设计了消息的合理发布方式（收益或损失的编码方式），分析发消息者如何拆分，导致收消息者编辑与估值的方式不同。具体而言，原则如下。

（1）两条好消息 x 和 y 要分开发布（拆分多重收益）。因为 $u(x)+u(y)>u(x+y)$，即在得益部分是单调凹函数（图 2-1），所以将好消息分开发布，可以为收消息者增加效用（锦上添花）。

（2）两条坏消息 $-x$ 和 $-y$ 要一起发布（整合多重损失）。因为 $u(-x)+u(-y)<u(-x-y)$，即在损失部分是单调凸函数，所以若将坏消息分开发布，会令个体感到雪上加霜，若将坏消息一起发布，可以减少收消息者的效用损失。按照此逻辑，笔者可端出一碗"鸡汤"：当你处于焦虑、困惑等负面情绪的状态时，别遇到困难就立刻沮丧，而是要尽量将多个"沮丧"攒在一起。

（3）一条大的好消息 x 和一条小的坏消息 $-y(x>y)$ 要整合公布，因为 $u(x)+u(-y)=u(x)-\lambda u(y)<u(x)-u(y)<u(x-y)$。

（4）一条大的坏消息 $-x$ 和一条小的好消息 y，即 $x>y$，发布方式依情况而定。这是因为 $u(-x)+u(y)\gtrless u(-x+y)$。若 y 远小于 x，并且效用函数的曲率不是太平坦[即净损失 $(-x+y)$ 不是太大]，那么 $u(-x)+u(y)>u(-x+y)$，此时应将两条消息分开发布，这被称为"一线希望原则"。分开发布是"雪中送炭"，能让收消息者在苦海（$-x$）中感到一丝甜头（y）。若 y 虽然小于 x，却没小多少，那么 $u(-x)+u(y)<u(-x+y)$。此时，将两条消息同时发布为上策。

编辑与估值的思想不仅可以体现在效用函数中，也可以体现在主观权重函数中。接下来，我们从编辑主观权重函数的视角，应对违背了一阶随机占优性带来的挑战。对于前景 L，个体的心理直觉为：以 $p^L + q^L$ 的概率获得 $u(y)$，基于此还将以 p^L 的概率获得 $u(x) - u(y)$，则

$$U(L) = w(p^L + q^L)u(y) + w(p^L)[u(x) - u(y)]$$

同理，

$$U(S) = w(p^S + q^S)u(y) + w(p^S)(u(x) - u(y))$$

若一阶随机占优性成立，应满足 $U(L) > U(S)$。将 $p^L + q^L = p^S + q^S$ 带入 $U(L) > U(S)$，简化可得 $1 = \dfrac{w(p^L) - w(p^S)}{w(p^L) - w(p^S)} > \dfrac{u(y)}{u(x)}$，即 $\dfrac{u(y)}{u(x)} < 1$ 符合假设，故一阶随机占优性成立。

3.2.2　分类与贴标签

从完全理性者行事的角度来看，只要是金钱，无论其在哪个心理账户上，都应该是彼此可被替代的。然而，多数人不是完全理性者，他们会将在不同心理账户中的金钱视为彼此不可被替代的，会发生某个账户额度清零后，该账户就不再有支出的情况。比如，一些夫妇有两个账户，一个账户用于应对双方共同日常开销，另一个账户用于双方为家庭发展储存资金，并独立处理两个账户。当用于日常开销的账户清零后，他们可能不愿意或非常审慎地考虑是否从其他账户挪借资金。再如，有研究显示，很多家庭一边在负担较高的利率按揭（如利率为 4%—5%）时，一边也有大量现金存在银行中仅获得较低的利息收入（如利率为 2%—3%）。若用这些闲散的现金还掉部分按揭，那么这些家庭每年可省下不少利息费用。但是很多家庭不这么做，他们认为储蓄是储蓄，按揭是按揭，两个账户被一道无形的"墙"隔开了（Thaler，1999）。

回顾情景 3-1-1，个体丢了的 10 元不在看演出的账户中，而是属于日常开销账户。所以即使丢了 10 元，在情景 3-1 中，该个体还是会花 10 元购买门票，因为这 10 元最初就是被放在了看表演的花费账户中。

面对情景 3-1-2，该个体丢的是门票，也就是说，演出账户中的 10 元钱已被支出，他不愿再从演出账户中支出 10 元来购买门票。但是，实验

结果表明，在情景 3-1-2 中，仍然有 46% 的人选择购买门票。其背后的原因有很多，例如，他可能通过心理暗示"我已跟朋友约好了，不能爽约"将门票支出成功转变为"情感维系账户"，或者出于"我看演唱会是为了在我的社交平台发表观后感"的认知心态，而将门票支出转变为"社交账户"等。

实践中，个体最愿意支出的三个心理账户是情感账户、社交账户和零钱账户。

联名的营销方式就是利用了消费者的情感账户消费意愿。商家通过爱国联名将消费者的消费从其他账户转移到情感账户；商家通过生产怀旧产品，使得消费者愿意为怀旧情怀买单；商家通过亲子联名，标榜促进亲子关系，诱使消费者将消费划分到促进亲子关系的账户。商家也常利用消费者的心理账户分类和贴标签的原理为商品贴标签。比如，商家通过"今年过节不收礼，收礼只收脑白金"的广告语暗示消费者，使消费者将原本属于保健品的消费划分到了情感账户。通常人们更愿意为维系情感花钱，且不同于"送礼应选择对方经常购买的商品"的认知，心理账户认为"赠送的礼品应比对方平时消费的商品价格高一些"。

又如，主打"跑步+社交"的应用程序悦跑圈专注于为运动爱好者提供各种比赛和跑步路线，同时强调在运动过程中让用户与其他跑友互动、交友，围绕跑步展开一系列的业务和活动，形成价值关系链。悦跑圈利用消费者愿意为社交买单的心理，围绕跑步和社交活动，吸引用户构建社交圈，进而购买悦跑会员及周边产品。

拼多多的运营模式利用了个体对零钱账户的消费意愿。拼多多平台上大部分商品的定价都比较低，消费者在使用拼多多购买商品时，会不自觉地将这些便宜商品的消费归类到零钱账户的支出中。

营销策略中的"换购"也是利用了消费者对零钱账户有较多消费意愿的动机。比如，结账时售货员向你推荐换购 19.9 元的一袋面膜，正常情况下，你因为已购买了面膜而拒绝再次购买类似商品，但是 19.9 元换购却能助推你从零钱账户中拿出钱再买一袋面膜。换购商品价格通常是几十元，就是为了给消费者营造"零钱"的感觉，并且换购商品是被放置在"换购"的认知情景下，消费者会下意识地认为该商品就是便宜。然而，事实并非如此，消费者可能不是那么需要换购商品，并且换购商品的价格也并不低。因此，当个体经历换购的决策情景时，在做出购买决策前，可以试图思考一下换购商品的价值，以此判断商品是否真的有用。

不同类型心理账户的存在，可以帮助我们解读为何个体的边际效用递减没有那么快。在经营决策层面，一些企业（如华为）认为所有成功皆为序曲。他们面向未来，不满足于已有成就，以免边际效用出现递减，强调"把活下来作为最主要纲领，边缘业务全线收缩，把寒气传递给每个人"（新浪财经，2022）。

再如，当机票超售，部分乘客无法登机时，航空公司给出的补偿方案是：若乘客愿意改签到后续时段的航班，将得到几百元的补偿，此时乘客是否愿意改签？基于边际效用递减的预测是，对于高收入乘客来说，增加百元带来的边际效用小于低收入乘客，因此若乘客都是完全理性者，那么高收入者愿意等待的时间将短于低收入者愿意等待的时间。但是，"地主家也没余粮"，无论高收入者还是低收入者，愿意付出的等待时间的差异却不大（Li & Hsee，2021）。这不是因为他们不遵循价值函数曲线的变化，而是因为他们将机票购买的支出都放在了差旅费的心理账户中。因此，无论是高收入者还是低收入者，他们对飞行所需差旅费的预算相近，愿意付出的等待时间差异不大。上述例子说明，个体关于金钱的边际效用并不总是遵循边际效用递减的规律，而是受其如何对心理账户进行分类的影响。

3.2.3 评估频率

心理账户可以以每天、每周或每年的频率评估，时间和金额的限定也是可宽可窄，即时间长短和金额大小同样会影响个体对心理账户的判断。

在股票市场中，股民在决定是否登录股票账户去查看资产组合选择收益前，会先了解当日股市的整体表现。西歇尔曼与其合作者（Sicherman et al.，2016）发现，身处熊市（股市利差）时，投资者登录交易账户的可能性明显小于牛市，表现出鸵鸟效应（ostrich effect）；身处牛市（股市利好）时，投资者登录交易账户的可能性却明显大于熊市，表现出回音室效应（echo chamber effect）。

> **定义 3-3（鸵鸟效应和回音室效应）**：当出现坏结果的可能性非常大时，个体像是受到威胁的鸵鸟，将头埋进"沙子"里，从而假装危险不存在，称为鸵鸟效应。当出现好结果的可能性非常大时，个体倾向于寻找支持或强化自己假设的信息，称为回音室效应。

日常生活中，有人用辞职逃避工作、用加班逃避家庭、用沉默逃避爱情，为了逃避与人交流而拒绝出门，为了逃避思考而打游戏。逃避是防御机制，虽可耻却有用。适当的防御策略能帮助人们维持自尊，也能帮助人们回避、控制不适感，有时是焦虑，有时是极度悲痛、愧疚、嫉妒等负性情感。然而，短暂的舒适并不能真正地解决问题，逃避现实会让现实变得更现实。

芽：对于辛苦的打工人来说，体检是他们应做却不愿做的事情。腰肌劳损、月经不调、乳腺结节、脱发……自己或多或少有些小毛病，对此，他们心知肚明。但在看到体检报告以前，这些小病小痛皆可忍。

兰：一些人讳疾忌医，不积极定期体检，不愿意获取相关信息，这恰如鸵鸟将头埋入沙子（Karlsson et al.，2009）。有学者基于约 1200 名被试展开了随机田野实验，检验了主观风险、检查价格和疾病类型对个体参与医学筛查的预测力（Li et al.，2021）。田野实验包括两个设计：价格实验和疾病类型实验。在价格实验中，对糖尿病检查设置了三组定价：免费组、10 元人组、30 元组。在疾病类型实验中，在为个体进行基本血细胞计数检查——抽血后，被告知还可以选择免费检查糖尿病或癌症（随机分配）。学者记录了所有实验组中个体自报告的主观风险，从而检验主观风险在信息规避中的差异。他们发现，即使在货币成本为零、交易成本较小的条件下，规避医学筛查的现象仍然存在，并且高风险个体更可能规避医学筛查。

兰：人们秉承着"只要我拖着不体检，我的身体就没任何问题"的鸵鸟心态，将个人安危交付于上天。

芽：何止是规避体检，即便他们做了体检，也会规避看体检报告。

兰：还有很多没得到很好治疗的人，他们不去体检，生死由命。

芽：网上曾有帖子戏谑"拿10年寿命交换500万元，你愿意吗？"多数人选择不换。但当500万元加码为5000万元时，多数人却选择了交换。"拿钱换命"成为一种选项的背后是，他们深知"健康"是自己唯一拿得出手的东西。

兰：从长远来看，保证自己的健康，可以让自己不受累、家庭不受罪，减少医药费，有益全社会。

对应地，在牛市时，股民增加了登录股票账号的频率，即使他们知道周末休市。这是因为每一次登录，股民都可能获得一份小小的快乐，而快乐对应着好消息，股民希望依次收到各条好消息（Karlsson et al.，2009）。

只要登录股票账户，就可能发生交易，这使得股民在牛市中倾向于售出上涨股票，而在熊市中持有下跌股票。该行为异象被称为"处置效应"（disposition effect）（Odean，1998）。

3.3　助推及其面临的挑战

卡尼曼的思想与塞勒的类似，都是研究人类的非理性行为。区别在于，卡尼曼总结了大量人类非理性的现象和规律性特征，提供了相关理论。塞勒不仅总结了人类决策的现象，更多地是把它应用于实际，而且在现实生活中对政策产生了影响。塞勒把这种思想总结为"助推"。总体而言，塞勒的思想与卡尼曼的思想的共同之处是，不将人的所谓非理性当作缺陷，而是去接受不完美，并研究它，对于确实有害的非理性行为，也可以针对其设计助推机制，以此来改善其产生的消极影响。

定义 3-4（助推）：助推理论指出，通过正向强化和间接建议的方式，可以影响群体和个体的行为与决策。这种非强制性的影响施加过程也被称为自由式专制，影响者被称为决策架构师。特别地，只有能被轻易干预的行为才能被视为助推行为。

接下来，我们来论述助推发展的起源及其应用现状。

3.3.1　助推的起源

基于助推理念，个体可以被分为两种类型：①规划者试图驯服激情，想要最大化一段时间内效用的综合；②实干者只关心当下的快乐。映射到委托-代理模型中，规划者更理性，像是委托人，而实干者不擅长等待，只关心当下享乐，是代理人。规划者可以利用各种助推手段，让实干者的行为趋于完全理性。

塞勒在他的执教元年（1974 年），邀同事参加晚宴。晚宴的开胃菜是腰果，同事们都很喜欢吃。但当他把腰果撤掉后，同事们却为该决定拍手叫好。这是因为同事们有两种心理控制：①第一种是希望获得立即满足，即不停地吃腰果；②第二种是理智地权衡当下与未来，即在当下吃腰果吃饱了，就没法享受接下来的美味正餐了。第一种心理战胜了第二种心理后，同事们就可能会陷入不停地吃腰果的困境中，我们将此状态下的同事视为实干者，那么主人（塞勒）就是规划者，他先判断出允许同事吃腰果的最优数量，让同事可以不加约束地吃，然后迅速地撤掉腰果，这是帮助同事设置了承诺策略。若塞勒采取口头建议，即建议同事在吃光腰果之前停下，同事们无法抑制吃腰果的欲望，自己停不下来，却又听到了塞勒的建议，会边吃边感到内疚，减少了吃腰果的快乐。洞察到这一点，塞勒和谢弗林（Thaler & Shefrin, 1981）运用委托-代理理论框架分析了晚宴中的"腰果插曲"，通过刻画人的自我控制（self control）不足的问题，提出了"助推"的概念。

芽：我在互联网企业实习时，享受了不少企业提供的零食和美味午餐。

企业的初心是好的，强调雇佣关系中互惠的一面。但是，我不知道工作上有没有长进，我的体重却"长进"不少。

兰：若企业问你如何帮助员工进行自我管理，你如何从行为决策的角度提供关于"零食管理"的有价值的建议？

芽：若企业为零食的健康程度贴标签，提醒员工零食的热量，或许就可以助推员工健康饮食，避免员工出现过劳肥。

兰：同事对饮食健康的员工会表现出更多的友好互动行为（Watkins et al., 2022）。

芽：展现出健康的体魄，不仅有利于生理和身体健康，还会被同事认为拥有良好的自控力。具有良好的自控力，还能让人交到很多朋友。

无论"腰果插曲"还是"零食管理"的例子，均体现出作为委托人的塞勒或企业影响了作为代理人的客人或员工的行为，但又保留了代理人选择的权利，体现出"自由式专制"。"自由式专制"看起来是矛盾的，因为我们在理解此概念时主观上对"自由""专制"产生了误解。首先，我们通常认为自己做的选择都是对自己有利的；其次，我们通常认为应避免影响他人的决策；最后也是最重要的，我们常常将专制和强权对等。由于认知有限或者固有偏差，人们认为做出了对自己有利的决策，事后发现并非如此。比如，"双十一"剁手后的"吃土"，胡吃海喝后的身材焦虑等。专制并非强权，当你知道自己的选择带来的后果时仍然坚持，这种情况下的专制等于强权；当你不知如何决策，也不知决策最终导致的后果时，此时的专制未必代表强权。这就类似于"有法律约束的社会才是自由社会""人民民主专政的社会才是自由社会"。

结合塞勒定义的助推行为6项原则，即动机、理解决策映射、默认选项、反馈、预期错误、复杂选项结构化的精神，接下来，我们讨论助推的应用现状。

3.3.2 助推的应用

最初，塞勒提出的助推理念的受众并非普通民众，而是政策制定者、机制设计者等来自监管机构的决策者。其初衷是帮助决策者设计助推方案，从而助推人们更好地做出决策，如助推大众实施健身计划，助推消费者购买安全、绿色、有保障的食品等；帮助政府制定助推机制，造福于民，最终使大众过得更健康、更富有、更幸福。对于政府而言，助推如同大禹治水，需审时度势，因势利导，循循善诱，可使社会运转更加顺畅，使人们生活得更加幸福。

助推理论不只是被用来纸上谈兵，而是可以真正地被运用于实践中。2023 年 5 月，第 76 届世界卫生大会通过了"行为科学促进健康"决议，强调有必要关注与健康相关的错误信息和虚假信息对行为的影响。

芽：在中国政府层面上，有什么相关应用？

兰：在政府层面上的应用有关于离婚冷静期的，冷静期结束，夫妇双方没有来申请，就默认不离婚了。

芽：看统计数据，实行离婚冷静期政策后，中国的离婚率的确有所下降。

兰：经济学以"效益"为导向，只要能以最高效和低成本的手段实现既定目标，就是好的制度。但是，法学坚持"公正"导向，常以是否妨碍民众正当自由、是否兼顾各方利益等作为评价制度的标准。因此，对于离婚冷静期，经济学家大都给出了正面评价，因为该制度确实在客观上产生了降低离婚率的效益。但是，一些法学家却排斥该制度，因为离婚与否的决定权属于个人，国家权力不应干预。

芽：离婚冷静期制度使得"助推蕴含的善意"规模化。推而广之，小想法如何才能实现规模化呢？

兰：和塞勒同为芝加哥大学同事的约翰·李斯特（J. List）在其著作《电压效应：如何让好点子变得伟大，让伟大的想法实现规模化》（The Voltage Effect: How to Make Good Ideas Great and Great Ideas Scale）中揭示了在政策领域如何让好的想法具有实践价值，提出了判断想法是否可规模化的 5 个指标：①是否存在误会，或许在初期成功中发现的规律只是偶然现象，并非真正意义上的规律？②最初的受众是否代表了更多人？③最初的成功是源于"厨师"(专业人才)还是"食材"(想法本身的组成部分)？④想法和创意是否有溢出效应？⑤规模化后，是否能在供应侧或成本侧产生显著优势？（List，2019）

芽：要想成功，好的想法必须触达"高电压"。

3.3.3 面临的挑战

在历史长河中，学者对决策的认知经历了多次飞跃，但是卡尼曼和特沃斯基提出的前景理论的思想及塞勒提出的心理账户的思想却无与伦比。

假设不确定性决策情景中个体充分考虑了所有备择选项及相应的概率，并将两者相乘，从而计算效用。也就是说，期望效用理论和前景理论均认为个体总是选择能带来最大收益或效用的选项，也就是所谓的"最大化"。这类建模的重心集中在量化决策上，具有强烈的"标准化"气息。然而，它却有助于构建描述决策思维过程的模型，帮助个体分析和改善决策过程，科学地理解人的行为。但是，单纯地依赖复杂模型、繁多数据，难免会影响人们对行为研究的理解度和亲近感。同时，在实践中，个体对备择选项的考虑未必充分。

以卡尼曼和特沃斯基为代表的学者往经典决策理论"平静的学科湖"里丢了一块石头，产生了"涟漪"，引发了如塞勒在内诸多学者的追随。因为一旦个体掌握了其中的思想精髓，该理论的运用便简洁得惊人，这也使人们对它充满了期待。然而，那些最为保守的决策理论学者仍然觉得行为决策研究只是一些随机的"异常行为"的拼凑，缺乏系统性和逻辑性，因此在庄严肃穆的经典决策理论体系面前难成气候。

这两派学说在经济学领域的碰撞出现在1985年芝加哥大学的一次规模不大不小的辩论赛中。说规模"不大"，是因为与会者人数不多；说规模"不小"，是因为与会者中很多学者的名字如雷贯耳。行为经济学阵营由司马贺（Simon）、特沃斯基和卡尼曼领队，肯尼斯·阿罗（K. Arrow）友情支持；理性主义者的阵营由罗伯特·卢卡斯（R. Lucas）、默顿·米勒（M. Miller）领队。虽然争辩双方各执一词，但都觉得自己赢了。

芽：双方争辩的情景类似于春秋儒家学派关于性善论和性恶论的争辩。孟子认为人性本善，倡导以仁义教导；荀子则持相反的观点，认为人性本恶，需要利用礼法来约束。双方都对自己所持观点进行了辩护。

兰：的确有这种可能性。面对双方阵营的各执一词，塞勒决定来点幽默，他提出两个观点：理性模型是无用的；所有行为都是理性的。对于这两个观点，双方都认为是错的。

芽：那么，他们为何还要浪费时间反驳彼此呢？

兰：双方在争辩过程中引经据典，或许是受自我先验信念的影响，他们做出了非理性判断。

芽：这警醒我们，要避免陷入为了反驳而反驳的论战中。

兰：我的处事原则之一是不参与论战。理由是，一旦论战开始，自己的所言所行就依对方的观点而定义，以驳倒对方为目的。这就诱惑自己持有与对方截然对立的观点，自己就成了对方的镜子，被对方定义，反而没有了自己的主见。

芽：孟子"好辩"，以至于郭沫若的《十批判书》中说他是一个会宣传的人，他的话得打些折扣才行。

兰：孟子说话不严谨，这与孔子的慎言形成了鲜明的对比。

塞勒关于心理账户的研究工作受到了前景理论的启发。1976 年，卡尼曼的研究助理费斯科霍夫（Fischhoff）将特沃斯基和卡尼曼正在修改的前景理论的论文手稿介绍给了塞勒。读了该手稿后，塞勒终于为自己收集到的那些关于决策选择时不太严谨的事实找到了理论依据，与此同时，也确立了未来的研究方向。这一发现对他随后的关于心理账户的一系列创新研究产生了深远影响，他随后的研究多是运用价值函数替代传统经济学中的效用函数。但是，塞勒关于反常行为的大部分研究成果没能立即通过同行评审并发表，这是因为塞勒认为个体实际的选择行为与主流经济学所做的预测不一致。

前景理论学派的支持者承认，当下的行为决策理论体系缺乏系统理性，但这并不能成为漠视行为决策研究的理由。因为基于完全理性假设而推演出来的结论与现实并非总是一致，虽然也有如以贝克尔（Becker）为代表的经典决策理论和经济学派持有的"经典经济理论体系没什么问题，若出了问题，只是因为对经济行为的假设和分析不到位"这类观点，但是重构理性人假设，将"感性""人文关怀"等人性因素纳入经典决策理论体系中是迟早的事。因此，感性与理性不是相对的，而是相辅相成的。这恰如亚里士多德的"散步学派"与柏拉图的基于理性推演的学派能共存，也需共存，方能推动学术研究的进步。

第4章 受非固定参考点影响的决策行为

回顾第 2 章的内容，可以发现，前景理论主要讨论了三部分内容：参考点、概率权重及风险偏好。一些利用前景理论进行研究的学者将参考点视为现状，或者个体当下持有的资产。然而，前景理论并没有讨论参考点什么时候是现状，什么时候是其他状态。由此可以推测，个体依赖的参考点可能是动态的、随机的。

本章考察随机参考点、非固定参考点情景中个体的认知与决策行为。4.1 节讨论随机参考点对个体决策行为的影响，从而证明前景理论在分析决策问题时"好用"。4.2 节考察动态参考点对个体决策行为的影响。4.3 节考察动态参考点对风险偏好及其导致的行为的影响。

4.1 受随机参考点影响的决策行为

受随机参考点影响的个体有什么行为特征？4.1.1 节给出了受随机参考点影响的效用函数。4.1.2 节借助彩票购买情景，刻画了受随机参考点影响的保险购买决策。

4.1.1 受随机参考点影响的效用函数

科什斯基和罗宾（Köszegi & Rabin，2006）用数学语言表达了个体行为受随机参考点影响的效用函数。

定义 4-1（受随机参考点影响的效用）：假设个体的消费为 x，其消费参考点为 r。若 x 依从概率分布 $F(x)$，参考点 r 依从概率分布 $G(r)$，那么该消费带来的效用为

$$E[u(x|RP = r)] = \iint u(x|RP = r)\mathrm{d}G(r)\mathrm{d}F(x) \qquad (4\text{-}1)$$

式（4-1）刻画了给定消费 x 的得失感源于将其与参考点 r 下的所有可能结果进行比较。

假设面对消费 x，乘客的经济效用为 $m(x) = x$，交易效用为 $u(x) = \begin{cases} x & x > RP \\ \lambda x & x \leqslant RP \end{cases}$，其中，$\lambda$ 表示损失厌恶系数，$\lambda > 1$。

为了表达个体受随机参考点影响的效用，我们在离散空间中构造前景 L 和前景 S，则

$$L = \left(1 - p^L - q^L, 0; q^L, y; p^L, x\right)$$

$$S = \left(1 - p^S - q^S, 0; q^S, y; p^S, x\right)$$

其中，$x > y$，$p^L > p^S$，$p^L + q^L = p^S + q^S$。

若将前景 L 作为参考点，那么前景 L 给个体带来的效用为

$$U(L | RP = L) = p^L \left\{ x + \overbrace{p^L \times 0}^{\text{以}x\text{为参考点}} + \overbrace{q^L u(x-y)}^{\text{以}y\text{为参考点}} + \overbrace{\left(1 - p^L - q^L\right)u(x)}^{\text{以}0\text{为参考点}} \right\}$$

$$+ q^L \left\{ y + \overbrace{p^L u(y-x)}^{\text{以}x\text{为参考点}} + \overbrace{q^L \times 0}^{\text{以}y\text{为参考点}} + \overbrace{\left(1 - p^L - q^L\right)u(y)}^{\text{以}0\text{为参考点}} \right\}$$

$$+ \left(1 - p^L - q^L\right) \left\{ 0 + \overbrace{p^L u(-x)}^{\text{以}x\text{为参考点}} + \overbrace{q^L u(-y)}^{\text{以}y\text{为参考点}} + \overbrace{\left(1 - p^L - q^L\right) \times 0}^{\text{以}0\text{为参考点}} \right\}$$

若将前景 L 作为参考点，那么前景 S 给个体带来的效用为

$$U(S | RP = L) = p^S \left\{ x + \overbrace{p^S \times 0}^{\text{以}x\text{为参考点}} + \overbrace{q^S u(x-y)}^{\text{以}y\text{为参考点}} + \overbrace{\left(1 - p^S - q^S\right)u(x)}^{\text{以}0\text{为参考点}} \right\}$$

$$+ q^S \left\{ y + \overbrace{p^S u(y-x)}^{\text{以}x\text{为参考点}} + \overbrace{q^S \times 0}^{\text{以}y\text{为参考点}} + \overbrace{\left(1 - p^S - q^S\right)u(y)}^{\text{以}0\text{为参考点}} \right\}$$

$$+ \left(1 - p^S - q^S\right) \left\{ 0 + \overbrace{p^S u(-x)}^{\text{以}x\text{为参考点}} + \overbrace{q^S u(-y)}^{\text{以}y\text{为参考点}} + \overbrace{\left(1 - p^S - q^S\right) \times 0}^{\text{以}0\text{为参考点}} \right\}$$

4.1.2　受随机参考点影响的保险购买决策

本节探讨个体的保险购买决策，分析其受随机参考点影响的机制。假设个体当前的财富为 w，当个体不购买任何保险时，他处于以 50%的概率损失 100 元、以 50%的概率没有任何损失的状态。我们将他面临的不确定状态记为

$$L^N = (w-100, 0.5; w, 0.5)$$

若个体支付保险费 s 元，$0 < s < w$，可确保财富万无一失地为 $w-s$。我们将他面临的状态记为

$$L^Y = (w-s, 1)$$

若个体选择不购买保险，那么他认为不购买保险的决策带给他的效用为

$$U\left(L^N \mid RP = L^N\right) = \frac{1}{2}\left((w-100) + \frac{1}{2}\lambda(-100)\right) + \frac{1}{2}\left(w + \frac{1}{2} \times 100\right)$$

其中，在第一大项中，当个体面临损失 100 元的情况时，他的经济效用为 $w-100$，他的交易效用有两种可能性：①参考点为接受损失 100 元，因此风险的发生不会给他带来额外的损失，此时他的交易效用为 0 元。②参考点为不认为风险会发生，因此风险的发生会给他带来 100 元的损失，此时他的交易效用为 $\lambda \times (-100)$ 元。在第二大项中，当个体面临没有损失的情况时，他的经济效用为 w 元，他的交易效用也有两种可能性：①参考点为接受损失 100 元的风险，可是风险并没有发生，因此个体获得 100 元的效用。②参考点为不认为风险会发生，此时风险确实没有发生，个体在该参考点下的效用为 0 元。

若个体选择不购买保险，那么他认为购买保险的决策带给自己的效用为

$$U\left(L^Y | RP = L^N\right) = w - s + \frac{1}{2}(100 - s) + \frac{1}{2}\lambda(-s)$$

若 $U\left(L^N | RP = L^N\right) < U\left(L^Y | RP = L^N\right)$，可以推出 $s < 50$。若 $s < \min(50, w)$，那么不购买保险的个体会感到后悔；反之，不购买保险的个体不会感到后悔。

若个体选择购买保险，此时个体认为购买保险带给自己的经济效用为 $w-s$，交易效用为 0，可推得

$$U\left(L^Y | RP = L^Y\right) = w - s$$

若个体选择购买保险，此时个体认为不购买保险的决策带给自己的效用为

$$U\left(L^N|RP=L^Y\right)=\frac{1}{2}[w-100-\lambda(100-s)]+\frac{1}{2}(w+s)$$

其中，第一大项指代当个体以 50% 的概率面对损失 100 元的风险时，他获得的经济效用 $w-100$ 元。与此同时，个体花费 s 元买保险，然而个体实际支出了 100 元，因此他会认为自己损失了 $100-s$ 元，则此时的交易效用为 $-\lambda\times(100-s)$。第二大项指代当个体以 50% 的概率丝毫无损时，他获得经济效用 w，此时他并没有任何花费，则相对于参考点 L^Y，个体认为收获了 s 元。

由 $U\left(L^N|RP=L^Y\right)<U\left(L^Y|RP=L^Y\right)$ 可得，当 $1<\lambda\leqslant 3$ 时，$U\left(L^N|RP=L^Y\right)<U\left(L^Y|RP=L^Y\right)$ 恒成立；当 $\lambda>3$ 时，则有 $s<\dfrac{100(\lambda-1)}{\lambda-3}$。

因此，若个体的损失厌恶度较小，那么个体购买保险不会感到后悔。若个体的损失厌恶度较大，那么当保险费较低时，个体购买保险不会感到后悔，但是当保险费较高时，个体购买保险会感到后悔。

芽：我身边的国际学生都在讨论是否要买一份人身意外险。我们都听说过一些令人揪心的事情，他们在国外遭遇意外，家人甚至无法承担紧急往返的国际机票费用。虽然意外发生的概率比较小，但是一旦发生，后果可能是难以承受的。买一份保险，至少能让家人安心。

兰：你身处更加不确定的环境中时，参考点是认为风险可能发生，那么不购买保险就很容易后悔。我作为家里的支柱，也一直坚持为自己和父母购买医疗健康保险，给自己和家人一份保障。

芽：所以，保险的价值不仅在于实际保障，也在于给我们心理上的安全感？

兰：没错。这也说明人们在面对不确定性时的决策行为，往往不仅仅是基于概率的理性计算，还包含对潜在后果的情感考量。

4.2 受动态参考点影响的决策行为

4.2.1 利用动态参考点激励个体行为的机理

从鼓励中带着点压力的效果看，没有什么行为决策助推规则能超越动态参考点机制。

　　卡尼曼与其合作者认为，拥有一件物品并不会增加其对个体的吸引力，只是会影响个体放弃它带来的痛苦，因为个体不愿意失去物品的所有权（Kahneman et al., 1991）。我们可以用数学语言来表述上述逻辑：个体从拥有经济价值为 x 的物品前到拥有物品一段时间后，由于个体对物品拥有状态的适应，对物品的价值判断的参考点也从适应前水平（$RP = 0$）转换到适应后水平（$RP = x$）。其中，适应后水平是指个体对物品的价值感知，如对物品外观、质量、功能等属性的适应。根据式（2-2），在适应前（$RP = 0$），若个体得到物品，那么他将体验到正价值 $v(x)$；若没有得到该物品，他的价值体验为中性 $v(0) = 0$。在适应后（$RP = x$），个体将物品的拥有视为现状，即 $v(x - RP) = v(0)$；将物品的失去视为损失，即 $v(0 - RP) = v(-RP) = v(-x)$。那么，在适应前，个体对该物品的支付意愿（willingness to pay）为 $v(x)$；在适应后，个体对失去该物品要求的补偿是 $-v(-x)$。据此，当个体对该物品的价值评估高于没有拥有它时的价值评估时，则有 $-v(-x) > v(x)$。

　　其背后的机理是，基于行为主义理论的视角，目标可被标识为有判断力的刺激，目标（参考点）与现实之间的差异带来的反馈是强化刺激。从前景理论的角度看，由于人们的收入的边际效用递减，需要设定恰当的目标奖励，从而为人们提供积极的心理动量，帮助人们克服受边际效用递减影响而导致的行动迟缓，鼓励人们继续行动。也就是说，受动态参考点影响的决策行为，本质上是一个反复进行"反馈"的决策过程。如果参考点不变，那就相当于形成了开环控制系统，如果加上了反馈，就形成了闭环控制系统。有反馈，肯定就会有动态调整的参考点，输出量与参考点比较，如果不符合，则加上惩罚项（相当于运用了损失厌恶），如此就可以更贴近预期目标，鲁棒性更强，更符合决策者的收益。

4.2.2　利用动态参考点激励个体行为的案例

本小节分别借助健身行为、零工经济中劳动者的工作行为及脑力劳动者的努力行为等情景，分析受动态参考影响的行为特征。

1. 健身行为

有追求的人不允许自己的快乐是简单、粗暴的。吃饱了、穿暖了，于是一些人开始考虑健身了。他们渴望有规律性地健身，却无法坚持如一。于是，各类可穿戴健康设备被研发出来，用于助推人们的健身行为。

可穿戴健康设备具有通过触觉及简单的视觉显示为用户提供记录与即时反馈的功能，理论上可以和用户保持互动，以及对其进行有效督促。但是，此类设备似乎并未带来预期中的健康收益，这可能是由于人们对更积极地使用这些设备缺乏动力与兴趣。若采取一些激励措施，或许可以很好地引导用户完成具有挑战性的任务。比如，跑步健身 App（application，应用程序）动态提醒："你已消耗掉一小块饼干。""哇！你真棒!已消耗掉一大块巧克力了。"不断地给予奖励，让跑步者尝到小甜头。如果达到目标，设备会发出强烈的反馈声音，佩戴者对这种声音的反应，很难不让人联想到巴普洛夫的实验。推而广之，在任何需要持续性、规律性工作及可数字化衡量绩效的环境中，提示得失激励的目标激励方案都可能发挥作用。但是，这可能会使人专注于数字而罔顾身体的生理感受（图 4-1）。

图 4-1　跑步的"甜头"与"苦头"

中国是心血管疾病的高发国家之一。一些人虽然平常按照健身 App 的提示有规律地锻炼，却忽视了身体的真实感受。比如，你快到终点时跑不动了，此时可穿戴智能设备提醒："以当下速度继续，你能以 4 小时撞线。"听到这句话后，你会无意识地加速，最后用时 3 小时 59 分到达终点。

2. 零工经济中劳动者的工作行为

外卖平台上的骑手会受到动态目标的驱使。平台通过骑手反馈的行驶数据不断地优化送达时间（目标），加强对骑手的劳动输出管控。平台让这些骑手"困在算法"中。整个系统中最无解的部分在于，让骑手越跑越快的推手中也包括骑手自身。骑手每跑一单的任何数据都会被作为"石油"，输入到平台的云数据库中。平台要求骑手越跑越快，而骑手在超时惩罚面前也会尽力去满足平台的要求。骑手的速度越来越快，变相地帮助平台增加了越来越多的短时长数据。数据是算法的基础，它会训练算法。当算法发现多数骑手跑得越来越快时，它会"鞭打快牛"，再次加速。其中的逻辑如图 4-2 所示。

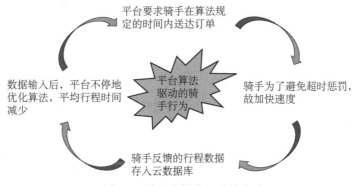

图 4-2　被平台算法驱动的骑手

骑手受平台算法驱动的情况并非个例。在亚马逊，机器通常是老板，它们雇佣、评价和解雇数百万人，几乎没有人类的监督。

事实上，受动态目标驱使的骑手报酬机制并不是改善骑手效用的症结所在，因为骑手的收入高于最低工资标准，即使将罚款计算在内，骑手的报酬之于他们的劳动水平也是相对公平的。

因为骑手知道自己正在违反交通法规，也正在被算法驱动。虽然政府要求平台为骑手提供强制保险，可以补偿骑手因违反交通规则带来的惩罚成本和造成的人身伤害费用，但是这一机制产生的影响并不可知，因为平台可能会将强制保险的费用通过更低工资或更高服务价格转嫁给骑手或用户。因此，看待骑手与平台之间的关系，需要同时考虑算法和强制保险的影响。

从用户角度而言，外卖平台将骑手挤压到了如此程度，激发了普通人强烈的共情感。平台善于利用用户的同情心。比如，借助骑手意外事故，营造话题，激发用户的共情心理，提高用户的耐心度。同时，进一步利用弹窗（比如，在高峰期或者天气状况不好时，提前弹窗，提醒用户延误概率较大，降低用户的预期），改变了用户的参考点，增强了承诺送达时间的可接受性。

与此同时，那些资历较深、业绩优秀的骑手会优先得到兔耳朵头盔。美团的兔耳朵头盔火爆后，饿了么也很快上线了竹蜻蜓头盔。和美团一样，饿了么也给竹蜻蜓划分了不同等级，其中蓝色竹蜻蜓属于最高等级的王者蓝骑士。获得标志性配饰能激励骑手更加努力地工作。并且，这样的配饰还帮助平台免费打了广告，也容易激发人类基因中的亲近感和保护欲（利他性），提高了人们对骑手"侵占"公共资源的容忍度。

网约车平台通过动态设置适当的参考点以激励员工多干活。比如，网约车平台发现，与其告知司机已赚了多少，还不如以"少赚了多少"来刺激他们。与此同时，若在司机要退出系统的时候，平台立刻告诉他，距离赚到某个金额只差一笔小钱了，就有可能留住司机，让他们继续出工。平台给司机发提示短信的精妙之处在于，司机并不需要事前明确收入目标，该目标会不断变化，而且总比当前目标高一点儿（高的程度是让司机"踮踮脚尖"就能够得着）。比如，当司机达到了预期的 320 元，此时平台发短信提示司机：您离 350 元还差一单，您要离线还是继续驾驶？从而引导司机达到当前目标后再动态地设定新目标，激励司机多出工。

这不禁令人感叹，网约车司机的行为被平台算法拿捏得死死的。无休无止地提高工作目标，可能会让网约车司机不再有能力去追求，甚至没能力去想象与工作不同的其他生活方式，变成马尔库塞（Marcuse）笔下的"单向度的人"。

3. 脑力劳动者的努力行为

在智力密集型产业中，对于脑力劳动者，目标管理的核心精神是：既然无法告诉脑力劳动者怎样用脑子，那么就告诉他要全力以赴。若目标没有达成，就说明不够努力。目标管理的类型有 3 个版本，版本 1.0 叫关键绩效指标（key performance indicator，KPI），版本 2.0 叫目标与关键成果（objectives and key results，OKR），版本 3.0 叫股权激励。KPI 的基本含义是：企业根据员工的业绩和价值观，每季度考核一次，年度考核达到优秀才有晋升的机会。OKR 的基本含义是：每月由员工自行设定目标，每两个月复盘员工的完成结果。相比 KPI，OKR 更宽泛一些，只要是你想达成的都可以写上去，潜台词是人是要不断进步的。完成任务还不够，你还要比上次完成得更好。上述讨论的角度多是如何利用人的认知改善系统的运营绩效，不允许自我平庸。

这也可能引发员工的比较心态，比如，企业并没有要求员工加班，但是 OKR 制度将员工的参考点从企业为员工制定转移到了企业员工自行制定，员工在自行制定过程中，受到了其他员工制定行为的影响。随着员工之间竞争的激烈，员工之间的 OKR 越来越高，参考点也越来越高，由此员工会更加努力，企业则坐收渔利。

企业中 KPI 是通过设定固定参考点来使员工达到一定的业务量，而 OKR 是员工自行设定目标，也就是说是动态参考点。在 OKR 的影响下，企业员工之间的竞争使得 OKR 越来越高，参考点也越来越高，员工的工作强度增加，企业坐收渔利。那么，作为员工应当如何尽量避免过度的 OKR 竞争呢？

在计划体制下，企业年度生产指标会根据上年的实际生产不断调整，好的表现反而由此受到惩罚。为了避免被"鞭打快牛"，经理有动机通过隐瞒生产能力以对付计划者。这种标准随业绩上升的趋向被称为棘轮效应（ratchet effect）（Cooper et al.，1999）。

芽： 健身行为、零工经济中劳动者的工作行为、脑力劳动者的努力行为等，都可以用前景理论来解读。诸如此类潜移默化地根植于我们的行为与心理中而被我们麻木地认为理所当然的现象，一旦用前景理论来进行解读，我们才惊奇地发现自己已经在被无休无止的反馈精神驾驭的道路上走了太远太远。

兰：社会节奏快而催人，而我们也逐渐在时代高速发展的机械活动中被同化。

芽：专注于目标，虽然短期内会带来好处，但是如果大脑长时间处于紧绷状态，就不是什么好事了。

兰：当员工察觉到压力时，位于大脑底部的下丘脑就会开启报警系统，向脑垂体发送化学信号。接下来，脑垂体便会释放促肾上腺皮质激素，激活处于肾脏旁边的肾上腺，释放肾上腺素和主要的压力激素——皮质醇。若该机制失灵，很多人会陷入时刻高度警惕的状态，累积的压力激素会无谓地消耗大脑资源。

芽：如何缓解目标带来的压力呢？

兰：降低目标。人生中很多失败都是不可避免的。人生就像游览美景，要经历无数的艰难险阻，应慢慢走；走不过，也是一种人生体验。

芽：在日常工作情景中，如何进行自我激励呢？

兰：迅速地建立起大脑中的奖赏回路，让人获取愉悦的体验。比如，炸鸡、可口可乐安排上！创造多巴胺，让自己出于对奖励的期待而行动起来。

芽：太对了。学校旁边有个适合开小餐馆的地方，之前开过面馆、烤鸭店等，都没做长久，后来开了一家主攻外卖的烧烤店，方稳定下来了。

兰：夜幕降临，一些学生可能觉得实验又白做了、程序又出错了，比较崩溃。在回宿舍的路上，撸个串儿，试图缓解沮丧的心情。

芽：这种做法一点儿也不夸张，我也偶尔为之。

兰：奖励回路的建立机理不仅局限于如食物等的初级需求及如金钱这类次级需求，同样适用于其他模态的强化物，如信任。

本节讨论的受动态参考点影响的决策行为的三个例子，都是从正面促进的角度说明了动态参考点的影响。但在实际生活中，动态参考点也会对个体行为产生抑制作用，尤其是在现实情况与参考点相差过大时。比如，过高的平时作业要求会削弱学生思考的积极性，从而使其转向抄袭与求助他人。因此，动态参考点在促进和抑制个体行为之间存在界限。

早在 1908 年，心理学家耶基斯和多德森（Yerkes & Dodson，1908）就通过实验归纳出一套法则，用来解释个体的心理压力、工作难度与工作业绩之间的关系。他们发现，心理压力与工作业绩的关系并不是线性的，而是倒 U 形曲线。也就是说，只有当个体的压力适度时，才能表现最佳。这被认为是贝克尔现象（Becker phenomenon）。

> **定义 4-2（贝克尔现象）：** 贝克尔现象被用于说明成绩与唤醒水平之间关系。当唤醒水平由低向高变化时，成绩会有所提高，直至达到最佳唤醒水平；当唤醒水平进一步提高时，成绩则会下降。

贝克尔现象表明，企业对员工的激励要适度，物极必反。譬如，关于员工工作量问题，工作量较小，会导致员工厌倦和散漫，工作量较大，会降低员工绩效。这是因为工作量和绩效的倒 U 形关系源于两种对立行为：①根据目标设定理论（Locke & Latham，1990），相比毫无压力，适度的工作压力能提高员工的努力水平；②目标过高形成的压力和挫折会导致员工丧失动力，付出的努力更少（Locke & Latham，1984）。

4.3　受参考点影响的风险偏好及其导致的行为

不同于 4.1 节和 4.2 节考察非固定参考点如何影响个体的价值函数，本节考察参考点如何影响个体的风险偏好及其导致的行为。4.3.1 节为个体受目标驱使表现出风险寻求偏好行为，4.3.2 节为个体受框架效应（framing effect）驱使表现出风险寻求偏好行为，4.3.3 节为个体受大得大失状态驱使表现出风险寻求偏好行为，4.3.4 节为个体受同伴压力和反事实思考影响表现出风险寻求偏好行为。

4.3.1　个体受目标驱使表现出风险寻求偏好行为

个体设定的目标与自我所处现状的差距会影响个体对风险的态度。比如，一个人因生活变动，要到更贵的地段买房子。他计划购买一套价值 500 万元的房子，但是他只有 100 万元，显然 100 万元和 500 万元还相差甚远，他就拿着这 100 万元做高风险高回报的投资。所幸，他的投资没打水漂，获得了高额回报，如愿以偿地购买到价值 500 万元的房子。事后，他进行反事实思维，想到若当初他手上有 400 万元，他还会拿着这些钱去做高风险高回报的投资吗？从直觉上而言，他应该不会。这是因为当他手上只有 100 万元时，若他选择安全且低风险的投资项目，是无法满足自身需要的，因此他就倾向于选择能满足需要的高风险投资项目，即便这两种选项的客观期望值相同。当有 400 万元时，他就不需要进行高风险投资了。

类似地，在人类的配偶选择中，相互之间缺乏了解和认知，似乎是导致人们对相互吸引力的印象被夸大的原因（Norton et al., 2007）。若找到理想伴侣代表了高水平目标，当关于对方的信息很少时，人们很有可能会认为对方就是理想伴侣；在有了更多了解后，人们通常会确定对方是不是理想伴侣。这或许就是"新鲜感"的致命吸引力所在。

芽：某些企业每年 6 月份在招募新员工，到了当年的 9 月份又开始裁减老员工。

兰：老员工在某个岗位上做得久了，其知识结构可能跟不上企业的发展，易形成思维惯性，从而影响企业的精神面貌和经营业绩。另外，老员工的薪资水平高，会使企业的用工成本增加。

芽：人在一个岗位上待久了，受惯性驱使，会慢慢地丧失驱动力。如何做到彼此尊重、好合好散呢？

兰：人挪活，树挪死。提醒老员工，换个地方，可能会表现得更好。

芽：但是，新员工未必比老员工优秀。企业为何愿意冒险招募新人？

兰：新员工对企业有吸引力，因为关于他们的工作绩效信息很少，所以他们有机会成为优秀员工。企业与其选择和熟悉选项（老员工）共舞，不如选择和陌生选项（新员工）共舞。其中，熟悉代表样本量大、信息量高。

芽：也就是说，人们在面对低水平目标时，会倾向于选择具有高信息的选项，表现出风险规避偏好行为；而在面对高水平的目标时，会倾向于选择具有低信息的选项，表现出风险寻求偏好行为。

个体的风险偏好受现状与目标差距的影响，这与基于动物觅食行为发展而来的风险敏感理论（risk-sensitivity theory）（Caraco et al.，1980）类似。

> **定义 4-3（风险敏感理论）**：需求驱动个体决策行为，在需求水平提高的情景中，个体会表现出从风险规避到风险寻求的行为。

定义 4-3 中的"需求"既可以指目标或抱负水平，也可以指最低要求。比如，鸟类能够每天根据自身的最低能量需求，在期望收益相同而变动程度不同的觅食地点之间做出合理、有效的选择。

风险敏感理论拓展了前景理论中关于参考点的概念，除了前景理论中默认的将现状作为参考点，还给出了两种潜在的参考点：目标（抱负水平）和底线（最低要求）。

王晓田和合作者提出了三参考点理论（tri-reference point theory），认为决策者会将底线（minimum requirement，MR）、现状（status quo，SQ）和目标（goal，G）一起纳入考虑，在力求达到目标的同时，也会竭尽全力避免底线失守（Wang，2008；Wang & Johnson，2012）。

> **定义 4-4（三参考点理论）**：决策者拥有三个参考点，即底线（MR）、目标（G）及现状（SQ），并将决策结果空间划分为失败（A）、损失（B）、获益（C）和成功（D），如图 4-3 所示。其中，V_i，$i = A,B,C,D$，表示决策者在结果空间 i 中可以获得的效用。并且，决策者对三个参考点的心理权重排序为：底线（MR）> 目标（G）> 现状（SQ）。

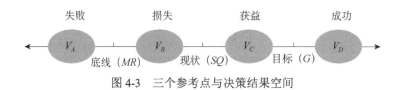

图 4-3　三个参考点与决策结果空间

通过图 4-3，我们有如下四点发现：①四个决策结果空间在心理上的重要性等级不同。对于决策者而言，避免失败（先活下去）是最为重要的，其次是获得成功（寻求发展）。该假设符合进化理论的"先生存后繁殖"的理念（Kaplan & Gangestad，2005），以及企业的"先生存后发展""安全第一""剩者为王"等管理智慧。②就心理价值而言，$V_B - V_A > V_D - V_C > V_C - V_B$。因为跨越了底线，$A$ 和 B 之间的差异产生的心理增值最大，这反映出决策者具有强烈的避免失败或死里逃生的偏好。从 C 移动到 D（跨越目标）应当造第二大心理增益，因为它是一种从不成功到成功的变化。相比较而言，B 和 C 之间的差异在心理价值上增值最低，它反映的是决策者的效用围绕现状出现的获益与损失的波动。

4.3.2　个体受框架效应驱使表现出风险寻求偏好行为

多数人喜欢确定的舒适，而非不确定的脆弱。为了鼓励人们承担不确定性，就需要补偿他们。

框架效应是指面临收益时，人们会小心翼翼地选择风险规避；面临损失时，人们甘愿冒风险，倾向于风险寻求。关于框架效应最早的具有体系性的研究是特沃斯基和卡尼曼提出的亚洲疾病问题（Asian disease problem）（Tversky & Kahneman，1981）。想象美国正准备应对一种罕见的亚洲疾病，预计该疾病的发作将导致 600 人死亡。现有两种与疾病做斗争的方案可供选择。假定对各方案产生后果的精确科学估算如情景 4-1 所示。

◎ 情景 4-1（亚洲疾病情景）————————————

情景 4-1-1：对第一组被试（被试数量为 152 人）叙述下面的情景。

若采用 A 方案，200 人将生还。（72%）

若采用 B 方案，有 1/3 的概率 600 人将生还，而有 2/3 的概率无人生还。（28%）

情景 4-1-2：对第二组被试（被试数量为 155 人）叙述同样的情景，同时将解决方案改为 C 和 D。

若采用 C 方案，400 人将死去。（22%）

若采用 D 方案，有 1/3 的概率无人死去，有 2/3 的概率 600 人将死去。（78%）

情景 4-1-1 和情景 4-1-2 中的方案是一样的，只是改变了描述方式。但也正是由于这小小的语言形式的改变，人们的认知参考点发生了改变，由情景 4-1-1 的"收益"心态到情景 4-1-2 的"损失"心态。也就是说，以死亡或救活作为参考点，使得在情景 4-1-1 下，被试把救活看作收益，把死亡看作损失。参考点不同，人们对待风险的态度是不同的。因此，人们在情景 4-1-1 中表现为风险规避，在情景 4-1-2 中则表现为风险寻求。

基于亚洲疾病问题，后续学者分析了风险补偿效应（risk compensation effect）（Peltzman，1976）。

> **定义 4-5（风险补偿效应）：** 个体根据感知到的环境安全性改变自己的风险寻求度。当个体感到环境的安全性较高时，其风险寻求度也会增大。

根据定义 4-5 可知，虽然在汽车上安装安全带和安全气囊等安全技术已成了法律规定，然而道路安全却未因此而有明显好转。安装了安全装置后，事故死亡率虽然降低了，但是事故量却大幅增加，所以总的汽车安全事故和死亡人数反而出现了增长 [图 4-4（a）]。这是因为安全技术唤醒了驾驶者的风险寻求特征，诱导他们采取更多冒险行为。因此，当增加了驾驶者冒险行为对安全事故数量的相关性考虑后，车辆安全性与安全事故量呈现出了负相关［图 4-4（b）］。

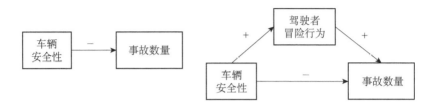

（a）车辆安全性影响事故数量的效应　　　（b）驾驶者冒险行为在车辆安全性影响事故
数量效应中的间接效应

图 4-4　影响事故数量的效应

注："－"表示负相关，即车辆安全性越高，事故数量越少。车辆安全性提高，会减少事故发生的可能性。"+"表示正相关，分为两部分。其一，车辆安全性和驾驶者冒险行为之间的正相关：车辆安全性越高，驾驶者越可能进行冒险行为。其二，驾驶者冒险行为和事故数量之间的正相关：驾驶者冒险行为增加，会导致事故数量增加

　　按照图 4-4（a）和图 4-4（b）揭示出来的逻辑，是否可以把车辆安全性能指标设计得越来越低，通过减少驾驶者冒险行为，从而降低事故数量呢？即便这种推理逻辑可能是成立的，汽车商也不可能宣称其生产的车是不安全的，因为这样做，可能会令竞争者乘虚而入，从而挤占多数市场份额。

　　除了客观的肉体，主观感受能否也得到安全技术的庇佑？甘布尔和沃克尔（Gamble & Walker，2016）发现，相比戴帽子，戴头盔在无意识中提升了被试风险寻求的偏好，诱导他们做出更多冒险行为。为了保证研究结果的真实性，主试向被试谎称他们参加的是眼动实验，被试头上需佩戴固定眼动仪装置。80 名被试参加实验，一半被试戴帽子，另一半被试戴自行车头盔。这种方法既能向被试隐瞒实验目的，又能隐瞒头盔和帽子的真实作用。接下来，让被试完成气球模拟风险任务。

　　结果发现，戴头盔的被试平均打气次数比戴帽子的被试多了 30%。虽然头盔在气球模拟任务中并不能保护被试，但它还是神奇地提高了被试冒险的次数。头盔对冒险行为的促进作用无意识地发生了。因为被试根本没把头盔视为安全装备，他们以为佩戴它仅是为了固定眼动仪。也就是说，

被试的大脑不需要将与头盔有关的信息转换成意识内容，就能自动且迅速地对头盔做出反应，继而偷偷地提升风险寻求偏好。这是因为头盔象征着安全、可靠。经年累月，二者的关系逐渐地印入人们的认知心智，使人们形成了条件反射。一旦基于这种条件反射的联结稳定下来，从头盔到安全之间的链接就变得顺畅。也就是说，人一接触到头盔，就会自动激活关于安全状态防护等级的意识，且不受外部环境的影响。

根据风险补偿效应的内涵，可以推测疫苗接种率与确诊病例可能存在正相关。打疫苗的人越多，就会有越多的人出门，并且出门也不爱戴口罩了，这可能会增加人们感染流感病毒的概率。在现实中，人们打了疫苗后，有了安全保障，流动性增加，就可能会引起疫情的暴发（图 4-5）。

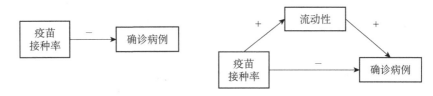

（a）疫苗接种率影响确诊病例的效应　　　　（b）流动性在疫苗接种率影响确诊病例
　　　　　　　　　　　　　　　　　　　　　　　　　效应中的间接效应

图 4-5　疫苗接种率与确诊病例的关系

注："–"表示负相关，即疫苗接种率越高，确诊病例就越少。"+"表示正相关，分为两部分。其一，疫苗接种率和流动性之间的正相关：疫苗接种率越高，人群会更加流动。其二，流动性和确诊病例之间的正相关：人群越流动，感染的风险会变高，确诊病历会增加

4.3.3　个体受大得大失状态驱使表现出风险寻求偏好行为

本小节考察个体受大得大失状态驱使的风险寻求偏好。赌徒在赢钱情况下，愿意继续玩下去，这被记为赌场盈利效应（house-money effect）。

定义 4-6（赌场盈利效应）：当手握意外之财时，个体更愿采取冒险决策，从而表现出风险寻求偏好。

赌场盈利效应又被称为私房钱效应，其本质是直到在赌场赢的钱被全

部消耗掉，也就是输掉之前的所有，赌徒一直将损失编码为从赌场赢钱的减少。也就是说，赌徒会认为，他们输掉的是从赌场赢来的钱，而不是自己口袋里的钱，输掉口袋里的钱，会令赌徒感到更痛苦。但凡赌徒具备一些反事实思维的能力，愿意见好就收，也不会输个精光。

日常生活中，入赌场的人也不乏追求小赌怡情者。2017 年"搞笑诺贝尔奖"的经济学奖获得者观察到，赌博活动会令人兴奋，而赌徒经常将这种兴奋理解为"我今天手气很好"。学者做了相关实验，以验证在兴奋状态下人们是否会迷失在疯狂的下注与输钱中，变得风险寻求。被试在进赌场之前，他们让被试先参观鳄鱼农场，观看鳄鱼捕食的凶残场面。结果，有的被试异常兴奋，有的被试却惊慌不已。再让这些被试进行赌博决策，发现这些被试的风险寻求偏好表现得更强烈了。因此，当你特别高兴，感觉今天肯定能赢时，尽量不要进赌场（Rockloff & Greer，2010）。

接下来，讨论个体在大"失"情景中的风险偏好。在输钱情况下，赌徒也愿意继续玩下去，这被记为保本效应（break-even effect）。

定义 4-7（保本效应）：当早先预期破灭后，个体因损失想翻本，回到原先参考点而表现出风险寻求偏好。

我们以电视娱乐节目"一掷千金"为研究对象，分析玩家的选择行为。假设"一掷千金"的游戏规则如下：①主办方提供 5 个盒子，每个盒子里有一个标有金额的标签，分别为 2.5 万元、5 万元、7.5 万元、10 万元、15 万元。玩家需要从 5 个盒子里选一个作为自己手上拥有的盒子，然后依次将剩下的 4 个盒子分 4 次打开。打开的盒子会显示该盒子所含的金额标签，盒子打开后，就不再属于玩家了。②每一轮结束后，场外银行家会打来电话，为玩家提供一定数量的金钱，以此来换取玩家手中的盒子，银行家提供的现金数是由没有被打开的盒子里面的金额大小决定的。③金额小的盒子越早被打开，金额大的盒子越晚被打开，那么银行家每次提供的金额就越大。④银行家提供金额的同时，会问玩家选择成交还是不成交。如果玩家选择"成交"，那么玩家将会获得银行家提供的现金；如果玩家选择"不成交"，游戏进入下一轮，直到第 4 轮，只剩下玩家手上的盒子和场上的唯一盒子，玩家决定是否接受银行家给出的金额。

由于参考点是缓慢移动的，假设第 $r-1$ 轮玩家的决策结果不影响第 r 轮玩家的参考点，玩家对未来的预期、第 $r-2$ 轮玩家的短期决策结果和前 r 轮玩家的长期决策结果会影响参考点。考虑第 $r-2$ 轮行为结果和前 r 轮行为结果对参考点的影响，在第 r 轮，银行家提供报价后，玩家打开盒子前，玩家的参考点为

$$RP_r = \left(\theta_1 + \theta_2 d_r^{(r-2)} + \theta_3 d_r^{(0)} \right) B(x_r)$$

其中，$B(x_r)$ 表示第 r 轮玩家打开盒子前银行家的出价，x_r 表示第 r 轮玩家打开盒子前剩余未打开盒子的奖金总额。θ_1 表示对未来结果的预期。$d_r^{(r-2)}$ 表示从第 $r-2$ 轮玩家打开盒子前到第 r 轮玩家打开盒子前奖金的相对变化，$d_r^{(r-2)} = \dfrac{\overline{x}_r - \overline{x}_{r-2}}{\overline{x}_r}$。$d_r^{(0)}$ 表示玩家未打开盒子到第 r 轮玩家打开盒子前奖金的相对变化，$d_r^{(0)} = \dfrac{\overline{x}_r - \overline{x}_0}{\overline{x}_r}$。其中，$\overline{x}_r$ 代表第 r 轮玩家打开盒子前剩余奖金总额的平均数。$\{\theta_2, \theta_3\} < 0$。

当其他参数相等时，$0 < \theta_1 < 1$ 时的 RP_r 小于 $\theta_1 > 1$ 时的 RP_r，所以 $0 < \theta_1 < 1$ 条件下的玩家有更大概率将决策结果视为收益，因此可以说 $0 < \theta_1 < 1$ 条件下的玩家是乐观的，认为自己在第 r 轮会打开金额较小的盒子。连续获得收益的玩家对未来往往有乐观的预期，即 $0 < \theta_1 < 1$。$\theta_1 > 1$ 条件下的玩家是悲观的，认为自己在第 r 轮会打开金额较大的盒子。遭遇连续损失的玩家对未来的预期较为悲观，即 $\theta_1 > 1$。

玩家为了回到某个可感知到的参考点而增加愿意赌博的意愿，就是定义 4-7 刻画的保本效应，即连续遭遇损失的玩家呈现出风险寻求倾向。主办方提供 5 个盒子，每个盒子里有一个标有金额的标签，分别为 2.5 万元、5 万元、7.5 万元、10 万元、15 万元。若玩家连续遭遇损失，即玩家在第 1 轮打开金额为 15 万元的盒子，第 2 轮打开金额为 10 万元的盒子，第 3 轮打开金额为 7.5 万元的盒子，第 4 轮玩家打开盒子前只剩下金额为 5 万

元和 2.5 万元的盒子，此时银行家提供的金额大约是未打开盒子的金额的平均数，即 $B(x_4) = 3.75$ 万元。奖金从第 2 轮玩家打开盒子前到第 4 轮玩家打开盒子前的相对变化 $d_r^{(r-2)} = d_4^{(2)} = \dfrac{\overline{x}_4 - \overline{x}_2}{\overline{x}_4} = -0.67$，奖金从初始到第 4 轮玩家打开盒子前的相对变化 $d_r^{(0)} = d_4^{(0)} = \dfrac{\overline{x}_4 - \overline{x}_0}{\overline{x}_4} = -1.13$。假设 $\theta_1 = 2, \theta_2 = -0.3, \theta_3 = -0.5$，第 4 轮银行家报价但玩家未打开盒子时，玩家的参考点为 $RP_4 = (\theta_1 + \theta_2 d_4^{(2)} + \theta_3 d_4^{(0)}) B(x_4) = 2.766 \times 3.75 = 10.37$ 万元。已知玩家在银行家未报价且未打开盒子时的参考点 $RP_0 = 0$。由 $RP_4 > RP_0$ 可得，遭遇连续损失的玩家的参考点右移。因为 $RP_4 > 5$ 万元，玩家将赌博结果视为输掉 5.37（10.37−5）万元或输掉 7.87（10.37−2.5）万元。对于玩家而言，这两个选项都是损失，在损失领域，玩家呈现出风险寻求偏好。

当手握意外之财时，玩家更愿做出冒险决策，而表现出风险寻求倾向，记为赌场盈利效应，即玩家连续获得收益时继续参与赌博的意愿增加。若玩家连续获得收益，即玩家在第 1 轮打开金额为 2.5 万元的盒子，在第 2 轮打开金额为 5 万元的盒子，在第 3 轮打开金额为 7.5 万元的盒子。第 4 轮玩家打开盒子前，只剩下金额为 10 万元和 15 万元的盒子。此时，银行家提供的金额大约是未打开盒子的平均数，即 $B(x_4) = 12.5$ 万元。奖金从第 2 轮玩家打开盒子前到第 4 轮玩家打开盒子前的相对变化 $d_r^{(r-2)} = d_4^{(2)} = \dfrac{\overline{x}_4 - \overline{x}_2}{\overline{x}_4} = 0.25$，奖金从初始到第 4 轮玩家打开盒子前的相对变化 $d_r^{(0)} = d_4^{(0)} = \dfrac{\overline{x}_4 - \overline{x}_0}{\overline{x}_4} = 0.36$。假设 $\theta_1 = 0.8, \theta_2 = -0.3, \theta_3 = -0.5$，第 3 轮银行家报价后至玩家打开盒子前，玩家的参考点 $RP_4 = (\theta_1 + \theta_2 d_4^{(2)} + \theta_3 d_4^{(0)}) B(x_4) = 0.545 \times 12.5 = 6.81$ 万元。因为 $RP_4 < 10$ 万元，玩家将赌博结果视为获得 8.19（15−6.81）万元或获得 3.19（10−6.81）万元。玩家参与"一掷千金"游戏，不需要支付额外的金钱，在游戏中的收益不需要付出代价，是意料之外的收益。对玩家而言，这两个选项都是收益，玩家不想失去继续参与赌博可能获得的更大收益，因此呈现出风险寻求偏好。

我们可以对"一掷千金"节目的游戏过程做一个简化。简化后，玩家

面临选项 $x=(0.5,2.5万;0.5,7.5万)$，根据玩家的行为推断出他们的风险偏好参数（Post et al.，2008）。由于惯性行为，当参考点因为先前结果的变化而发生缓慢调整时，玩家也是缓慢地接受参考点的变化。面临选项 x，给定玩家的参考点 RP，玩家的效用可被编辑为

$$v(x\,|\,RP)=0.5\times v(2.5\,|\,RP)+0.5\times v(7.5\,|\,RP)$$

其中，$v(x\,|\,RP)=\begin{cases}x+(x-RP)^{\alpha} & x\geqslant RP\\ x-\lambda(RP-x)^{\alpha} & x<RP\end{cases}$

分别计算参考点 $RP=5,RP=7.5,RP=2.5$ 时个体的等效用点，即 $v(x\,|\,RP)=v(y)$，y 代表确定性选项给个体带来的收入，如表 4-1 所示。

表 4-1　不同参考点水平下的等效用点

项目	参数		$RP=5$		$RP=7.5$		$RP=2.5$	
	α	λ	效用值 [$v(x\,\|\,RP)$]	等效用点（x）	效用值 [$v(x\,\|\,RP)$]	等效用点（x）	效用值 [$v(x\,\|\,RP)$]	等效用点（x）
客观期望效用	1.00	1.00	5.0000	5.0000	2.5000	5.0000	7.5000	5.0000
损失厌恶	1.00	2.25	3.4375	4.5192	−0.6250	5.0000	7.5000	5.0000
损失厌恶+边际效用递减	0.88	2.25	3.6002	4.6015	0.3629	5.1447	7.0609	4.9002
边际效用递减	0.88	1.00	5.0000	5.0000	2.9391	5.0999	7.0609	4.9002

由表 4-1 可得，当存在损失厌恶时（即 $\lambda>1$），不管玩家的效用函数是否具有边际效用递减的特性（即 α 是否大于 1），此时无论参考点是 2.5 万元还是 7.5 万元，玩家的等效用点均大于参考点为 5 万元时（如表 4-1 中的第 4 行和第 5 行的数据所示）。这均反映出了玩家偏好风险的特性。这揭示出，在大得大失决策情景下，人们就想着要做大事。在"得"的情景中，人们会认为意外之财不花白不花，就算输光了也不过是回到起点，比如，无后顾之忧的投资者会比较激进；在"失"的情景中，因为山穷水尽，到了背水一战的地步，人们会认为不做任何尝试，苦守现状，还不如破釜沉舟，搏一搏，没准能翻身。

但是，由表 4-1 可知，当不存在损失厌恶，参考点为 2.5 万元时，玩

家的等效用点小于参考点为 5 万元时。

要想做到"在别人贪婪时恐惧，在别人恐惧时贪婪"的对冲操作，并不容易。被动的应对方式是，不让自己经历大得大失。比如，将多数存款都投入了类似于国债这类理财产品中，就无须时刻关注股市。但采取上述做法，也限制了自己赚到大钱的机会。

4.3.4　个体受同伴压力和反事实思考影响表现出风险寻求偏好

为了讨论受同伴压力和反事实思考影响的个体风险寻求偏好，需要先介绍虚拟气球模拟风险任务（balloon analogue risk task）实验。

在虚拟气球模拟风险任务实验中，主试给被试不止一只虚拟气球，每只虚拟气球都由被试决定打多少次气，被试给气球打气，每打一次气，气球就膨胀 0.3 厘米（Lejuez et al., 2002）。随后，电脑显示，要么虚拟气球爆裂，被试分文不得；要么虚拟气球没有爆裂，从而给被试增加 1 元收入。每次给虚拟气球打气后，虚拟气球是否爆炸的概率，如图 4-6 所示。

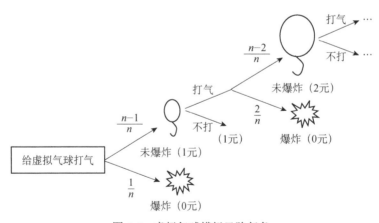

图 4-6　虚拟气球模拟风险任务

由图 4-6 可得，虚拟气球未爆炸的概率随着给气球打气次数的增加而递减，与此同时，被试获得的钱数是线性增加的。因此，总存在一个节点，此时被试需要思考是否冒险继续给虚拟气球打气。虚拟气球模拟风险任务中模拟的不确定情景中的概率变化，是由被试打气球的决策来实现的。一些被试可能天然地对气球有一种恐惧心理，他们潜意识地将这种恐惧迁移到上述游戏中。那么，采用这种任务测量出的被试风险寻求偏好会降低。因为我们无法分辨出被试终止游戏的决策是出于对气球的恐惧，还是出于对风险规避的偏好。

在虚拟气球模拟风险任务情景中，影响被试风险偏好的调节变量包括同伴压力及反事实信息。

进一步而言，若同伴是"算法"，也具有类似效应。汉诺克与其合作者（Hanoch et al.，2021）让被试参加虚拟气球模拟风险任务，采用组间实验设计，一半被试单独完成测试（对照组），另一半被试与算法一起完成测试（实验组）。算法只给被试说鼓动其继续给气球打气的语言，如"你为何停止"，其余时间则保持静默。研究发现，受算法鼓动的被试（实验组）更愿意冒险，打气球的次数明显多于对照组被试。由此可见，算法鼓动人去冒险，引发了人们对算法可能增加危险行为造成伤害的警觉。

若在每只气球的结果出来后，主试询问被试是否需要得到反事实信息（若选择继续打气，虚拟气球是否会爆炸），即关于除当前结果外其他可能结果的反馈，这可能会助推被试的风险寻求偏好。被试从反馈中得知每个气球的安全限度及相应的奖金，但是被试知道气球的安全限度会因气球不同而随机变化。这些信息的获得虽然不会改善被试在后续任务中的表现，却可能令被试感到后悔。研究发现，在收到反事实信息后，被试的情绪明显变差，并且错过给气球打气的次数越多，情绪越差。被试对反事实信息的好奇心，也对他们的后续表现产生了不利影响。收到反馈后，被试做出调整，因此会承担更大风险，这对其后面的得分会产生负面影响（Fitzgibbon et al.，2021）。

将虚拟气球模拟风险任务方法与基于博彩游戏的风险测量方法相比较，可知两种测量方法的共同之处在于，通过寻找确定性等价物衡量个体的风险偏好，不同之处在于，相对于博彩游戏，虚拟气球模拟风险任务更易让被试觉察到风险压力。

在经济管理情景中，企业需要评估客户的风险偏好。其可以要求客户做这些关于风险测量的量表，或进行打气球实验的测试，从而测量客户的风险偏好。除此之外，他们还有灵活、变通的方式用于测量客户的风险偏好，比如，浙江小微贷款的成功经验之一，是在基层聘用线人，收集周围人的个人资料，如女人是否勤劳、男人是否好赌等，判断贷款申请人所在的家庭是否为"外有寻钱手，家有聚钱斗"，进而判断若贷款给他们，需要承担的风险水平。

离开学生餐厅后，兰和芽一边漫步，一边走回会议酒店。夜色渐浓，校园里的灯光温柔地照亮了她们回去的路。

芽：虽然与老师几年未见，但半天聊下来，我仿佛又回到了在学校跟着您学习的时光。从客观期望效用理论到前景理论，再到心理账户和可变参考点，行为决策理论正在逐步解读人的非理性行为。

兰：以前景理论为代表的行为决策理论看似简单，却有着非常深刻的理论研究意义和企业经营管理价值。明天的会议报告中，许多同行会应用这些理论来构建模型、提出假设，并分析管理启示。

芽：人类的认知与决策复杂而神秘，使得我们的研究既面临挑战，又充满乐趣。

兰：明天还有一整天的学术大餐等着我们，我们该回去休息了。

两人互道晚安后，各自回到房间，为迎接第二天紧张而充实的会议活动做准备。

第二篇

有限理性驱动的行为

在易变、不确定、复杂和模糊的决策环境中，具有有限决策力的个体很难完整、全面地掌握全部信息，"最优解"有可能只存在于想象之中。既然如此，在有限选择中做出务实决策，是平衡决策成本与决策收益的良方。本篇围绕有限理性个体的行为展开讨论，具体安排如下。

第 5 章借助双系统理论（dual system theory），概要地分析个体的有限理性行为。个体受系统 1 的影响，无法进行深思熟虑后再做决策，这可能会导致分别基于系统 1 或系统 2 做出的决策存在偏差。

第 6 章考察个体在信念更新中的行为偏差。基于贝叶斯更新法则，分别考察个体面对单信号的反应行为，在不考虑到达顺序的多个信号解读中的忽视基础比例谬误和保守主义（conservatism），以及考虑到达顺序的多个信号的期待行为和解读行为。

第 7 章考察个体如何在有限的时间内寻求满意解。本章采用基于量子认知的最优响应均衡（quantal response equilibrium，QRE）策略刻画有限理性者的决策行为，采用有限注意力模型刻画个体决策过程中关于信息忽视带来的行为偏差。

第8章考察受时间偏好影响的跨期决策行为。个体在跨期决策情景中的决策考量不是完全基于指数贴现预测的，而是基于拟双曲贴现预测的，表现为更看重当下所得所失带来的影响，而轻视未来得失带来的影响。

兰与芽见面的第二天，会议正式开始。兰和芽一边吃着早餐，一边翻看着当日的会议日程。

芽：今天有一场关于人工智能辅助决策的报告，这让我想起了之前参观过的一家大型物流企业，他们在仓储配送决策中引入了人工智能系统。

兰：具体是怎样的应用？

芽：比如在货物配送路线规划上，如果仅采用人工智能系统，人工智能系统会考虑天气、交通、车辆状况等多维度数据，按照设定的目标函数，提出全面的方案，但难以根据突发情况的改变及时做出调整。如果仅采用人工调度，人工调度员凭经验或直觉做出决策，能够即时根据突发情况进行处理，但却无法全面地考虑天气、交通、车辆状况等多维数据。

兰：那实际情况下是如何决策的呢？

芽：这家物流企业采用了人机协作的方式。让人工智能先做初步筛选和分析，再由有经验的调度员对此调整从而做出最终决策。这样既保留了人工智能决策的效率，又有人类决策的灵活性。

兰：今天还有一位主旨演讲嘉宾的报告内容是关于用机器学习研究日常习惯的形成机理。

芽：具体研究什么样的习惯呢？

兰：人们的日常锻炼和洗手习惯。他们收集了大量的健身房出勤记录和医院洗手数据，试图理解习惯是如何形成的。

芽：机器学习在这项研究中起什么作用？

兰：主要用来识别和预测习惯的形成过程。他们发现习惯的可预测性很高，但会随情境而改变。

芽：那这个报告是在尝试用算法理解人类的行为，而我刚刚提到的物流企业中人工智能系统的应用也是在用算法辅助人类决策。

兰：人类决策者虽然是有限理性的，但与其试图完全消除有限理性，不如找到更好的方式来适应和利用它。

芽：就像今天会议的多个主题，都在尝试理解人类的有限理性特征，帮助决策者做出满意的决策。

两人用餐结束，走向会议大厅，参与到新一天的学术交流活动中。

第5章 双系统理论

本章围绕双系统理论展开。双系统理论将个体的认知加工分为基于系统 1 的启发式加工和基于系统 2 的系统式加工。启发式加工受最小认知努力原则的指导。系统式加工要求个体对所有潜在相关的信息审慎地加工，从而形成态度判断。5.1 节主要讨论包括系统 1 和系统 2 的双系统理论；5.2 节介绍基于系统 1 决策法则衍生的行事法则；5.3 节介绍基于系统 2 决策法则衍生的行事法则；5.4 节借助抽球游戏，刻画系统 1 和系统 2 的冲突与协调的情景。

5.1 从双系统理论解读受生理状态和理性感受驱使的行为决策

本节围绕双系统理论展开讨论。5.1.1 节讨论受生理状态驱使的行为特性，5.1.2 节基于左脑和右脑的分工，引出包括系统 1 和系统 2 的双系统理论。

5.1.1 受生理状态驱使的行为特性

个体对外界的体验和偏好，不仅可以通过心理来感受，也可以通过生理来感受。下面，我们借助人类法官判案的例子来讨论受生理状态驱使的个体认知与决策行为。

丹津格尔与合作者（Danziger et al.，2011）追踪了以色列法官对 1000 多名犯人的保释申请判决。他们收集和统计了关于这些犯人的各种案卷信息，包括犯罪种类、轻重程度、已服刑时长、犯罪记录数量、是否有可参考的监外改造方案等。同时，他们还记录了庭审时间和过程及每个申请的法庭判决。他们发现，保释申请的批准率约为 35.8%。但是具体到每个犯人，能预测其保释申请是否被批准的变量不是罪行种类或轻重、服刑时间、有无前科等，而是法官评审案子的时间点。

以色列法官在一天庭审中有两次休息：上午 10 点的茶歇及下午 1 点的休息。若对犯人的庭审时间是在法官刚吃过饭，那么犯人的保释申请批准率约为 65%；若对犯人的庭审正赶在法官最饿的时候，那么犯人的保释申请批准率约为 0。这是因为法官需要接连不断地做出决定，导致他疲倦不堪，进而受到惰性的影响，变得不愿意深入思考，因此未能批准保释。上述讨论给予我们的启示是，在日常生活中，我们都是普通人。老板可能会因情绪而迁怒于人，下属察言观色地行事也是情有可原。因此，我们应当避免在对方已经焦头烂额，特别是接近用餐时间时出现在对方面前。生理状态影响法官决策的特征被称为脏器效应（visceral effect）（Loewenstein，1996）。

> **定义 5-1（脏器效应）**：个体的决策倾向与决策质量受到自身生理状态的影响。

芽：有中国法官受到脏器效应影响的例子吗？

兰：没有关于脏器效应造成直接影响的例子，但是有与法官的情感或情绪有关的例子。我们对为浙江省高级人民法院提供人工智能（artificial intelligence，AI）辅助支持的一家互联网大厂的算法工程师进行了调研。他通过分析浙江省的离婚案件的审判结果发现，法官断案时常加入个人情感。

芽：算法工程师为何选择从离婚案件入手进行分析？

兰：离婚案件数量巨多，法官判案任务重。与此同时，离婚案件涉及的法律要素较为丰富，AI 辅助判案的算法有用武之地。他们将 AI 辅助判案工具定位于辅助法官提高办案的效率和质量，而不是取代法官的位置。

如何帮助法官克服惰性行为呢？法官可以提前设置预判自我可能出现偏差的"闹钟"，以进行自我提醒。除此之外，AI 也能帮法官的忙。比如，阿里巴巴达摩院研发的 AI 助理法官具备了一些自主判案能力。上岗前，AI 助理法官凭借 AI 的深度学习、迁移学习技术，分析了上万条交易纠纷类案件、近千条交易领域的法律条款，并将每类案由整理成计算机能理解的模型。同时，针对案件的每一个要素，自动地提供相关法条等判决依据，建立了审判知识图谱，从而将交易人、交易行为与法律事实的关联性嵌入 AI 助理法官的算法系统中。当遇到类似案件时，针对纠纷争议点，AI 助理法官辅助人类法官给出调解和判案建议，帮助人类法官节省精力、提高审判效率。

但是，AI 助理法官的应用落地也非一帆风顺。一方面，若 AI 助理法官采纳的因素过多，造成黑箱司法，那么人工法官会因为无法理解 AI 助理法官而产生算法厌恶心态，从而拒绝使用算法辅助判案。另一方面，若 AI 助理法官的算法逻辑对疑罪从无的法则考虑不到位，导致误判率（假阳性）较高，也会造成巨大的负面社会影响。意识到应用 AI 助理法官的困境，若 AI 助理法官的研发者能将人工智能系统的判断决策逻辑和人类法官的认知结合在一起，通过使用少量特征编制的启发式导向，或许可以使 AI 助理法官给出的结果便于人工法官辨析。相应地，人工法官对 AI 助理法官的接受度就会提高。

你我皆凡人。个体很容易将自我当下状态产生的影响投射到未来或他人的决策情景中。特别地，在真实世界中，个体对偏好变化的预测存在偏差，即个体虽然定性地知道自己偏好变化的方向，受惯性驱使，却会低估变化的程度。这种低估倾向被定义为投射偏差（projection bias）（Loewenstein et al., 2003）。

> **定义 5-2（投射偏差）**：个体受当下心理和生理状态的影响，高估未来偏好与当下偏好的一致性，从而表现出将当下偏好投射到未来的心理倾向性。

　　一些商家洞察到顾客具有投射偏差，会巧妙地利用消费者的投射偏差，以增加销量。

　　比如，在某些电子商务平台上，平台利用"猜你喜欢"这类推荐算法，刺激顾客尝试购买新产品、多购买产品，平台并不太关心和在意顾客是否真的需要该产品，通过助推顾客形成冲动性消费迅速发货。

　　兰：投射偏差除了表现为当下自我对未来自我的估计偏差，也可能发生在自我推测他人的决策情景中，即表现为将他人的意愿投射到自己身上，或者将自我意识投射到他人身上的偏差。

　　芽："我见青山多妩媚，料青山见我应如是。"我想起曾经访问过一家直播电商企业的经历，直播现场的商品品类如此丰沛，价格如此低廉，令人感到那是被物占据的空间，然而精神却无所附着。直播的网红、达人非常亢奋、卖力地推荐产品，消费者隔着手机屏幕都能感受到那种亢奋，会误以为主播评价高的产品性价比会很高，于是就下单了很多非必需品。

　　兰：商家洞察到了消费者的冲动会随时间的流逝而消散，所以商家会在直播结束几个小时后，等一些冲动型消费者取消了订单，再安排发货。

　　芽：那将自我意识投射到他人身上的偏差有哪些例子？

　　兰：你见了祖父母，他们会不会疼爱地看着你，拿出自己舍不得吃的、他们认为好的零食招待你？

　　芽：虽然那些零食可能不是你喜欢的，但是祖父母把自己对零食的喜爱度投射到了你的身上。这就是甜蜜的错爱。

　　兰：我们所有望向他人的目光，其实都是自我凝望，都是渴望他人以自己渴望的方式看待自我。

　　芽：推理到恋爱情景中，从未有他恋，只有自恋。我爱上了你，是因为我爱上了你的爱，爱上了你眼中的自己。

　　具有投射偏差的个体主观地认为自己无法快速地适应变化，然而人的适应性很强。入芝兰之室，久而不闻其香；入鲍鱼之肆，久而不闻其臭。比如，人们认为结婚是人生中的一件大喜事。很多人在结婚前总是认为，若自己可以和心仪的对象结婚，就一定能幸福美满地生活一辈子。事实上，幸福一辈子只是我们美好的愿望，我们的适应性会使自己对这种幸福习以为常。结婚的确可以给人带来幸福，从婚前 5 年开始，越临近结婚那个时刻，幸福感越高，当结婚那个美好的时刻来临时，这种幸福感达到了顶峰。遗憾的是，这种美好的情景维持不了多久，幸福感很快就开始下降，甚至是在刚结婚初期，幸福感会急剧下降，一直到结婚后的第 5 年，此时的幸福感已和结婚前 5 年无别，这样就有了"七年之痒"。连结婚这种人生中的大喜事，人们都是那么容易适应，可见人的适应性真强。

人们对变化的适应性会受到事件发展趋势的影响，易于向上适应，难以向下选择，并且它不易被人们认识和重视。例如，箕子佐政时，见纣王进餐必用象箸，感纣甚奢，叹曰："彼为象箸，必为玉杯，为杯，则必思远方珍怪之物而御之矣，舆马宫室之渐自此始，不可振也。"（司马迁，2012）果然，后来商纣王暴虐无道，整日酗酒淫乐而不理政。再如，没落贵族会保持家族兴盛时期的习惯，因为他们的消费水平没有下降；即使收入再高，一些人都觉得不够用，因为他们的消费水平随着收入水涨船高。

5.1.2 包括系统 1 和系统 2 的双系统理论

关于受生理状态驱使的行为特性的讨论，有助于我们理解个体的认知和决策过程充满了有限理性成分。本节讨论个体受有限理性和完全理性混合驱动思考的认知系统。

大脑是个体处理高阶思维的部分，由左、右两个大脑半球组成，两个大脑半球通过胼胝体相连。两个大脑半球是作为整体进行信息处理和工作的，当外界刺激或者信息传来时，左、右两个半球通过胼胝体进行交流，所以个体的活动是两个半球信息交换和协调的结果。呼应左、右脑的分工，斯坦诺维奇与韦斯特（Stanovich & West，2000）于 2000 年首次用通用性名称命名了双系统——系统 1 与系统 2。卡尼曼与其合作者借用了系统 1 与系统 2 的名称，把这两个系统形象地称为快系统与慢系统（Kahneman & Frederick，2002）。

> **定义 5-3（双系统理论）**：个体的认知系统可以分为系统 1 和系统 2。系统 1 是自动过程，该系统代表快速、频繁和潜意识的响应与决策类型，这个决策过程对个体的认知资源的需求较低。系统 2 是控制过程，该系统代表缓慢、不频繁和有意识的决策类型，这个决策过程对个体的认知资源的需求较高。

特别地，系统 1 和系统 2 是虚构角色，不是存在于大脑中的某个特定位置，仅用来帮助读者生动地理解人类的两类认知风格。

关于系统 1 的解读如下：系统 1 蕴含的直觉知识是难以公开表达或陈述的知识，如孔子所言的"默而识之"。在创业、创新及高度不确定情景下决策时，仅依赖理性决策常令人感到无能为力，人们更需要的是基于直觉、勇气等的行事法则。比如，无论多么努力，个体都无法解决复杂的或需要创造性思考的问题。此时，若个体暂停对问题的探索，反而会帮助其解决问题，因为这种暂停给个体调用直觉、勇气提供了机会。

使用系统 2 的个体从万花筒般的现实世界中捕捉、加工和分类信息，通过某种算法规则进行判断，如贝叶斯更新法则，从而将过去的经验和未来的憧憬连接在一起。然而，当个体启动系统 2 时，需要消耗大量的认知资源。这是因为若个体不持续学习和思考，认知就愈发混乱，该过程具有"熵增"特性。在极端情况下，若一个人不受到任何约束，他的结局就是毁灭。为了让认知变得井然有序，个体就需要收集信息、迎接挑战，该过程具有"熵减"特性。

兰：熵是一个统计物理名词，指系统内部的混乱程度。熵增可以被理解为系统内部越来越乱。

芽：所有的系统不加约束，都会自然地呈现出熵增的趋势。为了做到熵减，就需不断地调用脑力和体力。克里斯托弗·诺兰（C. Nolan）执导的电影《信条》从熵增的角度论述了人类在时间线上逆行的美好愿望。

兰：电影《信条》的理论基础是热力学第二定律。

芽：从时空穿越的角度看熵的增减，让我想起了戴畅的诗《你还在我身旁》。

通常情况下，个体刻意地掌控自身的意志，努力自我控制一段时间，会导致下一个阶段自我控制能力的下降。这种熵减现象被称为自我损耗，即尽管个体什么都没做，但是每一次的选择、纠结、焦虑都在损耗个体的心理能力，个体的执行能力和意志力都在下降（Baumeister et al., 1998）。

实践中，几乎所有工作都需要个体付出努力，而努力包括认知努力（系统2）和劳动努力（系统1）。认知努力涉及个体投入较高的思考成本和认知心力，而劳动努力只要求个体付出相对较少的心力。这两种努力之间的权衡体现在个体如何执行任务及在实际解决问题之前选择何种方法。

竞争激励对这两种努力的结合有什么影响？在认知努力和劳动努力之间未必存在权衡，因为竞争激励会促使个体同时增加认知努力和劳动努力。即使在该情景下，问题还在于，个体是否选择以同样的比例增加两类努力？例如，考虑试图找到最高功能值的任务：人们可能试图采用分析功能（认知努力），他们也可能试图检查许多参数值（劳动努力），或者他们可能会尝试两种方法的组合。过强的竞争导致个体付出较少的认知努力，但付出了更多的劳动努力，即表现为认知层面的有限理性。

兰：上面说的是竞争激励作为一种手段对努力决策的影响，属于物质激励。若给员工提供精神激励，或可以同时激发劳动努力和认知努力。所以很多企业在制定对员工的激励机制时，除了会给予一定的物质奖励，还会授予荣誉称号，这也符合马斯洛的需求层次理论。

芽：如此说来，如果企业让员工长期处于"996"或"007"的工作状态，即战术上勤奋、战略上偷懒，会影响员工的认知能力。从长远而言，不利于企业的绩效改善。我觉得这里是存在权衡的。认知努力对任务完成的质量有较大影响，而劳动努力主要影响任务是否完成，而对任务完成质量的影响较小。一部分人对某些任务持"60分万岁，多1分浪费"的心理，一部分人对某些任务持"没有最好，只有更好"的态度。

兰：对于以智力竞争为主的高科技企业来说，这不是什么好事。一些高科技企业允许员工自由上班，不仅为自己赢得了"最佳雇主"的称号，也激发了员工的能动性。

芽：在一些从事低附加值的互联网企业，加班是常态化的。于是，编代码的员工会更多地调用劳动努力，写出来的代码质量较低，即员工寻求的是满意解。

兰：一些管理者也意识到了员工不会积极地调用认知努力，便要求员工反复地修改代码。

5.2　基于系统 1 的行事法则

本节围绕基于系统 1 的行事法则展开讨论。5.2.1 节讨论强化学习（reinforcement learning）行为，5.2.2 节讨论基于强化学习形成的适应性行为，5.2.3 节讨论个体受系统 1 驱使行为的归因假说（attribution hypothesis）。

5.2.1　强化学习行为

若个体从之前的决策中获得奖励，则接下来个体在后续学习过程中会强化能得到奖励的行为；若个体从之前的决策中受到惩罚，则接下来个体在后续学习过程中会避免受到惩罚的行为。因此，在强化学习模型中，个体不需要知悉底层的博弈结果，只是直接做出较优的反应行为，这些行为未必能带来最高回报。

强化学习方法适合无模型的决策情景，这里的"模型"对应"信息量"。比如，面对多台老虎机，个体不知道哪台老虎机吐币的概率大、吐币的数量多，只能逐个尝试，进而获取有限的信息。

> **定义 5-4（强化学习理论）**：强化学习是一种通过与环境交互来学习最优策略的方法。
>
> 强化学习理论具有如下特征：①目标导向，即个体希望达到最优目标；②试错学习（trial and error learning），即个体在与外部环境或他人的交互中，不停地探索可能带来最高回报的策略；③延迟回报，即需要经过一系列决策，个体才能获得有效的强化信号。

多数关于强化学习的研究工作是采用马尔可夫决策过程来刻画的，一方面，该模型简洁有力，有助于后续分析；另一方面，它具有许多真实世界中决策的特性，比如，用不同状态代表不同刺激对应的结果，用转换函数描述行为导致的结果。最后，根据奖赏价值为状态定位。基于强化学习的理念，马丁·诺瓦克（M. Nowak）推演出了赢定输移战略（win-stay, loss-shift strategy）。

> **定义 5-5（赢定输移战略）**：若个体上一次做的结果不好，他这次就会改变行为；若个体上一次做的结果很好，他就会重复上一次的行为。

5.2.2　基于强化学习形成的适应性行为

受强化学习影响的个体表现出环境依赖的适应性行为，即惯性行为，也就是个体主要依据系统 1 来行事。接下来，我们刻画一个简单的适应性行为模型（Wathieu，2004）。考虑一个消费者，在时间 $t = 0,1,2\cdots$，以价格 p_t 购买商品 X。$x_t = 1$ 表示购买该商品；$x_t = 0$ 表示不购买该商品；$0 \leqslant \bar{x}_t \leqslant 1$ 表示消费者的消费习惯水平。若消费者是从未消费过商品 X 的新顾客，则 $\bar{x}_t = 0$。随着消费者对商品 X 熟悉程度的增加，$\bar{x}_t$ 趋于 1。假设消费习惯水平 $\bar{x}_t$ 遵循 $\bar{x}_t = f(\bar{x}_{t-1}, x_{t-1})$。当 $x_{t-1} = 1$ 时，$\bar{x}_t > \bar{x}_{t-1}$；当 $x_{t-1} = 0$ 时，$\bar{x}_t < \bar{x}_{t-1}$。假设

$$\bar{x}_t = \alpha x_{t-1} + (1-\alpha)\bar{x}_{t-1}$$

其中，$0<\alpha<1$。α 越大，表示消费者的消费习惯水平受上一次消费习惯水平 $\bar{x}_{t-1}$ 的影响越小，受上一次购买行为 x_{t-1} 的影响越大。

假设一单位商品给消费者带来的经济价值为 1，在任意时间 t，消费者购买商品，即 $x_t=1$，消费者获得的效用为 $u(1-\bar{x}_t)$；消费者不购买商品，即 $x_t=0$，消费者获得的效用为 $u(-\bar{x}_t)$。因此，消费者对商品的支付意愿为

$$wtp(\bar{x}_t)=u(1-\bar{x}_t)-u(-\bar{x}_t)$$

显而易见，若 $wtp(\bar{x}_t)\geqslant p_t$，消费者购买商品；反之，消费者不购买商品。

个体一旦形成了行为惯性，就不会对奖励变化敏感。比如，在惯性（习惯）形成之前，天气、心情等的变化会影响他们是否去健身房、跟着直播健身教练跳操。但是，当他们形成健身习惯后，就不会受天气、心情的影响，无论如何都要去健身。也就是说，惯性让大脑进入自动导航模式，这类人想都不会想，就会去执行。

不确定情景中最大的危险不是不确定性本身，而是个体一成不变地依从以往惯性行事。以售卖汉堡、薯条等高热量为代表的快餐店之所以在全世界范围内广受欢迎，是因为这些快餐店给食客投喂了大量糖等，这些是在食物稀缺情境下人类进化出来的食物偏好。这使得人们天然地表现出对油脂的偏好。纪录片《舌尖上的中国》的播放量排名前三的视频内容是油脂类食物、主食及"主食+油脂类"食物。当下食物的供应如此充沛，但是人类没有适应，却受惯性驱使不断地表现出对这类食物的偏好。

不仅作为消费者的个体会受到惯性行为（系统 1）的影响，一些企业决策者同样如此。当下，一些人可能已不知道诺基亚、摩托罗拉等非智能手机品牌了，然而，以诺基亚为代表的非智能手机品牌大行其道也不过是发生在十几年前。在非智能手机时代，诺基亚、摩托罗拉占据了大部分市场份额，随后，倒栽葱式地摔下。顶级企业之所以成功，是因为它们积极投资能够满足消费者需求的技术、产品。但是，成也萧何，败也萧何，它们之所以在后来遭遇失败，也是因为同样的原因。这可能是因为决策者为了当下利益，主观上忽视、抗拒迎接周期性的变化，缺乏应变的决心。更有甚者，还可能把突如其来的变革视为威胁，并且这种反应的强烈程度远

远超过了其对"把变革视为机遇"的反应程度。出于生存的本能，面临威胁的在位决策者会全力反击，以求一线生机。这些现象背后的权衡是决策者如何在不确定世界中探索（积极迎接变革带来的挑战）和利用（回避变革带来的挑战）。

不仅企业决策者会受到惯性的影响，法律法规的应用者也会受到惯性的影响。法学领域的一些司法改革总是会在改革施行的一年后甚至两年后才能见到成效。比如，在认罪认罚从宽制度的推行中，若犯罪嫌疑人、被告人自愿如实供述自己的犯罪行为，对于指控犯罪事实无异议，同意检察机关的量刑意见并签署具结书的案件，可依法从宽处理。因为犯罪嫌疑人在前期已经认罪了，若律师继续选择做当庭无罪辩护，会影响法官从宽量刑的裁决；若律师能理性地选择辩护方式，认罪认罚从宽制度一被推行，他们就应该倾向于拒绝进行无罪辩护。但是从实证数据可得，虽然中国在2018年将认罪认罚从宽制度写入了刑事诉讼法，但律师进行无罪辩护的概率在2020年才开始下降，即该制度推行两年后，实务界才做出反应。

惯性行为的养成，使得企业决策者、政策制定者不愿意否定过去的自我，也无法轻易地从现有困境中挣脱。比如，虽然企业管理者都在迎接大数据时代，讨论数智创新，但是很多企业受限于路径依赖，依然停留在自动化、智能化管理阶段。在经济管理情景中，习惯行为的表现形式之一是路径依赖。道格拉斯·诺斯（D. North）因为用路径依赖理论（path dependence theory）成功地阐释了经济制度的演变，而于1993年获得诺贝尔经济学奖。

> **定义5-6（路径依赖理论）**：路径依赖理论刻画了人类社会中的技术演进或制度变迁中的惯性，即一旦个体进入某条路径，就好比走上了不归之路，"不见黄河不死心"的惯性使得他的选择不断地被自我强化。

趋于惯性的决策受决策者自我强化效应的影响。自我强化效应是指个体过去对成瘾性商品（如网络购物）的更多消费会促进个体当前消费的欲望。个体过去选择带来的甜头促进了他当前继续选择这一决策的偏好，这符合赢定输移战略的理念。自我强化效应成立的前提是,过去消费的增加能够提高当前消费的边际效用,但是当消费者意识到商品成瘾性有害时,对成瘾物品的更多消费反而削弱了当前继续消费的边际效用,这就产生了忍耐效应。比如,司马贺高中时就喜欢玩国际象棋,后来大学就不玩了,等到了不惑之年,他又拾起了这一爱好,在国际象棋俱乐部下棋,没多久就参加市锦标赛,击败了当时顶尖的棋手。然而,他意识到,为了满足内心不断增强的竞争意识,自己需要花费一定的精力才能保持甚至提高棋艺,但是他耗不起时间,便果断地放弃了下棋这一爱好。

基于上述讨论,有学者提出了理性成瘾理论(rational addiction theory)(Stigler & Becker,1977; Becker & Murphy,1988)。

> **定义 5-7 (理性成瘾理论)**: 将个体当下的消费与自己的未来效用结合起来。若消费商品会对个体未来的效用和收入产生正面的影响,那么个体对该商品是潜在成瘾的。

理性成瘾理论的提出者是 1992 年诺贝尔经济学奖得主贝克尔。他把人类所有的自主性行为,包括种族歧视与偏见、结婚与生育、政治与法律、犯罪与惩罚,甚至抽烟、酗酒、吸毒、自我伤害等非理性行为,都纳入传统经济学理性决策的框架(Becker & Murphy,1988)。贝克尔和合作者认为,成瘾行为源于根本的、稳定的偏好,即在当下消费 1 单位的产品能弥补未来消费 1 单位相同的产品。

上午的会议告一段落。茶歇时间,兰和芽走到会场外的休息区,那里摆放着保温桶装着的咖啡和红茶,以及各式茶点。参会者们三三两两地聚在一起,交流着对上午报告的感想。

芽:你是否赞同贝克尔的经典经济理论出了问题,只是因为对经济行为的假设和分析不到位这一观点?

兰:我不是经济学家,无法回答。这两派的观点绝不会是泾渭分明的,但是这表明学者之间时常会发生争辩。

芽：真理不辩不明。说得口干舌燥，老师想喝点什么？

兰：红茶吧。

芽：我要咖啡。生活有时太"苦"，要拿更苦的和它比对，以衬托出生活的"甜"。

兰：人们不只是对香烟等成瘾，对咖啡也成瘾。

芽：确实如此。若个体需要用一杯咖啡开启一天的工作，这对他而言是一个危险信号吗？

兰：咖啡属于他的成瘾性商品，过去消费带来多巴胺的刺激，让他体会到了精力充沛的好处，从而刺激他继续喝咖啡。与此同时，他意识到当下的咖啡消费不会对未来生活造成负面影响，因此他愿继续消费。慢慢地，他便对咖啡成瘾了。这是理性行为，谈不上是什么危险信号。

芽：听你这么说，我也能心安理得地接纳适量咖啡带给我的快乐了。

5.2.3　个体受系统 1 驱使行为的归因假说

无论个体是采取强化学习行为还是惯性行为，受系统 1 驱使的个体虽然做了决策，却不满足于只知结果而不知因果，希望知其然，也知其所以然，于是就有了归因假说。具体来说，归因是指个体如何看待某件事情发生的原因，即当一件事情发生时，个体主要是从自身找原因还是从外部找原因。若个体主要从自身找原因，那他是内控型的；若个体主要从外部找原因，那他是外控型的。

与个体归因行为有关的理论是控制点理论（locus of control theory）（Rotter，1966），如图 5-1 所示。

> **定义5-8（控制点理论）**：个体对事情发生原因的归结方法是有差异的，而控制点就是用来描述此差异的。控制点并不真的是一个点，而是连续体。它的一端是外控点，个体认为凡事皆由外部因素所致；另一端是内控点，个体认为凡事皆由内部因素所致，即都和自己做了什么息息相关。

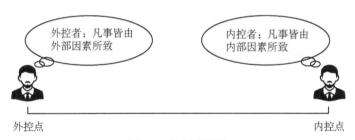

图 5-1　控制点理论

外控者认为，自己的行为结果是受机会、运气等外部因素控制的，自己无能为力，缺乏自我信念。内控者有强烈的自我信念，认为自己从事的活动及其结果是由自身的内部因素决定的，自己的能力和所做的努力能控制事态的发展。在日常决策情景中，极端的外控者和极端的内控者均是少数，多数人介于两者之间。

受归因假设影响的个体会表现出自我服务偏差（self-serving bias）。

定义 5-9（自我服务偏差）： 个体会对良好结果采取居功的态度，却对不好的结果推卸责任。

自我服务偏差揭示了当我们加工和自我有关的信息时出现的潜在的偏差。当取得一些成功时，个体常把成功归结于自己的才能和努力等内因；而做了错事后，却把失败归咎于"运气不佳""问题本身就无法解决"等外因，怨天尤人。个体一边轻易地为自己的失败开脱，一边欣然地接受成功带来的荣耀。很多情景下，个体把自己看得比别人好，这种自我美化的感觉使其陶醉于高自尊带来的光明，只是偶尔会遭遇低自尊带来的阴暗。

5.3　基于系统 2 的行事法则

如定义 5-3 所言，基于系统 2 的行事法则代表了缓慢、不频繁和有意识的决策类型，这个决策过程对个体的认知资源的要求较高，系统 2 特别强调了个体收集和处理信息的能力。本书讨论的基于系统 2 的行事法则，主要是从信念更新的角度展开。

在终极分析系统中，一切知识都是历史。若个体能不断地获取信息，就能基于较大信息量对不确定性分布的特性做出较为精确的判断。这背后的道理被丹尼尔·伯努利表述为大数定律（law of large numbers）：即便没有接受专业训练，常人也能依据大量信息做出较为精确的判断。对于丹尼尔·伯努利提出的人类先天理解大数定律的理论，在人类发展早期就已出现（Jacobs & Narloch，2001；Masnick & Morris，2008）。

接下来，我们分别从贝叶斯更新法则和信号检测理论（signal detection theory）的角度解释个体的信念更新法则。

5.3.1 贝叶斯更新法则

贝叶斯更新法则由托马斯·贝叶斯运用归纳法的思想提出，其精神是由个别证据概括出一般结论的推理过程。这是基于信念的学习（belief-based learning）模型，不同于基于行动结果的强化学习模型，如赢定输移战略。本节分别基于离散随机变量空间和连续随机变量空间，分析采用系统 2 的完全理性者如何依据信号更新先验概率，从而获得后验概率（posterior probability）。先验概率与后验概率之间的关系密不可分，后验概率的计算要以先验概率为基础。

在离散随机变量空间中，有定义 5-10。

定义 5-10（离散随机变量空间中贝叶斯更新法则）：在事件服从离散分布的决策情景中，令 $\{A_1, A_2, \cdots, A_I\}$ 是数量为 I 的系列事件，事件 A_i 发生的先验概率为 $P(A_i) > 0$，且 $\sum_{i=1,2,\cdots,I} P(A_i) = 1$；令 B 为关于系列事件 $\{A_1, A_2, \cdots, A_I\}$ 的观测数据，其发生概率为 $P(B)$。根据观测数据 B 更新事件 A_i 发生的后验概率为

$$P(A_i|B) = \frac{P(B|A_i)}{P(B)} P(A_i) \tag{5-1}$$

其中，$P(B) = \sum_{i=1,2,\cdots,I} P(B|A_i)P(A_i)$ 为事件 B 发生的全概率。

我们用乳腺癌筛查例子来说明个体如何利用贝叶斯更新法则形成关于后验概率的认知。记女性患有乳腺癌的事件为 A，历史数据揭示出普通女性患乳腺癌的先验概率为 $P(A) = \dfrac{1}{1000}$。假设一位女性到医院做乳腺癌的定期筛查，其检测结果为阳性，记检测为阳性的事件为 B。乳腺癌筛查为阳性的正确率，即真阳性（击中），为 $P(\text{Hit}) = P(B|A) = 99\%$，这表明了乳腺 X 光检查设备的准确度，即若该女性的确患了乳腺癌，检测结果为阳性的概率。乳腺癌筛查为阳性的错误率，即假阳性（误判），也被称为 I 类错误，为 $P(\text{False Alarm}) = P(B|\overline{A}) = 1\%$。乳腺癌筛查为阴性的正确率，即真阴性（正确否定），为 $P(\text{Correct Rejection}) = P(\overline{B}|\overline{A}) = 99\%$。乳腺癌筛查为阴性的错误率，即假阴性（漏判），也被称为 II 类错误，为 $P(\text{Miss}) = P(\overline{B}|A) = 1\%$。上述四种概率如表 5-1 所示。

表 5-1　乳腺癌筛查中的 I 类错误和 II 类错误

假设	决策	
	阴性报告（$\overline{B}$）	阳性报告（B）
原假设：没患乳腺癌（$\overline{A}$）	真阴性（健康）。概率为 $P(\text{Correct Rejection}) = P(\overline{B}|\overline{A})$	假阳性（I 类错误，误判）：做进一步检查，却劳民伤财。概率为 $P(\text{False Alarm}) = P(B|\overline{A})$
备择假设：患乳腺癌（A）	假阴性（II 类错误，漏判）：不去做进一步的检查和治疗；付出性命代价。概率为 $P(\text{Miss}) = P(\overline{B}|A)$	真阳性（做进一步检查；药到病除）。概率为 $P(\text{Hit}) = P(B|A)$

显然，检测为阳性的概率 $P(B)$ 包括筛查结果为阳性中的真阳性及筛查结果为阳性的假阳性概率之和，即 $P(B) = P(B|A)P(A) + P(B|\overline{A})P(\overline{A})$。由此可以得知，给定阳性结果，那么该女性患乳腺癌的概率为

$$P(A|B) = \frac{P(B|A)}{P(B)} P(A) = 9\%。$$

芽：直观上，这个计算结果感觉令人意外。即使检测结果是阳性，患乳腺癌的概率也只有 9%。我原以为检测呈阳性就意味着患病概率会很高。

兰：其实，检测阳性的结果只是帮我们把关注的范围从全部人群缩小

到了阳性结果人群。在这个更小的人群中，虽然患病的概率变大了，但仍然远没有达到检测的真阳性率99%那么高。直观地，可以用频数来理解，假设有1000名女性去做检查，根据1/1000的患病率，其中1个人真的患有乳腺癌。这1名患者一定会被检出阳性，但在剩下的999名健康者中，根据1%的假阳性率，大约有10人也会被误判为阳性。所以给定阳性结果，患乳腺癌的概率为1/11，约等于9%。

　　芽：所以，当去医院做检查时，即使出现阳性结果，也不用过分焦虑。

　　兰：不过，这种理性分析似乎很难抵消因阳性检查结果造成的担忧。每次我尝试用概率论来安慰因收到阳性结果焦虑的亲友，都是收效甚微，尽管经过其他的诊疗后发现，那些让他们彻夜难眠的阳性结果，只是虚惊一场。

　　我们采用接受者操作特性（receiver operating characteristic，ROC）曲线刻画击中率$P(\text{Hit})$和误判率$P(\text{False Alarm})$的关系，如图5-2所示。通过更改阈值，可得到不同阈值情况下误判率与击中率的组合点，绘制出折线图。连接折线图的外轮廓，可得到操作特性曲线。

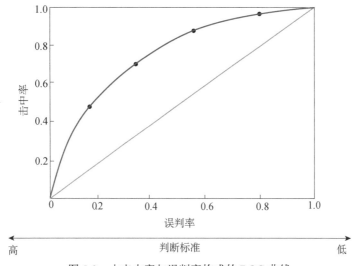

图5-2　由击中率与误判率构成的 ROC 曲线

观察图 5-2 可得 ROC 曲线的性质，具体如下。①ROC 曲线过（0，0）和（1，1）点。首先，个体对所有外部刺激都不会做出信号反应，此时误判次数为 0，因此 $P(\text{False Alarm}) = 0$。同理，若击中次数为 0，那么 $P(\text{Hit}) = 0$。其次，个体对所有外部刺激都做出信号反应，此时正确否定次数为 0，则 $P(\text{False Alarm}) = 100\%$；同理，若漏判次数为 0，那么 $P(\text{Hit}) = 100\%$。②ROC 曲线的曲率反映的准确性指标为 d'。给定 ROC 曲线，d' 是恒定的，所以也叫等感受性曲线。对角线代表个体关于信号的辨别力最弱，此时 $d' = 0$；上凸的 ROC 曲线离对角线越远，表示个体关于信号的辨别力越强，d' 值就越大。

式（5-1）衡量的是给定一组数据（信息），个体推断先验事件发生的后验概率。实践中，还可以在分析给定证据后，判断两种先验事件哪个更有可能发生。在离散事件空间进行讨论，则有

$$\frac{P(A_i \mid B)}{P(A_j \mid B)} = \frac{\dfrac{P(B \mid A_i)}{P(B)} P(A_i)}{\dfrac{P(B \mid A_j)}{P(B)} P(A_j)} = \frac{P(B \mid A_i)}{P(B \mid A_j)} \times \frac{P(A_i)}{P(A_j)} , \quad i \neq j \qquad （5\text{-}2）$$

其中，$\dfrac{P(B \mid A_i)}{P(B \mid A_j)}$ 为似然比，衡量了不考虑先验概率时，证据 B 预测事件 A_i 发生的概率比预测事件 A_j 发生概率高的倍数，是度量事件 A_i 在多大程度上比事件 A_j 能较好地解释证据 B 的标准。特别地，引入似然比的概念，可以将被试关于后验概率的认知转化为关于似然比的认知。其中，似然比描述的信息仍然是随机事件发生的机会，只是表现方式不一样。概率范围为从 0 到 1，而似然比的范围是 0 到无穷大。这助推了个体能审慎地思考后验概率。

在决策情景中，给定数据后，探究两种先验事件哪个更有可能发生的过程可以被解读为：给定证据（信号）后如何寻找到合理解释。对已发生证据 B 的合理解释的事件 A 具有什么特征呢？为证据 B 寻找合理解释的事件 A 应简洁且有力，就像白居易的诗，简洁得连老妪都能懂。

实际中，可能有两种以上的事件发生，决策流程是将各种可能发生的事

件的后验概率依据式（5-2）两两对比，反复迭代，直到剩下最后一项选择。总体来说，贝叶斯更新法则反映了一种学习哲学：个体应持有灵活多变的认知信念，能在证据面前进行调整。在这种观念下，个体不是单纯地根据新证据来行动，也不是固执地依据先验信念行动，而是通过贝叶斯更新法则，将新证据和先验信念结合起来更新信念，从而指导自己的认知与决策行为。

接下来，假设随机的连续变量服从正态分布，讨论贝叶斯更新法则，就有了定义 5-11。

定义 5-11（连续随机变量空间中贝叶斯更新法则）：给定事件 x 的先验概率服从正态分布 $N(\mu_0, \sigma_0^2)$，$\sigma_0 > 0$，其概率密度函数记为 $f(\cdot)$，关于事件 x 的系列更新信号 $S = \{s_1, s_2, \cdots, s_I\}$，$s_i = x + \varepsilon_i$，其概率密度函数为 $h(\cdot)$，ε_i 独立同步分布于正态分布 $N(0, \sigma_i^2)$，$\sigma_i > 0$；那么事件 x 的后验概率服从正态分布，且均值和方差分别为

$$E[x \mid s_1, s_2, \cdots, s_I] = \mu_0 + \frac{\sum_{i=1,2\cdots,I} \tau_i (s_i - \mu_0)}{\tau_0 + \sum_{i=1,2\cdots,I} \tau_i}$$

$$\mathrm{Var}[x \mid s_1, s_2, \cdots, s_I] = \frac{1}{\tau_0 + \sum_{i=1,2\cdots,I} \tau_i}$$

其中，$\tau_i = \frac{1}{\sigma_i^2}$ 表示信号 s_i 的精确度，$\tau_0 = \frac{1}{\sigma_0^2}$。

由定义 5-11 可得，个体收到一系列更新信号 $S = \{s_1, s_2, \cdots, s_I\}$ 等价于收到一个更新信号 $\tilde{s} = \dfrac{\sum_{i=1,2\cdots,I} \tau_i s_i}{\sum_{i=1,2\cdots,I} \tau_i}$。

总体来说，遵从贝叶斯更新法则的个体需要采用系统 2，耗费大脑资源。自然地，身处不确定性决策情景中，个体未必总能采取系统 2 完美地调用贝叶斯更新法则，而是在调用过程中容易出现行为偏差。面对不确定性情景中的更新信号，个体时而对信号反应过度（overreaction），时而对信号反应不足（underreaction）。若总把个体想象成以贝叶斯更新法则指导

决策的完全理性者，实乃疯狂之举。

兰：人们对信号应对不足的极端表现为选择完全回避这些信号。

芽：这不正是鸵鸟效应吗？就像有些人明明身体不适，却不愿意去医院检查。

兰：是的。从完全理性的角度来看，获取更多信息应该有助于做出更好的决策。但现实中，人们会刻意回避可能会带来负面信息的场合。

芽：就像我也不愿意在"双十一"过后查看自己的账户信息，就是怕看到余额不足的结果。

兰：其实这种现象也反映了人的有限理性。个体在面对信息时，不仅要考虑信息本身的价值，还要考虑获取的信息对个体自我感受的影响。

芽：与其说是不愿意接收信息，不如说人们在试图规避负面信息。

5.3.2　信号检测理论

信号检测理论与贝叶斯更新法则类似，都是刻画了个体的信念更新法则，只是信号检测理论更侧重于考察个体在噪声背景下如何有效地分离信号。该理论最早被运用于雷达如何识别鱼雷。强的、清晰的信号比弱的、模糊的信号更易被探测到（Green & Swets，1996）。信号检测理论假设个体的判断感觉是连续的，而非黑白对立（Lynn & Barrett，2014）。为了判断信号是否出现，个体会设定判断标准。

信号检测理论有如下两个假设。①个体感受外部的刺激时，存在两个过程：一是客观感觉过程；二是对刺激的主观判断过程。可以将察觉到的刺激称为信号（S），将可能与信号混淆的刺激称为噪声（N）。②信号和噪声这两种事件呈正态分布，且在观测范围内有重叠，设置判断标准对应的心理感受 x_c，指个体对外部刺激的判断是信号还是噪声的分界线。x_c 右边表示个体对外部刺激的反应是信号，即做出信号反应；x_c 左边表示个体对外部刺激的反应是噪声，即做出噪声反应。

根据信号更新理论的假设，绘制个体的信号检测过程，如图 5-3 所示。

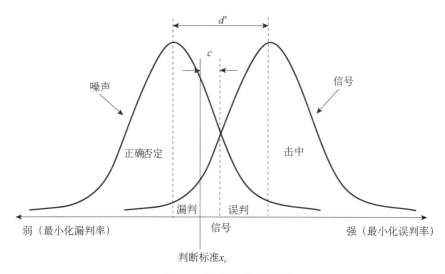

图 5-3 信号检测的过程

在图 5-3 中，横轴是个体的心理感受强度（x），也就是说同一个噪声或信号作用于个体引起的心理感受强度，纵轴是个体心理感受强度的概率密度，也就是噪声或信号作用于个体引起心理感受强度的概率。将刺激与引起的心理感受强度之间的概率绘制为概率密度曲线，左边是因噪声（N）引发的心理感受概率密度曲线 $f(x|N)$，右边是因信号（S）引发的心理感受概率密度曲线 $f(x|S)$。

由图 5-3 可得，判断标准 x_c 将两个正态曲线分割成四个区域：①信号出现时，报告有信号，这被称为击中（Hit）；②信号出现时，报告无信号，这被称为漏判（Miss），即假阴性（第 Ⅱ 类错误）；③信号未出现时，报告有信号，这被称为误判（false alarm），即假阳性（第 Ⅰ 类错误）；④信号未出现时，报告无信号，这被称为正确否定（correct rejection）。

在图 5-3 中，将观测空间记为判断标准线左边的无信号反应区域（D_0）及判断标准线右边的有信号反应区域（D_1）。由此可得，$P(D_1|S) = P(\text{Hit})$ 表示击中率，$P(D_1|N)$ 表示误判率，$P(D_0|N)$ 表示正确否定率，$P(D_0|S)$ 表示漏判率，其中，$P(D_1|S) = \int_{D_1} f(x|S)dx$，$P(D_1|N) = \int_{D_1} f(x|N)dx$。

记噪声和信号的先验概率分别为 $P(N)$ 和 $P(S)$，$V(\cdot)$ 是四种判断结果

的期望值，特别地，$V(\text{Miss})$ 为负值。决策目标是最大化期望值 $\overline{V}$，即

$$\overline{V} = [V(\text{Hit})P(D_1 \mid S) + V(\text{Miss})P(D_0 \mid S)]P(S)$$
$$+ [V(\text{Correct Rejection})P(D_0 \mid N) \qquad (5\text{-}3)$$
$$+ V(\text{False Alarm})P(D_1 \mid N)]P(N)$$

根据 $P(D_0 \mid S) = 1 - P(D_1 \mid S)$ 和 $P(D_0 \mid N) = 1 - P(D_1 \mid N)$，整理式（5-3），可得

$$\overline{V} = V(\text{Miss})P(S) + [V(\text{Hit}) - V(\text{Miss})]P(S)P(D_1 \mid S)$$
$$+ V(\text{Correct Rejection})P(N) - [V(\text{Correct Rejection})$$
$$- V(\text{False Alarm})]P(N)P(D_1 \mid N)$$

又因 $V(\text{Miss})P(S) + V(\text{Correct Rejection})P(N)$ 为非决策变量，要使决策期望值尽可能大，需要 $[V(\text{Hit}) - V(\text{Miss})]P(S)P(D_1 \mid S) - [V(\text{Correct Rejection}) - V(\text{False Alarm})]P(N)P(D_1 \mid N) \geqslant 0$，即 $\int_{D_1} \{[V(\text{Hit}) - V(\text{Miss})]P(S)f(x \mid S) - [V(\text{Correct Rejection}) - V(\text{False Alarm})]P(N)f(x \mid N)\}\mathrm{d}x \geqslant 0$。若 $[V(\text{Hit}) - V(\text{Miss})]P(S)f(x \mid S) \geqslant [V(\text{Correct Rejection}) - V(\text{False Alarm})]P(N)\ f(x \mid N)$，即 $\dfrac{f(x \mid S)}{f(x \mid N)} \geqslant \dfrac{V(\text{Correct Rejection}) - V(\text{False Alarm})}{V(\text{Hit}) - V(\text{Miss})} \times \dfrac{P(N)}{P(S)}$，则有命题 5-1。

命题 5-1（最优判断标准）：在信号检测理论框架下，个体最优判断标准 x_c^* 满足

$$LR(x_c^*) = \frac{V(\text{Correct Rejection}) - V(\text{False Alarm})}{V(\text{Hit}) - V(\text{Miss})} \times \frac{P(N)}{P(S)} \qquad (5\text{-}4)$$

由式（5-4）可得，若 $P(N)$ 相对于 $P(S)$ 较大，即决策环境很不稳定，则最优判断标准 x_c^* 越大。预先建立的判断标准会影响决策偏差。若漏判的代价更大，人们希望尽可能地避免漏判，例如，在火警报警、疾病诊断等场合，那么需要设置较为宽松、自由的判断标准，分界线左移——即使信号不太显著，也要引起警惕。若误判的代价更大，则需要设置保守的判断标准，分界线右移。司法定罪要求有充分的事实证据，否则疑罪从无。让无罪者蒙冤入狱是极大的不公平。这就需要针对特定的情况选择特定的得益机制，根据收益惩罚大小制定判断标准。在信号检测理论的框架下解读

乳腺癌筛查设备设定的判断标准 x_c，x_c 越小，表明筛查机制越保守，医生给出检查结果为阳性的概率随之增加，此时假阳性和真阳性出现的概率均增加，但是假阴性和真阴性出现的概率均减小。

我们继续围绕信号检测理论展开讨论。实践中，个体可获取并处理该决策事件的 m 条线索所有知识，但这在时间和成本上都不具有可行性。然而，采用快速节俭树（fast-and-frugal tree）的个体通过回避处理所有线索信息，应对现实的约束，可以从容地做出决策。

> **定义 5-12（快速节俭树）**：当个体拥有多条线索时，首先对这些线索进行排序，然后依次检查每条线索，画出决策树。最后一条线索对应两个出口，出口意味着做出决策，而其余的每条线索都只对应一个出口，若满足出口条件，则做出决策，否则检查下一条线索。

个体采用快速节俭树的目的是检查尽可能少的线索，以尽快做出决策。比如，钻石的购买与定价。购买钻石时，普通人觉得越大越好，于是在估价时，首先看钻石的重量，再依次根据切工、颜色和透明度对价格做出增减。普通人的直觉是对的。钻石行业对钻石的估价有 4C 标准：克数（carat）、净度（clarity）、色泽（colour）和切工（cut）。钻石专业鉴定师在估价时，需要采集钻石的 4C 属性，然后用回归方程估计价格，但是精确地表达钻石的特性却不容易。例如，若将钻石的克拉数和色泽做回归分析，会发现色泽等级与价格呈现负相关，这显然是不合理的。因为钻石越大，就越难保证色泽度。相对而言，克拉数对价格的影响远大于色泽度，这导致回归分析出现错误的结果。

芽：老师为何会想到用选钻石的例子来解释快速节俭树？

兰：我曾经邀请一位学者来访，他是快速节俭树相关研究领域的领军学者吉仁泽的得意门生之一，他给我们分享了钻石购买的决策行为。

芽：吉仁泽是一个什么样的学者？

兰：当吉仁泽来北京做学术交流时，李纾教授得知他交予刘永芳教授翻译的《简捷启发式：让我们更精明》已于 2002 年出版。但译著中作者的中文译名"哥德·吉戈伦尔"中规中矩，便对他说起司马贺的中文名字是在荆其诚先生的建议下修改的，司马贺在获得这个中文名字随后的几年就获得了诺贝尔经济学奖。听罢，或许他觉得起得好的中文名字与获诺贝尔经济学奖有着神秘的联系，便也要请荆其诚先生为其取名，并决定在他新书的中译本中弃用"哥德·吉戈伦尔"这个名字，等着改用荆其诚先生取的中文名字。经过这番折腾，荆其诚先生不仅为他想好了中文名字"格尔德·吉仁泽"，中国科学院心理研究所还赠予他一枚中文签名章。于是，由刘永芳教授翻译的《适应性思维：现实世界中的理性》（2006 年）、《有限理性：适应性工具箱》（2016 年）及其他译者翻译他的书均印上了"格尔德·吉仁泽"。

芽：栾胜华老师的研究领域是什么？

兰：他主要研究人类如何在风险和不确定情景下决策和判断，研究方向包括判断和决策中的启发式、群体决策和行为、组织管理决策、人类合作行为、风险认知和沟通及体育和商业预测。他主要采用描述性（人们是怎么做决策的？）和诊断性（怎样才能提高人类决策的质量？）相兼的视角，应用多样化的研究手段和二手数据分析，帮助人们在风险和不确定性日益增强的世界中做出具有高度适应性的抉择。

芽：除了对选钻石的理解，栾胜华老师在报告中还讲了什么？

兰：他的报告题目是"一位启发家的自白"。讲座伊始，他问在座的男老师有没有为太太买过钻石，从选钻石切入，生动地引入了快速节俭树。

芽：如何定量化地研究快速节俭树？

兰：接下来，就说这个事。

我们采用该决策树刻画钻石购买的决策情景。面对售价给定的钻石，消费者需要决定该价格是否划算。消费者的心理活动如图 5-4 所示。

在图 5-4 中，从左到右，意味着消费者关于"划算"的判断标准越来越高。若将消费者判断该钻石是否划算的信号分割到"噪声"（不划算）和

"信号"（划算）的分布中，那么消费者的"划算"判断标准越高，他就越不会误判，但也越可能漏判。图 5-4 的下半部分的树状分叉被记为快速节俭树。观察消费者的选择过程可以发现，快速节俭树不仅体现出个体前后逻辑推理的一致性，还体现出个体采用认知启发式偏差的特点：选择属性的权重先后不一样。

快速节俭树背后的认知逻辑是字典认知启发式：个体对一组选项按一系列偏好有先后顺序的属性筛选，满足属性的部分进入下一轮筛选，直到无法区分的轮次后，随机选择。

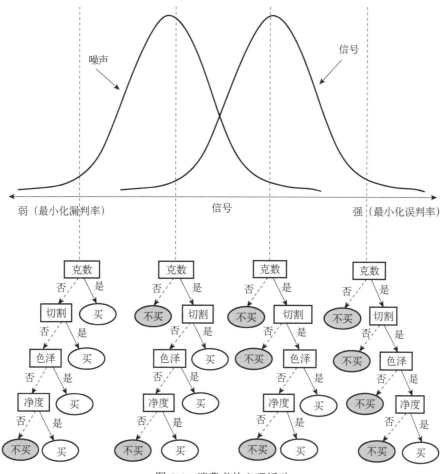

图 5-4　消费者的心理活动

5.4　基于系统 1 和系统 2 行事的可能冲突

多数情况下，系统 1 和系统 2 相互配合可以使大脑高效地运行。若人们采用两个系统做出的选择相同，则称这两个系统是一致（协调）的；反之，则称这两个系统是冲突的。

接下来，我们基于抽球游戏，定量地讨论个体分别采用系统 1 和系统 2 带来的行事法则（Achtziger & Alós-Ferrer，2014）。

被试面临两个盒子，即左盒、右盒，但是不知道这两个盒子所处的状态是"利好"（up）还是"利差"（down），两种状态出现的先验概率分别为 $P(\text{up}) = g$ 和 $P(\text{down}) = 1 - g$。盒子状态如图 5-5 所示。

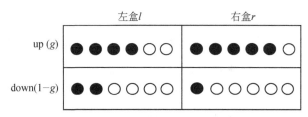

图 5-5　抽球游戏中的盒子状态

被试进行有放回的抽球动作。每次被试都需要选择从左盒还是右盒中抽球。被试从盒子 i（左盒 l，右盒 r）中抽取球 j，并通过抽球获得奖励。盒中包含黑球（B）和白球（W）（$j = B, W$），只有黑球有价值。在左盒中，up 状态下抽到黑球的概率为 $P_l(B \mid \text{up}) = h$，down 状态下抽到黑球的概率为 $P_l(B \mid \text{down}) = 1 - h$。在右盒 r 中，up 状态下抽到黑球的概率为 $P_r(B \mid \text{up}) = t$，down 状态下抽到黑球的概率为 $P_r(B \mid \text{down}) = 1 - t$。被试有两次抽球机会，记被试第一次选择盒子 i，第二次选择盒子 k（$k = l, r$）的收益为 $v_{i,k}$，抽到黑球就获得 1 元。

基于抽球游戏，5.4.1 节讨论基于系统 1 的行事法则，5.4.2 节讨论基于系统 2 的行事法则。

5.4.1　基于系统 1 的行事法则

本节讨论基于赢定输移战略的决策策略（系统 1）。若被试不是完全理性的，而是遵循赢定输移战略，那么他只关心（选择盒子的）策略在过去获得的报酬，不关心其他信息。若第一次抽球游戏成功（抽到黑球），则第二次选择与第一次相同的盒子；若没成功，则第二次选择另一个盒子。由此可见，依从系统 1 做出的决定并非总是与依从系统 2（比如，采用贝叶斯法则）做出的决定一致。

借助抽球游戏的分析结果，可以联想到，当两个系统给出的建议发生冲突时，人们都希望有一台警钟，每当即将酿成大祸时，它能响个不停。然而，人们买不到这样的钟。也许经过长期的训练、大量交流和学习，人们可以掌握提示、推理等理性分析能力，让系统 2 遵循规则运行。不幸的是，多数情况下，人们没有反思的时间和机会，或者也不愿意主动反思。

若个体可以同时运行系统 1 和系统 2，并且在此过程中，或是发现系统 2 能够比系统 1 做出更好的决策，因为它能够处理的信息比系统 1 多，而且还能不带感情色彩地处理这些信息；或是发现系统 1 能比系统 2 做出更好的决策，因为它能获取系统 2 所没掌握的特别信息，那么个体就可以根据决策情景的变化，有侧重地依赖系统 1 或系统 2。

芽：若我和一个人起了冲突，可能是因为我和他调用了不同的思考系统，他可能用了系统 1，而我用了系统 2。若能知晓我们采取的思考系统不同，就能够更加理性地接受冲突，并试图化解。

兰：系统 1 和系统 2 是对人们思考方式分类的粗略描述，也是为了表述简洁起见，做了两种极端描述。其实，人类在做决策时，很多时候都是综合了系统 1 和系统 2 的思考方法，从而做出了决策。

芽：可以理解为在理性决策的道路上难免会遇到感性决策带来的挑战。

5.4.2　基于系统 2 的行事法则

本节讨论基于贝叶斯法则更新信念的决策过程（系统 2）。基于贝叶斯法则更新信念的决策过程有一个假设，即个体记得历史选择，并将历史选择变为对未来决策的信念。据此，形成了基于过去观察将在未来怎么做的信念，并依据此信念选择能够最大化其期望收益的策略。关于贝叶斯更新法则的更多讨论见第 8 章。在第一次抽球后，完全理性的被试会根据抽中球的颜色更新信念，选择预期收益最高的盒子。在第一次抽球时，若被试从左盒中抽到黑球，则更新 up 状态的概率为

$$P_l(\text{up} \mid B) = \frac{P_l(B \mid \text{up})P(\text{up})}{P_l(B \mid \text{up})P(\text{up}) + P_l(B \mid \text{down})P(\text{down})} = \frac{hg}{hg + (1-h)(1-g)}$$

同理，更新 down 状态的概率为 $P_l(\text{down} \mid B) = \dfrac{(1-h)(1-g)}{hg + (1-h)(1-g)}$。因此，在第二次抽球时，若被试选择左盒，获得的期望收益为

$$\begin{aligned} v_{l,l} &= P_l(\text{up} \mid B)P_l(B \mid \text{up}) + P_l(\text{down} \mid B)P_l(B \mid \text{down}) \\ &= \frac{hg}{hg + (1-h)(1-g)} \times h + \frac{(1-h)(1-g)}{hg + (1-h)(1-g)} \times (1-h) \end{aligned} \tag{5-5}$$

若选择右盒，获得的期望收益为

$$\begin{aligned} v_{l,r} &= P_l(\text{up} \mid B)P_r(B \mid \text{up}) + P_l(\text{down} \mid B)P_l(B \mid \text{down}) \\ &= \frac{tg}{tg + (1-t)(1-g)} \times t + \frac{(1-t)(1-g)}{tg + (1-t)(1-g)} \times (1-t) \end{aligned} \tag{5-6}$$

若取 $P(\text{up}) = g = P(\text{down}) = 1-g = \dfrac{1}{2}$，并且左盒中在 up 状态下抽到黑球的概率为 $P_l(B \mid \text{up}) = h = \dfrac{2}{3}$，down 状态下抽到黑球的概率为 $P_l(B \mid \text{down}) = 1-h = \dfrac{1}{3}$。右盒中，在 up 状态下抽到黑球的概率为 $P_r(B \mid up) = t = \dfrac{5}{6}$，down 状态下抽到黑球的概率为 $P_r(B \mid \text{down}) = 1-t = \dfrac{1}{6}$。

根据式（5-5）和式（5-6），求得 $v_{l,l} = \dfrac{5}{9}$，$v_{l,r} = \dfrac{26}{36}$。因此，基于系统 2（贝叶斯更新法则），被试应选择右盒。

第6章 面对信号的信念更新行为偏差

本章围绕如何理解贝叶斯更新法则展开。理解贝叶斯更新法则有三层境界：第一，知道贝叶斯更新法则及公式中的每一部分代表什么；第二，理解贝叶斯更新法则为何是正确的；第三，知道何时及如何准确地使用贝叶斯更新法则。然而，到了第三层时，个体通常无法准确地使用贝叶斯更新法则。本章 6.1 节解读个体面对单信号的反应行为，6.2 节和 6.3 节分别解读个体面对多信号时，多个信号到达顺序如何影响个体的行为决策。

6.1 面对单信号的反应行为

面对单信号的反应行为，个体可能在事前表现出对信号的反应过度或不足（6.1.1 节），也可能在事后表现出对信号的后见之明偏差（hindsight bias）（6.1.2 节）。

6.1.1 老练者和粗疏者对信号的反应行为

双系统理论中的系统 1 和系统 2 理论具有相似之处：均将对信息的加工看作有价值的工作，但是加工的深入程度由个体的动机和认知能力决定。当个体信息加工的动机和能力水平较低时，通常是系统 1 起作用，此时个体为粗疏者；当动机和能力水平较高时，个体采用系统 2 加工，此时个体为老练者。

让我们借助说服人的工作任务，解读个体分别作为粗疏者和老练者的行事法则。

在日常生活中，个体时常需要与他人沟通并进行说服，若能成功地说服他人，个体心里会产生一阵快慰。例如，消费者被广告说服，投资者被股票分析师说服，民众被公共机构说服，以网红带货为代表的社交媒体语言，更是基于大数据分析，说着让消费者心动的话。

有两种方法可以说服人：①诱之以利，即通过改变行为的边际效用，例如，通过公开奖励、惩罚等方式诱导人做出决策；②晓之以理，即通过改变人们对不同行为后果的估计，让人们自发地做出决策。

芽：我们从小就被父母和老师灌输了一些理念，如不要早恋、不要赌博等，但还是有未成年人以身试法。

兰：听人劝，吃饱饭，但是也需要避免刻板说教。

芽：长大成人后，周围人可能自己也没活明白，却自以为是地对他人的生活、工作指指点点。他人在聆听教诲的时候，还要频频点头，并伴以赞许的微笑。不然，那些自以为是者就会加大音量，且不断靠近，直到唾沫喷对方一脸。

兰：其实可以采用助推式的说服方式，来帮人更好地做出决策。新冠疫情期间，有学者设置了聊天机器人，从政府网站、主流学术期刊等信息源收集与新冠疫情、新冠疫苗有关的常见问题，由专家审核后，将其编写到聊天机器人的相关程序中。用户使用时，机器人针对用户提出的问题做相应解答并提供相关信息链接，用户还可以点击链接了解相关论文、报道等（Altay et al., 2023）。有学者比较了聊天机器人与仅简单地描述新冠疫苗重要性及作用原理的信息，发现聊天机器人能有效且持久（1—2 周）地改善人们对疫苗的态度，也提升了人们接种疫苗的意愿。

关于说服效应理论模型有双路径模型，又被称为精细加工可能性模型（elaboration likelihood model，ELM）（Petty & Cacioppo，1986）。双路径模型描述了个体接触一条消息时该消息的特征如何影响其态度的形成，继而如何影响其行为。

定义 6-1（双路径模型）：将个体的态度改变分为中心路线和边缘路线。中心路线是指个体仔细审查信息论据和其他相关线索，即个体深度思考的可能性较大。边缘路线则是指信息的改变是通过便捷、快速的路径发生的。

我们分别讨论老练者和粗疏者的信念更新行为（Mullainathan et al.，2008）。其中，老练者能区分来自不同情景中信号的可靠性，从而采用不同解决方法，即表现出了完全理性。我们以产品质量信号传递情景为例说明老练者和粗疏者的决策行为差异。假设产品质量 q 的先验概率为 $P(q)$，平均质量 $E[q]=0$。商家（信号发送者）收到两个可能的关于产品质量的信号 $m\in\{\overline{m},\underline{m}\}$，其中 $\overline{m}$ 和 $\underline{m}$ 分别代表高质量和低质量。消费者（信号接收者）知道有两个互斥的情景 $s\in\{\overline{s},\underline{s}\}$，其中 $\overline{s}$ 和 $\underline{s}$ 分别代表有用情景和无用情景。产品质量的分布与情景无关，即 $P(q\mid\underline{s})=P(q\mid\overline{s})=P(q)$。

对于老练者，记给定消息和情景下的质量分布为 $P(q\mid m,s)$。仅在情景 $s=\overline{s}$ 时信号才有用，因此 $P(q\mid\overline{m},\overline{s})>P(q\mid\underline{m},\overline{s})$，$P(q\mid\overline{m},\underline{s})=P(q\mid\underline{m},\underline{s})=P(q)$。

根据条件概率，则有

$$P(q\mid\underline{m},\overline{s})=\frac{P(q,\underline{m},\overline{s})}{P(\underline{m},\overline{s})}=\frac{P(q,\underline{m},\overline{s})}{P(\underline{m}\mid\overline{s})P(\overline{s})} \tag{6-1}$$

$$P(q\mid\overline{m},\overline{s})=\frac{P(q,\overline{m},\overline{s})}{P(\overline{m},\overline{s})}=\frac{P(q,\overline{m},\overline{s})}{P(\overline{m}\mid\overline{s})P(\overline{s})} \tag{6-2}$$

根据全概率，则有

$$P(q,\underline{m},\overline{s})+P(q,\overline{m},\overline{s})=P(q,\overline{s}) \tag{6-3}$$

联立式（6-1）、式（6-2）和式（6-3）可得

$$P(q\mid\underline{m},\overline{s})=\frac{P(q\mid\overline{s})}{P(\underline{m}\mid\overline{s})}-\frac{P(q\mid\overline{m},\overline{s})P(\overline{m}\mid\overline{s})}{P(\underline{m}\mid\overline{s})} \tag{6-4}$$

对式（6-4）求关于 q 的期望，可得

$$E\big[P(q\mid\underline{m},\overline{s})\big]=\frac{1}{P(\underline{m}\mid\overline{s})}E\big[P(q\mid\overline{s})\big]-\frac{P(\overline{m}\mid\overline{s})}{P(\underline{m}\mid\overline{s})}E\big[P(q\mid\overline{m},\overline{s})\big] \tag{6-5}$$

又因 $E[P(q\,|\,\overline{s})]=0$ ，所以

$$E\big[P(q\,|\,\underline{m},\overline{s})\big]=-\frac{P(\overline{m}\,|\,\overline{s})}{P(\underline{m}\,|\,\overline{s})}E\big[P(q\,|\,\overline{m},\overline{s})\big] \tag{6-6}$$

类似地，可得在情景 $\underline{s}$ 中

$$E[P(q\,|\,\underline{m},\underline{s})]=E[P(q\,|\,\overline{m},\underline{s})]=E[q\,|\,\underline{s}]=0 \tag{6-7}$$

由式（6-6）和式（6-7）可见，老练者可以准确地理解情景是否有用，即在情景 $\overline{s}$ 中，信号是有用的，老练者形成了与情景 $\underline{s}$ 不同的后验信念。

粗疏者将问题归为几个互斥类别，对于同一类别中的问题，采用相同的解决方法。接下来，我们描述粗疏者如何推断后验信念。使用下标"c"指代粗疏者。粗疏者将有用情景 $\overline{s}$ 和无用情景 $\underline{s}$ 都理解为在同一个情景 s 中，因此给定信号 m ，则有

$$P_c(q\,|\,m,s)=P(q\,|\,m,\underline{s})P(\underline{s}\,|\,m)+P(q\,|\,m,\overline{s})P(\overline{s}\,|\,m) \tag{6-8}$$

将式（6-8）对 q 求期望，可得

$$E[P_c(q\,|\,m,s)]=E[P(q\,|\,m,\underline{s})P(\underline{s}\,|\,m)]+E[P(q\,|\,m,\overline{s})P(\overline{s}\,|\,m)]$$

又 $0=E[P(q\,|\,m,\underline{s})]<E[P(q\,|\,m,\overline{s})]$ ，因此

$$E[P(q\,|\,m,\underline{s})]\leqslant E[P_c(q\,|\,m,s)]\leqslant E[P(q\,|\,m,\overline{s})] \tag{6-9}$$

根据式（6-9），则有命题 6-1。

命题 6-1（粗疏者行为特征）：相对于老练者，粗疏者在无用情景 $\underline{s}$ 中对信号 m 的反应过度，而在有用情景 $\overline{s}$ 中对信号 m 的反应不足。

命题 6-1 的直观解释是，粗疏者表现为无法区别两种情景的贝叶斯思考者。当情景不提供有用信息时，他仍然认为这是部分有价值的情景，而对信号反应过度（高估了信号的价值）。这可以解释汽车广告：消费者似乎将明星的优质形象转移到了汽车运营情景中。相反，当情景能够提供有用信息时，粗疏者却将情景视为部分价值的情景，而对信号反应不足（低估了信号的价值）。在汽车代言的例子中，若汽车品牌商邀请产品安全性能设计的总工程师代言，虽然专业人士传递的信号是更准确的，但是收到

信号的用户却会对此做出反应不足的行为。

若企业售卖的产品研发技术含量较低，消费者会采用分类思考方式，启动系统1，表现为粗疏者，而懒得启动系统2，也就不会表现为老练者。所以，我们并不常见汽车品牌商请邀请产品安全性能设计的总工程师来代言。退一步而言，纵然请了研发专家来代言，专家说了一通专业术语，消费者却没有能力消化专业知识。虽然消费者很想表现为老练者，但他做不到。企业也知道消费者懒得去想，倒不如直接请明星，利用消费者的联想（关联）思维模式，诱发其做出对无用情景下的信号反应过度的行为。相应地，若企业售卖的产品研发技术含量较高，如婴儿奶粉，那么新手妈妈们会做各种信息调研，以保证选购的奶粉是最适合婴儿的。此时，新手妈妈表现为老练者，企业在营销奶粉广告时，就应多做关于技术研发方面的宣传。

6.1.2　后见之明

若个体在事后重新对信号做出解释，易产生后见之明。后见之明即"我早就知道"（Fischhoff & Beyth，1975）。其背后的原因是，个体的记忆是在其需要时才被建构的，在建构的一瞬间，个体用到的材料不仅包括碎片化的原始记忆，还包括填补碎片化原始记忆所需的逻辑推理。据此，就有了定义6-2。

> **定义6-2（后见之明）**：当个体尝试重构过往认知状态时，会倾向于夸大对已发生结果的预知程度。

后见之明的坏处在于令人想当然，个体觉得他人做出的东西很简单，无可借鉴之处。这不仅使个体错失了借鉴他人成功经验的机会，还导致他严以待人、宽以待己。在实践中，投资顾问善于解释过去的金融事件。若询问投资者一家上市公司的股票昨天为什么跌了，他总能解释得头头是道，但是当你让他预测明天这家上市公司的股票是涨还是跌的时候，他却左顾而言他。

后见之明使得人们妄自尊大。在商业情景中，有人"算准"了几次股票的涨跌后，就俨然以"股神"自居，盲目相信自己找到股市涨跌的规律了，结果亏得血本无归。以老板一言堂的风格发展起来的企业，其老板会因为过往的成功经验而过度自信（overconfidence）。这样导致的结果是成也萧何，败也萧何。

在股票市场中，后见之明令机构（或个体）投资者事后认为的金融市场波动性更低（Biais & Weber，2009），如图 6-1 所示。

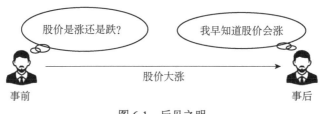

图 6-1　后见之明

历史学者易犯后见之明之错。相比历史行动者对当时环境的不可预测性，无法知悉当时及随后事件的发展脉络，后世历史学者早已知悉历史结局，甚至通过多种渠道查阅史料以了解历史细节与全貌。给定的已知结局难免会影响历史学者对所研究历史问题的感觉、把握与判断，比如，根据历史结局倒推历史事件发生的原因；在已知历史结局的情况下，历史学者可能会基于他所处时代的价值观和标准来评价以往历史人物的行为，从而忽视了历史人物所在的历史背景和情境。

1972 年，在纽约州立大学，特沃斯基围绕他与卡尼曼的合作项目做了主题报告"历史的视角：不确定情况下的判断"。面对一屋子的历史学者，特沃斯指出了他们的学术职业风险：极易接受他们所看到的任何事实，而忽略他们没有或者无法看到的事实，并将这些事实打造成听起来颇具说服力的故事（迈克尔·刘易斯，2018）。假如我们在只知道结局却并没有掌握其他信息情况下，能对原本无法预测的事情做出解释，那说明这个结局早就注定了。学者柯文（Cohen）将自己的学术生涯回忆录命名为《走过两遍的路：我作为中国历史学家之旅》，意在说明当初亲身经历的历史与后来重构的历史有不同。具有自知之明的历史学者能意识到这一点。

芽：我爱看大人物写的正统历史，但更爱看小人物写的个人经历，感觉从小人物的角度能看到真正的生活。

兰：说来听听。

芽：五四运动以来，中国发生了一连串的战争。历史常被写得像是"大事件报告"，并且历史常是被胜利者书写的，是胜利者的清单，强调胜利者必然胜利，而失败者必然失败。然而，跟随亲历者进入他的私人历史后，看到一些历史细节后，我仿佛读到了一个从未见过的时代，这让我更加深刻地理解了历史的发展脉络。

兰："细节决定一切。"避免后见之明，可以帮助我们理解事情的真相，理解事情发展背后的逻辑。

芽：若我想了解某段历史，又找不到对应的小人物写的个人经历，还有什么办法可以了解那段历史呢？

兰：读那个时代的诗歌。诗人可能比历史学者更加真实，因为他们能看到普遍的人性深处的东西。

芽：凡是在事后要推断事前的情景中，人们都可能会犯后见之明的错误。历史学者不是唯一的"受害者"，法官、警察等执法公职人员也深受其害。

兰：执法公职人员更应该时刻警惕自己在信念更新过程中的行为偏差，要本着寻找事实真相的初心，明确地思考过去的事情可能会带来的不同结果，怎样才可能出现其他结果，而不是只思考为什么事情会出现现在的结果。

我们依从定义 6-2，刻画后见之明。在时刻 t，个体的信息集为 I_t；在时刻 $t+j$，个体的信息集为 I_{t+j}，其中，$I_t \subseteq I_{t+j}$，$j>0$。在时刻 t，要求个体预测不确定事件 X 在未来时刻 $t+j$ 的结果。

用 $E[X|I_t]$ 表示条件预测，反映了个体的事前判断（在时刻 t 对未来事件 X 的预测）。在时刻 $t+j$，不确定事件 X 的实现值为 x。个体观测到 x

后，再形成其事后判断 $E[E(X|I_t)]|I_{t+j}$。基于完全理性假设，当 X 发生后，个体对自己过去预测的信念不改变，则有

$$E[X|I_t] = E[E[X|I_t]|I_{t+j}] \tag{6-10}$$

若个体的事前判断和事后判断不同，即

$$E[X|I_t] \neq E[E[X|I_t]|I_{t+j}] \tag{6-11}$$

若式（6-11）成立，则个体存在后见之明，即个体表现出了"事后诸葛亮"的心态。

对于 $E[E[X|I_t]|I_{t+j}]$ 与 $E[X|I_t]$ 的关系，一种刻画方式（Camerer et al., 1989）是

$$E[E[X|I_t]|I_{t+j}] = \alpha x + (1-\alpha)E[X|I_t] \tag{6-12}$$

其中，α（$0 \leqslant \alpha \leqslant 1$）越大，个体越会表现出后见之明。

令 $E[X|I_t] = \mu$，$E[E[X|I_t]|I_{t+j}] = \hat{\mu}$，根据式（6-12），则有

$$\hat{\mu} = \alpha x + (1-\alpha)\mu$$

在时刻 t，决策者相信到了时刻 $t+j$ 的收益 X 服从两点分布：以概率 λ 服从 $X \sim N(\mu, \sigma_L^2)$，以概率 $1-\lambda$ 服从 $X \sim N(\mu, \sigma_H^2)$，其中 $\sigma_L^2 < \sigma_H^2$，X 的正态分布概率密度函数为 $f(x|\mu, \sigma_i^2) = \dfrac{1}{\sqrt{2\pi\sigma_i^2}}\exp\left(\dfrac{-(x-\mu)^2}{2\sigma_i^2}\right)$，$i = L, H$。

具有后见之明的个体在 X 实现后认为自己事前对 σ_L^2 分布的估计为 $\hat{P}(\sigma_L^2|x) = \dfrac{f(x|\sigma_L^2, \hat{\mu})\lambda}{f(x|\sigma_L^2, \hat{\mu})\lambda + f(x|\sigma_H^2, \hat{\mu})(1-\lambda)}$，类似地，$\hat{P}(\sigma_H^2|x) = \dfrac{f(x|\sigma_H^2, \hat{\mu})(1-\lambda)}{f(x|\sigma_L^2, \hat{\mu})\lambda + f(x|\sigma_H^2, \hat{\mu})(1-\lambda)}$。不失一般性，令 $i = L$，整理前述公式可得

$$\hat{P}(\sigma_L^2|x) = \dfrac{1}{1 + \left(\dfrac{1-\lambda}{\lambda}\right)\dfrac{\sigma_L}{\sigma_H}\exp\left(\dfrac{1}{2}\left(\dfrac{1}{\sigma_L^2} - \dfrac{1}{\sigma_H^2}\right)(x-\hat{\mu})^2\right)}$$

$$= \dfrac{1}{1 + \left(\dfrac{1-\lambda}{\lambda}\right)\dfrac{\sigma_L}{\sigma_H}\exp\left(\dfrac{1}{2}\left(\dfrac{1}{\sigma_L^2} - \dfrac{1}{\sigma_H^2}\right)(1-\alpha)^2(x-\mu)^2\right)}$$

当不存在后见之明（$\alpha=0$）时，后验概率为 $P(\sigma_L^2|x)=$

$$\dfrac{1}{1+\left(\dfrac{1-\lambda}{\lambda}\right)\dfrac{\sigma_L}{\sigma_H}\exp\left(\dfrac{1}{2}\left(\dfrac{1}{\sigma_L^2}-\dfrac{1}{\sigma_H^2}\right)(x-\mu)^2\right)}$$ 。 由于 $\dfrac{1}{2}\left(\dfrac{1}{\sigma_L^2}-\dfrac{1}{\sigma_H^2}\right)>0$ ， 可得

$\dfrac{\partial \hat{P}(\sigma_L^2|x)}{\partial \alpha}>0$ ， 即随着后见之明 α 的变小， $\hat{P}(\sigma_L^2|x)$ 增大。 因此，

$\hat{P}(\sigma_L^2|x)>P(\sigma_L^2|x)$ 且 $\hat{P}(\sigma_H^2|x)<P(\sigma_H^2|x)$ 。 这表现为个体在事后认为市场波动性更小。

有一种简单易行的方法可以使自己改变后见之明——每当遇到重要的事情，在还不知道事情结果的时候，就把自己对事情结果的预测写下来，还要写下自己之所以如此预测的理由。这种方法不仅可让我们发现自己的预测未必都是对的，也可以帮助自己了解自我在哪些方面的预测较准，哪些方面的预测偏离了事实。

人们不仅自己会有后见之明，也希望能得到展现出后见之明人士的指点。当下，致富生意经等短视频席卷各大视频发布平台，让一批知识付费博主成为超级 IP（知识产权，intellectual property）。这些短视频课程不再传递深度的思考，而是披着知识付费的外衣，兜售所谓的成功学，满足一些人希望一夜暴富的欲望。这令人再次感叹：人们从历史学到的唯一教训就是不向历史学习。

若后见之明者能主动分享一些失败的经历，不仅能帮助他们自己进行自我反思，对他人也有帮助。然而，人们并不急于分享他们的失败故事。有学者对其中的原因进行了探究（Eskreis-Winkler & Fishbach，2020）。在一组研究中，学者让被试玩一个游戏，他们需要从三个盒子中选择一个。他们被告知若是选中某个盒子会损失 1 美分，选中另一个盒子会得到 20 美分，选中第三个盒子会得到 80 美分。游戏中，他们可以选择两次，每次选择一个盒子。

其实，游戏是由主试操纵的。在第一次选择游戏中，被试选择的盒子会损失 1 美分，而第二次选择游戏中，被试选择的盒子会得到 20 美分。然后，被试被告知可以与另一名被试分享他们其中一次选择盒子的结果，

目的是帮助新来的被试做得尽可能好。这种设置使得分享失败是最佳策略。若先玩游戏的被试分享了他们最差的选择结果，那么他们就给了新被试最好的帮助，因为他们已向新被试展示了唯一一个包含损失的盒子的位置。所以，在最坏情况下，新被试将得到 20 美分。但是，若先玩游戏的被试分享了自己更高的分数，那么新被试就不知造成损失的盒子是哪一个。

尽管先玩游戏的被试的最优反应策略是分享失败经历，但是约有一半先玩游戏的被试选择与新被试分享得到 20 美分的胜利，而不是 1 美分的损失。为何如此？因为先玩游戏的被试并没有真正了解从失败中可以学到什么。

上述实验表明，人们可能会避免分享失败，因为他们不明白分享失败对于他人的价值。若想要人们分享更多失败的经验，需要花更多时间教人们学会如何从自己的失败中学习，以及他人如何从失败中学习。比如，人们通常认为分享错误和承认错误有损面子。荷兰皇家壳牌石油公司在石油钻井平台上告诉员工，主动分享自己的错误，不但不损面子，还能救同事一命。就这样简单的提示和培训，极大地改善了员工的安全表现。

在航空安全飞行管理领域，航空公司希望构建一种企业文化，让飞行员主动报告自己的失误和差错。这样学者才能更好地了解这个事件可能引起的事故。20 世纪 70 年代，美国航空业建立了自愿报告系统。2000 年左右，中国航空业也建立了报告系统。阻碍人们报告的一个原因是，在航空领域，男女性别比例不太平衡，大量的男性从业人员的男子气概引发了过度自信问题。

"吾日三省吾身。"反思是对某种信念或知识的应有形式进行积极的、持久的、深入的思考。也就是说，自己要适当地停下来，不要只想着往前冲，要想一想为何要这么做，能不能采用别的方法。若企业能设计一套应用程序，帮助用户记录痛苦的感受，如气愤、失望、沮丧等，那么就便于他们在事后通过反思获得教益，从而形成"痛苦+反思=进步"的螺旋式上升的思维体系。凭借应用以此类为代表的思维体系的程序后，用户就可以将这些程序视为口袋里的"心理医生"，随用随取，物美价廉。

6.2　对不考虑到达顺序的多个信号的主观解读行为

本节讨论基于贝叶斯更新法则下，个体关于不考虑到达顺序的多个信号的主观解读行为。个体很难准确地认知信号，可能会错误地认为形势变化已发生（过度反应），或认为形势变化并未发生（反应不足）。过度反应对应于忽视基础比例谬误（neglecting base rate fallacy），即个体易从小样本中推断，导致信念更新太频繁。反应不足对应于保守主义，即面对新证据，个体更新信念的速度太慢。围绕个体关于单一信号的主观解读行为，6.2.1 节讨论忽视基础比例谬误行为，6.2.2 节讨论保守主义，6.2.3 节将上述两种行为偏差放在一个统一的模型框架中进行讨论。

6.2.1　忽视基础比例谬误

依据贝叶斯更新法则，新证据不能直接凭空地决定个体的看法，而是应该更新个体的先验认知。也就是说，个体应同时关注环境中的一般趋势（记为先验概率信息）和当前情况的特征（记为具体案例信息）。然而，个体可能会过于关注具体案例信息，而忽视了先验概率信息。

个体忽视先验概率信息的行为被记为忽视基础比例谬误。

> **定义 6-3（忽视基础比例谬误）**：在信息更新过程中，个体倾向于使用当下具体案例信息而忽略关于具体案例的先验概率信息。

忽视基础比例谬误的人的大脑对外界信息的解读会"过火"，这是因为比起复杂且确凿的证据，当下具体案例信息（也被称为轶事证据，anecdotal evidence）虽粗浅却易得。也就是说，面对轶事证据，个体试图调用系统 2 进行理性思考时，会被细节丰富、凸显的证据吸引，占据注意力资源，情不自禁地去调用系统 1，减少了投入到当前任务中的认知努力，感性地认为事情就应如轶事证据所揭示的。这导致个体易犯代表性偏差的错误。"杯弓蛇影""机不可失"表达的就是人类忽视基础比例谬误的行为。

人类天生热衷于讲述和聆听故事，这种传统从篝火旁的叙述延伸到如今网络小作文的盛行。聆听故事时，大脑中的神经化学物质水平会显著提升，特别是催产素，这种变化有助于加深人与人之间的情感联系。然而，如果故事本身仅仅停留在激发情感层面，缺乏合理的逻辑和事实支撑，那么个体在做出概率判断时可能会忽视基础的比例，从而陷入基础比例谬误。

诱导轶事证据的常见方式是跌宕起伏的媒体报道。与平铺直叙相比，跌宕起伏的媒体报道会提高民众血液中催产素（与爱相关的荷尔蒙）和皮质醇（与压力相关的荷尔蒙）的水平，由此令民众对事件产生生动且持久的印象，从而引发忽视基础比例谬误。

在投资情景中，散户投资者喜欢通过看股评、公众号或者饭局上朋友的建议等听小道消息的方式选股。散户投资者为何要基于听消息的方式更新信念呢？这可能是因为他们没有掌握足够的金融知识，不知道投资决策情景的一般特征，只靠那些便捷但不准确的认知指引方式投资。但是，这种听小道消息的方式，无法给散户投资者提供可靠的信息，也就是说不能帮他们跑赢股市大盘。

芽：多数人不具备卓越的理财能力，依从"听小道消息"选股，选自己所在企业的股票，即按照"一条线索"的道理行事，然而效果却不佳。

兰：何止是普通人，多数经济学家的理财能力也没比普通人强多少，"炒股必亏"一度是投资理财学者的标配。拥有超强影响力的美国经济学家克鲁格曼（Krugman）凭借自己的判断参与各种投资，最终却差点儿破产。

芽：资本市场中充斥着恐惧与贪婪。有利用资本市场中的人性弱点，反向操作来盈利的吗？

兰：诺贝尔经济学奖得主塞勒擅长洞察人们的非理性经济行为，从中找到赚钱的机会。在塞勒联名的基金公司，旗下的 Undiscovered Managers Behavioral Value Fund 基金的回报率比巴菲特的还要高。

芽：他的基金公司主要利用了人的哪些弱点？

兰：其从三个方面利用了人性的弱点。第一，矫枉过正。若某支股票出现非理性上涨，多数投资者会选择获利了结。但是，多数情况下，非理性状况还会延续，因此可以利用这种趋势获利。第二，多空错觉。市场对不利于股价上涨的坏消息反应过度，而对利股价上涨的好消息却反应不足。若出现这种情况，就是进场的好时机。第三，物极必反。若某一个组合或者指数长期表现不好，市场会对它越来越悲观，进一步压低它的价格，反之亦然。当出现此情此景时，最后剧情一般都会反转，此时恰是进场的好时机。

芽：老师也会利用人性的弱点理财吗？

兰：并非所有研究行为决策和行为经济相关的学者都能利用他人的人性弱点进行对冲操作从而盈利。我遵从省心法则，购买国债，只要能跑赢大盘就可以。当然，我这么做的结果自然是"我不理财，财不理我"。

再如，经济形势低迷之际，网约车司机若只是因为运气，而在一小段时间内收入增加，他们可能会错误地认为这种收入增加是永恒的，据此反应过度，会大幅增加个人消费，这可能会导致他们在额外收入下降期间产生超前消费，使得后续生活愈发困顿。

无论是投资者还是网约车司机，他们都无法准确地判断自己所处情景的一般特征，即处于信息相对缺乏的状态，就倾向以他人推荐或当下感受作为判断依据。

再回想一下，当患者拿到的乳腺癌筛查结果为阳性时的情景，其实理性患者不必过于恐慌。实际数据表明，筛查结果为阳性的女性患者可能会高估其患乳腺癌的概率，但是她患乳腺癌的真实概率只有9%。为何会出现这种忽视基础比例谬误呢？可能的原因有两个：①她忽视了样本所在的基础比例，忘记了患乳腺癌的人群比例是不高的，从而高估了先验概率 $P(A)$，即 1000 人中只有 1 人患乳腺癌。②她的朋友的筛查结果也是阳性，并且最后确诊了。她朋友的经历作为轶事证据，就是她更新自己是否患病的后验信念所需的更新信号，而且它还能讲得通。然而，她可能不会考虑朋友在查出阳性结果之前就已经是癌症晚期了，也不会考虑朋友是否有其他病症导致自身免疫力下降，因为这可能是乳腺癌筛查结果为阳性的主要原因。

在实践中，面临阳性结果的患者依然慌张，这是因为患者具有系统忽视（system neglect）行为倾向。

定义 6-4（系统忽视行为倾向）：在不确定性信念更新情景中，个体首先对信号做出反应，其次对产生信号的系统（先验分布）做出反应。

由定义 6-4 可得，系统忽视行为倾向是忽视基础比例谬误的另一种说法。如何减少乳腺癌筛查的例子中患者的忽视基础比例谬误呢？患者应自我提醒事件发生的先验概率。看到自己的乳腺癌检查结果为阳性时，大可不必焦虑，因为多数女性有很大概率并没有患病。如何自我提醒关注先验概率呢？可以采用频率而非上述描述中的概率形式给出信息（图 6-2），从而帮助人们减少忽视基础比例谬误（Gigerenzer & Hoffrage，1995）。

为何以频数形式表达就可以减少个体的忽视基础比例谬误呢？直觉上，频数表达形式的优势在于保留了样本大小，并使得两个子集合之间的关系变得透明，比如，每 1000 名女性中有 1 人患乳腺癌。另一种观点是，频数形式与系统 2 处理信息所需的自然输入更加一致（Barbey & Sloman，2007）。其背后的可能原因是大脑包括几个模块，每个模块负责一组特定功能，且不受个体的自发控制。其中，有源自进化的特定模块，专门处理频数而非概率（Gigerenzer & Hoffrage，1995）。到目前为止，关于概率与频数引发的认知差异的原因还没有定论。但是，这没有关系，因为真实世

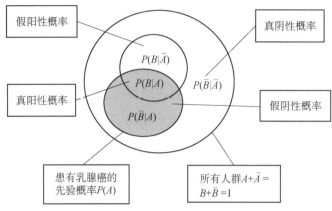

图 6-2　乳腺癌筛查中的概率和频数
注：概率参数指代区域的频数为实线围成的区域

界中的数据多是以概率形式呈现的，如抽奖命中率、患病率等。因此，频率和概率之间的争论的学术意义远远超过了实践意义。

从医生的角度来看，既然乳腺癌是女性的高发癌症之一，就应教育患者做到早筛、早诊、早治，以及通过低剂量螺旋 CT 筛查发现乳腺结节，再通过高剂量的精准 CT 扫描诊断乳腺结节。与此同时，并非所有人都需要做早期筛查，医生应重点关注高危人群，并较为客观地和患者沟通患病概率，可以让患者避免虚惊一场。然而，一些医生依从错误管理决策的精神，可能会选择明哲保身的诊断决策，倾向于过度诊断。这种明哲保身的策略常常是保守的，虽然避免了可能的医疗纠纷，却会触发过度医疗，偏离了治病救人的初心。因此，一方面，医生需要谨慎地做出阳性判断，避免因进一步检查带来的不必要的医疗资源浪费；另一方面，为了避免让患者虚惊一场，医院应提高乳腺筛查设备的准确度，以降低假阳性结果出现的概率。

芽：每个人的身体情况不同，准确地认识到感知和实际情况之间的冲突，可以避免不必要的恐慌。

兰：医生有时会问患者的家族遗传史，就是希望确认患者所在群体患病的先验概率。

芽：若这位患者本身就携带了乳腺癌基因，也就是说她患乳腺癌的先验概率 $P(A)$ 很大，那么情况就截然不同了。对于这类高危人群，需要密集地进行定期检查、跟踪，或是采取预防手段降低先验概率。

兰：好莱坞女星安吉丽娜·朱莉（A. Jolie）因为家族遗传携带癌症易感基因，导致她患乳腺癌的概率极高。于是，她主动出击，切除双乳乳腺，极大地降低了自己患乳腺癌的先验概率。公众人物理性地认知自己患乳腺癌的先验概率和似然比，被媒体广泛报道后，作为典型事件，能提醒女性不要忽视基础比例谬误。

芽：安吉丽娜·朱莉关注女性的身心健康，传递了正能量。但是，普通女性可能不会，或许也没有医疗条件采取切除双乳乳腺这样的极端做法，最有效的预测方式依然是定期做乳腺癌筛查，做到早筛、早治。

兰：从有效利用养老金的角度而言，政府有充分动机鼓励民众对各种高发的癌症做到早筛，越早发现，治愈的可能性就越大，并且费用也越低。但是，即便政府免费为一些人群提供早筛的服务，也并非所有人都愿意做。

芽：不愿意做早筛的人有很多理由，或是认为这些 X 射线、CT 筛查中的射线会伤害身体，或许就是为了规避可能的不好信息，只为让自己感觉良好。

兰：为助推民众积极参与早筛，强势政府应该可以同时实施激励和惩罚的措施吧？

芽：在威胁女性健康的疾病中，还有宫颈癌。借助宫颈癌疫苗，普通女性也有机会主动出击，接种宫颈癌疫苗，降低患宫颈癌的先验概率。

兰：宫颈癌疫苗的防护范围从小到大，有二价、四价和九价。虽然九价宫颈癌疫苗的覆盖面更广，但是对于普通女性而言，二价或四价的可能就足够了。

芽：受限于产能，九价宫颈癌疫苗一针难求。特别是 2022 年 9 月后，九价宫颈癌疫苗的适用年龄范围从 16—26 岁拓宽至 9—45 岁，这使得更多女性寻求接种九价宫颈癌疫苗。

6.2.2 保守主义

与忽视基础比例谬误相对应的是保守主义（Phillips & Edwards，1966）。爱德华与其合作者发现，个体在修正概率时与规范性模型产生系统偏差；与用贝叶斯定理计算得出的结果相比，个体对客观概率的实际修正较为保守，即个体对某一事件的概率判断形成后再呈现新信息时，改变初始判断的速度较慢（Edwards et al.，1963）。

我们还是用投资情景中的个体行为作为例子进行说明。新闻报道会影响投资者对资产的估值。当面对外部信息时，投资者需要分配有限时间和注意力，选择处理部分信息，而非对所有信息做出响应。有学者以通过彭博新闻社、证券价格研究中心、美国上市公司财务报表数据库等提取的信息来衡量记录宏观经济状况与股市波动，以谷歌趋势和彭博社的数据来衡量投资者对新闻的关注度。我们发现，由于散户投资者的注意力更加有限，市场范围的冲击对投资风险的影响大于企业范围的冲击，因此在面对宏观新闻与企业新闻同时出现的情况时，他们会分配有限的注意力给宏观新闻，其次给企业新闻，这使得宏观新闻占据了投资者的注意力，导致部分企业新闻被挤出投资者的注意范围。此时，散户投资者对特定公司新闻的关注下降了49%。相比之下，机构投资者具备更强的信息处理能力，对信息的反应更加灵敏，会增加对企业新闻的关注，以减少对更新信息处理的遗漏（Liu et al.，2023）。

不轻易改变先前概率估计的行为惰性被称为保守主义。保守主义是锚定效应（anchoring effect）的表现之一，反映了个体对新信息的抗拒，哪怕这些新信息更有价值。保守主义偏差有两种形式，即固执偏差（perseverance bias）和确认偏差（confirmation bias）。本节讨论固执偏差。

> **定义6-5（固执偏差）**：在不确定性情景中，个体会低估新证据的价值，即当他面对新证据时，往往会预设一个事件作为估计的初始值或基准值，然后根据反馈信息对这个初始值（并结合其他信息）进行修正。虽然他的确会修正其先验信念，但修正幅度不足。

在体育比赛打分情景中，学者收集了 2004 年雅典奥运会体操比赛中裁判在所有项目上的打分数据，发现运动员与比他早一个位次出场运动员的得分的相关性系数为 0.3，比他早两个位次出场运动员的得分的相关性系数为 0.26，比他早三个位次出场运动员的得分的相关性系数为 0.18。这说明裁判倾向于将运动员与邻近的运动员比较，若前一名运动员的表现较好（差），那么裁判倾向于给后一名运动员打出较低（高）的分数（Damisch et al.，2006）。

在刑事司法判决情景中，执法人员也受到了固执偏差的影响。面对惯犯，执法人员容易戴着"有色眼镜"来看待他，当该惯犯涉及的案件从侦查机关到检察机关，再到法院审理，一旦进入了这条"流水线"，嫌疑人想要出罪是很难的。这是因为法院和检察院虽然有客观、公正的定位要求，但法律也规定，执法人员在案件审理过程中必须全面收集证据，包括支持犯罪嫌疑人有罪和无罪的所有证据，以确保审判的公正性。然而，受固执偏差的影响，执法人员倾向于对其施以有罪的预设，即便在这个过程中确实出现了能证明犯罪嫌疑人无罪的新证据，他们也会抗拒接受，并倾向于向支持自己观点的方向解释，证明自己的有罪预断。因此，若刑辩律师能做成一件无罪辩护的案子，就能为自己的职业生涯记上辉煌的一笔。

芽：体操比赛是艺术和技术综合的赛事，裁判可能会受到惯性行为的影响，表现出保守主义倾向。在其他艺术含量较低的赛事中，裁判打分行为未必会表现出保守主义倾向。

兰：的确如此。随着包括奥运会在内的国际赛事中打分规则的不断完善，裁判越来越不可能表现出保守主义倾向。

芽：我们何不拿一些颇受大众关注的赛事和运动员的比赛数据做一些分析？

兰：如果能收集一下 10 米跳台小将全红婵参加的国际赛事的预赛成绩数据，我们可能会发现，当裁判存在保守主义倾向时，全红婵的得分很可能会受到前面几位运动员得分的影响。

芽：我也很喜欢这位勤奋和天赋俱佳的少女在赛场中的风范。如果裁判的打分行为并没有表现出如上文所说的保守主义倾向。可能的原因是，运动员跳水水花小不小是影响得分较小的因素，裁判还会回看运动员的空中动作，进行技术打分。

兰：裁判打分更多是从技术而非艺术角度进行的。

6.2.3 忽视基础比例谬误和保守主义的对立与统一

定义 6-4 和定义 6-5 分别刻画了人的忽视基础比例谬误和代表保守主义的固执偏差，但是人何时会表现出其中一种行为偏差呢？这两种行为偏差可以通过区别证据的强度和权重来说明，从而统一了两个看似矛盾的行为偏差。格里芬和特沃斯基（Griffin & Tversky，1992）通过掷硬币的实验来阐释证据权重和证据强度的概念。其中，证据权重是指掷硬币的次数，而证据强度是指显示为正面与负面差值的次数。与证据权重相比，若玩家过于重视证据强度（正面与负面差值的次数），会导致忽视基础比例谬误，即表现为过度自信。反之，若玩家过于重视证据权重（掷硬币的次数），会导致保守主义（固执偏差），即表现为缺乏自信。比如，在掷硬币游戏中，5 次翻转中有 4 次正面，这意味着低证据权重但高证据强度；60 次翻转中有 32 次正面，这意味着高证据权重但低证据强度。

接下来，我们定量地刻画忽视基础比例谬误与保守主义之间的对立和统一。假设一枚硬币存在偏差，但不知硬币偏正还是偏背。假设 g_H 表示硬币偏正时掷 1 次硬币出现正面的概率；g_T 表示硬币偏背时掷 1 次硬币出现正面的概率。用 H_b 和 T_b 分别表示事件"硬币偏正"和"硬币偏背"，其先验概率分别为 $P(H_b) = P(T_b) = 0.5$。

若掷硬币 1 次，获得 h_1 个正面和 t_1 个背面，那么 $P(h_1 | H_b) = g_H$，$P(h_1 | T_b) = g_T$。

若掷硬币 n 次，获得 h_n 个正面和 t_n 个背面，其中，$h_n \geq 0$，$t_n \geq 0$，$t_n + h_n = n$，因此硬币偏正的后验概率为

$$P(H_b | h_n) = \frac{P(h_n | H_b)}{P(h_n | H_b)P(H_b) + P(h_n | T_b)P(T_b)} P(H_b) \qquad （6-13）$$

其中，$P(h_n \mid H_b) = C_n^{h_n}(g_H)^{h_n}(1-g_H)^{t_n}$，$P(h_n \mid T_b) = C_n^{h_n}(g_T)^{h_n}(1-g_T)^{t_n}$。同理，硬币偏背的后验概率为

$$P(T_b \mid h_n) = \frac{P(h_n \mid T_b)}{P(h_n \mid H_b)P(H_b) + P(h_n \mid T_b)P(T_b)} P(T_b) \qquad (6\text{-}14)$$

将式（6-13）和式（6-14）相除，可得

$$\frac{P(H_b \mid h_n)}{P(T_b \mid h_n)} = \frac{P(h_n \mid H_b)}{P(h_n \mid T_b)} = \frac{(g_H)^{h_n}(1-g_H)^{t_n}}{(g_T)^{h_n}(1-g_T)^{t_n}} = \left(\frac{g_H}{1-g_H}\right)^{h_n - t_n} \qquad (6\text{-}15)$$

不失一般性，假设 $\dfrac{P(H_b \mid h_n)}{P(T_b \mid h_n)} > 1$，对式（6-15）等号两边取两次对数，可得

$$\log \frac{P(H_b \mid h_n)}{P(T_b \mid h_n)} = \log n + \log \frac{h_n - t_n}{n} + \log \frac{g_H}{1-g_H} \qquad (6\text{-}16)$$

其中，第 1 项 $\log n$ 表示证据权重；第 2 项 $\log \dfrac{h_n - t_n}{n}$ 表示样本中正、背面比例之间的差异，即 H_b 相对于 T_b 的相对证据强度；第 3 项 $\log \dfrac{g_H}{1-g_H}$ 是证据的可辨性。

　　不失一般性，仅考虑 $h_n > t_n$。为便于拟合被试行为数据，将式（6-16）改写为回归方程的形式，即

$$\log \frac{P(H_b \mid h_n)}{P(T_b \mid h_n)} = \beta_0 + \beta_1 \log n + \beta_2 \log \frac{h_n - t_n}{n}$$
$$+ \beta_3 \log \frac{g_H}{1-g_H} + \varepsilon \qquad (6\text{-}17)$$

其中，β_0、β_1、β_2、β_3 是回归系数，ε 是随机误差。若 $\beta_1 < \beta_2$，说明被试较为看重证据强度，会表现出忽视基础比例谬误；反之，若 $\beta_1 > \beta_2$，说明被试较为看重证据权重，会表现出保守主义。

　　实验中，被试对证据权重（样本大小）不敏感，而对证据强度（样本强度）很敏感。原因可能如下：首先，样本大小信息在逻辑上从属于性能信息，知道已从总体中获得大小为 n 的样本毫无用处，除非对该样本的性能有更详细的说明。其次，即使样本大小未知，知道证据强度也是有用的。因此，对样本性能的解释可能优先于对样本大小的解释。

　　如何助推个体的忽视基础比例谬误或保守主义倾向呢？若要让个体

表现出忽视基础比例谬误的倾向，就要让个体感觉错失带来的后果比误判带来的后果更严重，此时个体对信号的质量过于乐观，认为分类结果超过一个较低的阈值就是正类，这样真阳率和假阳率比较高，大概在图 5-2 的 ROC 曲线的后半段。反之，若要让个体表现出保守主义倾向，就要让个体感觉误判带来的后果比错失带来的后果更严重，此时个体对信号质量过于悲观，认为分类结果超过一个较高的阈值就是正类，这样真阴率和假阴率比较高，大概在图 5-2 的 ROC 曲线的前半段。

6.3 对考虑到达顺序的多个信号的主观解读行为

本节考察个体对顺序到达的多个信号的主观解读行为。6.3.1 节考察期待行为产生的影响，6.3.2 节考察确认偏差产生的影响。

6.3.1 期待行为产生的影响

当个体获得的一系列信号是依次到达时，他们可能会表现出两种随机感知的错误信念，即热手谬误和赌徒谬误，它们均是指人们自认为可"看"到并不存在关联的一连串独立事件中的"关联"。接下来，我们分别讨论热手谬误、赌徒谬误，以及将看似对立的热手谬误和赌徒谬误统一起来。

在讨论热手谬误前，我们先对热手效应进行介绍。热手效应是指人们在成功多次后会变得更易成功。比如，球员进了两个球后，他下一次投篮的命中率 $P(H|HH)$ 也会提高，即

$$P(H|HH) = \frac{P(HH|H)}{P(HH)} \times P(H) > P(H)$$

虽然"乐极生悲""否极泰来"这类箴言可能对，但是也能看到证伪证据。在运动情景中，热手效应可解释为短时间内的肌肉记忆，也就是运动员对一定时间内自己的动作、行为具有一定的记忆和重现能力。若这次命中了，那么运动员可以在一定程度上记住这一肌肉状态，然后在下一轮尽

可能地复现，以提高命中率；反之，若这次投篮失误了，那么运动员就会调整投篮姿势。在某种程度上，热手效应可被看作赢定输移战略。在商业情景中，那些成功概率很高的人或企业会表现出连续成功的规律。

> **定义 6-6（热手谬误）**：人们主观感知到的热手效应 $\hat{P}(H\,|\,HH)$ 比真实的热手效应 $P(H\,|\,HH)$ 更加强烈，即人们认为随机事件中存在正自相关（positive autocorrelation）。

依然使用球员的例子，热手效应虽然使该球员的命中率增加，但队友会认为他的下一球的命中率 $\hat{P}(H\,|\,HH)$ 更高。换言之，队友认为，肌肉可越练越多，技巧可越磨越精，于是会有热手效应或热手谬误，即 $\hat{P}(H\,|\,HH) > P(H\,|\,HH)$。

热手谬误是不是认知幻觉呢？在体育赛事中，吉洛维奇与其合作者让 26 名大学队球员每人投篮 100 次，每次都预测他们下一次投篮是否能命中。结果显示，上一次投篮结果与预测下一次结果之间的相关性为 0.4，而上次结果与下次实际结果之间的相关性仅为 0.05（Gilovich et al., 1985）。在股票市场中，具有热手谬误的人根据已有数据预测，并自认为捕捉到了行业趋势，不愿意及时收手。

两人交谈的内容涉及体育，让人不由自主地想到了足球赛事。

芽：2022 年初，中国女足在亚洲杯对阵韩国女足，先落后，再逆转、绝杀，最后在输两局的劣势情况下，仍以 3∶2 夺冠。与此同时，中国男足在世界杯亚洲赛区选拔赛对阵越南队，以 1∶3 失败。

兰：中国男足没有胜出，令国人心急。2021 年国家社会科学基金招标有一项重大项目"中国足球事业发展战略与对策研究"，这表明了社会各层面对中国足球事业发展的重视程度，愿意出重金请专家出谋划策。

芽：为何从下至普通民众上至政策制定者，都那么关心中国男足？

兰：职业男子足球拥有巨量的高黏度消费者，市场对其估值很高，中超联赛也是搞得风生水起。

芽：提高男子足球比赛的成绩，在商业上"有利可图"。

兰：如果要你去完成这个任务，你会怎么做？

芽：我会从行为决策的视角分析，帮助教练和队员很好地理解概率在连续事件中所起到的作用。传球是否命中，虽然存在换人、场地等诸多变数，但若他们能认识到概率因素的重要性，不强烈信仰热手，可以帮助他们抵制热手谬误，传给那些能力相当又没被严密防守的球员，或许可以提高进球的概率。

兰：队员动作受短期记忆的影响，适当地利用热手效应，或许有利于提高战绩，但是过度地利用热手效应，可能会导致热手谬误。

芽：不过，如果我们这么一提，中国男足一定会认为我们是"事后诸葛亮"。其实这时我们的大脑只是进行着各种瞎编乱造，以使得纷繁的世界被有秩序地解读。

兰：在战况瞬息万变的运动场上，教练员和队员很难避免认知偏差的发生。

芽：我记得一个类似情景。在2021年东京奥运会的赛场上，中国女排对阵美国女排，中国明星主攻手因为之前的多项比赛都表现很好，于是教练在奥运赛场上起用了她（可能受热手谬误引发的决策）。但是，她在赛前手腕受伤了，无法有效地发起进攻。到了最后一场，教练换下明星主攻手，换上了一位初出茅庐的主攻手，中国队反而在这次比赛中赢了美国队。

兰：无论是中国男足还是中国女排，实战中所面临的决策问题都涉及关于不确定的主观认知方面。

芽：刚说的是体育赛事中的热手谬误，股票市场中的热手谬误也广泛存在。

兰：人们自以为捕捉到了选股致富的秘籍，其实这或许是偶然事件，只不过是法外狂徒利用人的热手谬误心态谋利。

芽：怎么说？

兰：这些法外狂徒会随机地给大规模人群推送选股建议，并让所有人都等概率地收到选或不选的通知。几轮下来后，总会有小部分人每次都收到"正确"的选股建议，而心甘情愿地听从那些法外狂徒的后续投资建议。其实，"正确"只是巧合而已。

芽：法外狂徒很可恶，他们利用了股民的走捷径致富的心理。即便股民对各种天上掉的"馅饼"有心理防备，但还是招架不住巨大利益的诱惑。

兰：人们有热手谬误偏好的需求。很多情况下，这么做也无伤大雅。比如，彩票中奖商店的销售额增加，可被解释为热手谬误。因为那些还没中奖的彩民希望自己也能沾沾喜气。

芽：有时候，这种沾沾喜气的需求还很奇特。2022 年北京冬奥会，当任子威夺得男子 1000 米短道速滑冠军时，做网络信息安全的任子行股票会飙升；当谷爱凌以 1620 度超高难度动作夺得自由式滑雪女子大跳台冠军时，做物联网的远望谷股票出现上涨。

兰：虽然"吃瓜群众"觉得奇葩，熟悉股票市场的股民却是见怪不怪。除了运动员概念股，还有明星负面事件概念股。当一些明星出轨时，做混凝土、化学用品的红墙股份就上涨；奥巴马当选总统和连任时，做冰柜的澳柯玛股票就上涨。

芽：会不会有些上市公司为了一时股价上涨而蹭热度呢？

兰：这种清奇的思路也不是没有企业用过。"信阳毛尖"一度更名为"中国国龙茅台集团""中国天化工"，虽然在短时间内带动股价小幅上涨，但也终究没遏制住它股价下跌的趋势。

接下来，我们考察赌徒谬误。人们为什么总是期待有过多的交替变化呢？这是因为人们出现了认知信念错觉，认为哪怕是很短的序列也必须要能代表总体（Tversky & Kahneman，1974）。这个效应也受到了人们相对狭窄注意力的影响。

定义 6-7（赌徒谬误）：个体认为一系列事件的结果都在某种程度上隐含了负自相关性。

在丹尼尔·伯努利的抛硬币游戏情景中，赌徒可能认为游戏是公平的，因为按照大数定律的逻辑推理，"公平"是必然规律。然而，大数定律指出，只有当随机试验重复的次数足够多时，实验结果的相对频率才会趋近于理论上的概率。可是，多少次才算足够多，才能将其用在个人对赌上呢？（主观）期望效用理论给出的答案是"无穷大"。该数字令人望而生畏。赌徒的小金库远小于庄家的，因此，在赌博中，对于只有少量资金的赌徒而言，期望值没有意义；每一次赌博，赌徒要么赢，要么输；只要长期赌下去，必会输光，因为庄家更能等得起。

赌徒谬误也适用于解读金融投资领域的行为偏差。比如，投资者倾向于出售盈利股票，并持有亏损股票。这是因为投资者认为过去上涨的股票，有危机感，认为现在应下跌，反之亦然（Feng & Seasholes，2005；Frydman & Rangel，2014）。这意味着当投资者处于盈利状态时表现出风险规避，而当投资者处于亏损状态时表现出风险寻求。

再回到投掷篮球情景中，虽然热手球员的队友可能会表现出热手谬误行为，但是观看赛事的观众可能会表现出赌徒谬误行为，认为之前投篮命中的球员不可能一直有好运气加持。

完全理性者需要规避赌徒谬误，不过分将成功寄托于运气上。反之，一个人的成功可能要归功于偶然因素，即运气使然。实践中，人们无法正确地认知运气在自己的生活中扮演的角色。一个人成功了，不仅是他自己，甚至还包括旁人，都会把这个人的成功归功于他的努力，所以可以在市面上看到很多关于成功学的"鸡汤"。这是因为人的一生中的很多重要决策情景仅发生的次数是有限的，此时偶然因素，无论是好运气还是坏运气，就发挥了作用，个人努力并不是一个人之所以成功的唯一解释。

身处高位者拿着高薪，却可能做着平常事。他们自认是万里挑一的人才，实际上只是时势造就了他们，他们可能没意识到运气的加持，无法客观地看待自己的不足，言语难免浮夸，行事自然嚣张。卡尼曼（Kahneman，2011）分析了一群为富人提供服务的金融顾问8年内的投资数据，按照每年的绩效对顾问进行年度排名，然后计算了8年内任意2年排名的相关系数，发现相关系数均值趋于 0。由此可见，决定这些金融顾问表现良好的似乎是运气而非自我投资技能的加持。

为了论证上述假设，克尔特纳等（Keltner et al., 2003）让 3 名男生一组，3 名女生一组。随后，他们把这些人带入一个房间，随机地指认一个小组成员作为组长（这是运气）。然后，让被试解决复杂的伦理问题，比如，如何处理作弊、控制校园酗酒等。30 分钟后，主试带着四块饼干进入房间，并打断小组的讨论。每个小组有 3 名被试，显然，每名被试都拿了一块饼干，但这就剩下了第四块饼干留在那里。这事本是尴尬的，但无一例外，被随机指定为小组长的被试会心安理得地拿走第四块饼干。

据此可宣称，成功可能不属于最具才华者，而是属于幸运儿。2019 年搞笑诺贝尔奖获得者通过模拟一群人在 40 年工作中的兴衰成败，发现那些最有才华的人却很少是最成功的，运气对成功的作用比人们预想的要大（Pluchino et al., 2018）。

"已识乾坤大，犹怜草木青。"对于成功者而言，不能通过自己拥有的优越环境、能力和资源来贬低那些没有自己那么幸运的人，而是应该将其用于帮助那些不是那么幸运的人。

无论是热手谬误还是赌徒谬误，均刻画了个体对似然比的主观估计误差，背后的内在机理均是个体关于未来趋势的认知违背了大数定理。卡尼曼形象化地将这类行为偏差表述为《体育画报》的诅咒"，即凡是登上《体育画报》杂志封面的运动员，在接下来的赛季中表现都欠佳。通常人们会认为是过度自信或过高压力造成了这些封面人物的表现欠佳，但他们曾经的卓越表现可能是超水平发挥的结果，而这依赖于运气。那么，接下来欠佳的表现就只是在回归平均值而已，因为运气难以持续且捉摸不定（丹尼尔·卡尼曼，2012）。

影响选手在某次比赛中的发挥的因素有很多，比赛结果会呈现出难以预测的波动性，但最终会回归到平均水平。教练和管理者强调奖励收益（认为表扬比批评更有效），然而考虑到均值回归，不应过度奖励出色的表现，而应批评差的表现，因为所有表现都会回归平均值。因此，在体育竞技中，运动员回归他们真实水平的平均值，再正常不过了。并且，越是运气可以左右结果的比赛，运气与回归之间的彼此拉扯就越易发生。它给我们的启示是：很多表扬和批评都没用。也就是说，人们表扬一个人时，往往是这个人运气好的时候。随后，他表现变差，只是因为他的运气不再那么好了，与来自他人的表扬完全没关系。

接下来，我们借助掷硬币的赌博游戏，在一个统一框架下，阐明个体有可能表现出上述两种行为偏差。在共计三轮的赌博博弈中，小文在第一轮和第二轮均选择"偏正"选项，掷硬币的结果为正，均为赢钱；到了第三轮，若小文持热手谬误，会继续选择"偏正"选项。小雨在第一轮和第二轮均选择了"偏正"选项，掷硬币的结果为背，均为输钱；到了第三轮，若小文持赌徒谬误，他会选择"偏正"选项，如图 6-3 所示。

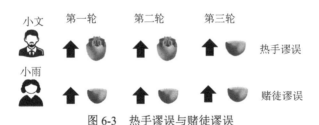

图 6-3　热手谬误与赌徒谬误

随之而来的问题是，个体何时表现出其中一种行为偏差呢？赌徒谬误和热手谬误的应用领域可能不同。热手谬误更有可能出现在涉及生命活动的情景中，如打篮球。这是因为对于个体来说，运动中的连胜可能蕴含着不可观察的变量，如信心水平、疲劳度等。然而，在不涉及生命的情景中，如掷硬币、赌博等，不可观察的变量无法发挥作用，因而个体会在小样本中过于频繁地切换，以保持总体比例特征（Ayton & Fischer，2004）。

未经审视的人生不值得过。应对热手谬误或赌徒谬误的良方之一，是如完全理性者那样调用贝叶斯更新法则或信号检测理论法则行事。然而，知易行难。

6.3.2　确认偏差产生的影响

个体可能有这种认知信念：凡是自己愿意相信的事情，就特别容易相信，并主动寻求相关支持证据，甚至忽略对自己信念不利的信号。相比不是自己偏好的信息，人们会更积极地看待自己偏好的信息。疑邻盗斧的故事说明了人们会选择性地利用新信息。老王丢了一把斧子，他怀疑是邻居家孩子小豆偷的，于是观察小豆走路的样子，像盗斧之人；看小豆的神色，也像盗斧之人。后来，老王在山谷里挖水沟时找到了那把斧子，再留心察看小豆，就觉得小豆的一言一行都不像偷斧子的人。映射到判案情景中，若法官受确认偏差的影响，会将犯罪嫌疑人定为罪犯，并寻找可证实的一切证据，而忽略了其他有效证据。此时，法官不但浪费了时间和精力，走了弯路，更严重的是可能会导致错案、冤案的产生。

生活中有很多常见的确认偏差例子，最典型的就是"迷信"行为。许多人相信星座可以揭示他们的性格特点，预测未来或揭示隐藏的真相。尽管这些描述常是模糊的且适用于大多数人，但人们往往会将其解读为个性化的准确描述，觉得是与自己相关的特定信息。例如，一些自助书籍和个人发展课程，通常给出一些模糊的建议和指导，以改善个人的生活和事业。人们可能会将这些建议视为个性化的解决方案，即使实际上它们是适用于多数人的普遍性原则。

用贝叶斯更新语言表达就是，处于贝叶斯更新情景中的个体可能不仅不修正先验信念，还会选择性地利用新信息，并将选择后的信息错误地理解为对自己原有观念的证明，进而强化自己对先验信念的认知，这就是确认偏差（Rabin & Schrag，1999）。

> **定义 6-8（确认偏差）**：个体倾向于寻找支持或强化自己认知理念的信号，回避与自己观点相左的信息。进一步而言，面对中立信息时，他们又会做出倾向于支持自己观点的解读。

确认偏差可被用来解释产品研发决策中的承诺升级行为（Biyalogorsky et al.，2006），同时也可以被认为是企业因未遵守商业承诺而迅速降低技术水平，从而导致失败的原因（Lowe & Ziedonis，2006）。

表现出确认偏差行为的人可能是受到其思维习惯是证实而非证伪的影响。证实思维的危险在于采用自发式认知系统（系统 1）的人不能想到事物的反面。也就是说，个体偏好验证假设的信息，而不是那些否定假设的信息，寻找信息以证真，而非证伪自己的假设。当个体在主观上支持某种观点的时候，其往往倾向于寻找那些支持原来观点的信息，而那些可能会推翻个体原来观点的信息往往被忽视。一些信息推送应用程序会迎合用户的确认偏差偏好。当用户比较关注某一类问题或者持有某一类观点时，信息推送应用程序会根据用户的兴趣进行相关推荐，导致个人的思维愈发锚定于最初的认知，会跟着媒体平台推荐的内容、观点走。

接下来，我们借助彼得·沃森（Wason，1968）的四卡片选择任务说明人的证实思维倾向。给被试 4 张卡片，分别是 A、K、4、7，每张卡片的一面是字母，另一面是数字（图 6-4）。同时，告诉被试一条规则：若一张卡片的一面是元音字母，那么它的另一面是偶数。即在 4 张卡片中，若元音（P），那么偶数（Q），写成逻辑语言则是"$P \rightarrow Q$"。问：被试必须翻开检查哪些卡片，才能证实该规则呢？想要证伪该规则，最多需要翻开哪些卡片？

图 6-4　四卡片选择任务

注：在 Wason（1968）的研究中，卡片为 E、K、4、7。为了达到在实践中用扑克牌完此游戏的目的，笔者将 E 改为 A

想要证伪该规则，可以看"若 P，出现非 Q"的情况，也就是"$P \to \overline{Q}$"。此外，还可以看"$P \to \overline{Q}$"的逆否情况，即"若 Q，出现非 P"，也就是"$Q \to \overline{P}$"。

同理，想要证实该规则，除了可以看"若 P，出现 Q"的情况，也就是"$P \to Q$"。此外，还可以看"$P \to Q$"的逆否情况，即"若非 Q，出现非 P"，也就是"$\overline{Q} \to \overline{P}$"。

只有上述四种情况可以证实或证伪该规则，其余所有情况均属于无效情况。

依从上述分析逻辑，我们逐一分析上述 4 张卡片。

第一张卡片 A。A 是元音，也就是"P"。若翻开，后面是奇数，会得到"$P \to \overline{Q}$"，那么就证伪了元音后面是偶数的规则，所以必须翻开卡片 A。若翻开是偶数，则证实了规则，但需要继续看其他卡片是否能证实规则。统计显示，多数被试在这个问题上选对了。

第二张卡片 K。K 是辅音，也就是"$\overline{P}$"。无论后面是不是偶数，都和元音背面是偶数这一规则无关，所以不用翻开卡片 K。统计显示，多数被试在这个问题上也选对了。

第三张卡片 4。4 是偶数，也就是"Q"。若翻开后面是元音，得到"$Q \to P$"。若翻开后面是辅音，得到"$Q \to \overline{P}$"，那么就证伪了规则。因此，如果想要证伪规则，可以翻开该卡片，但想要证实规则，不需要翻开卡片 4。

第四张卡片 7。7 是奇数，也就是"$\overline{Q}$"。若翻开后面是元音，得到"$\overline{Q} \to P$"。若翻开后面是辅音，也就是"$\overline{Q} \to \overline{P}$"，就证实了该规则。所以，想要证实规则，必须翻开卡片 7，但想要证伪规则，不需要翻开卡片 7。

经过解释，道理变得非常容易，四卡片选择任务中的最佳答案是：想要证实规则，需要翻动卡片 A 和卡片 7；想要证伪规则，最多需要翻开卡片 A 和卡片 4。然而，极少有被试能完全选对。对于证实规则的实验，选卡片 A 的被试有 50%，选卡片 K 的被试有 5%，选卡片 A 和卡片 4 的被试有 20%，选卡片 A 和卡片 7 的被试有 15%，选卡片 7 的被试有 5%，选择其他卡片组合的被试有 5%。

　　为何多数被试回答错了呢?这可能是因为被试只关注这条规律的字面元素,即元音 A 和偶数 4,所以他们决定翻开卡片 4(想要在背面看到一个元音从而验证假设)和卡片 A(想要确认背面是偶数)。他们没有考虑到应该看一下这条规律的逆否规律,否则一定会意识到该规则与卡片 7 的关联性:在它的背面可能还有一个能验证假设的辅音存在。

　　四卡片选择任务形象化地刻画了个体的确认偏差。我们借用投资决策情景,刻画具有确认偏差的投资者的信念更新过程。假设在收到任何信号之前,投资者认为股价是涨还是跌的概率均为 0.5。接下来,投资者收到第一个信号为股价利好,他更新关于股价走势的信念,涨的概率为 0.8,跌的概率为 0.2。若投资者具有确认偏差,那么当他收到第二个信号为股价利差时,他更新关于股价走势的信念,涨的概率为 0.7,跌的概率为 0.3。若投资者是完全理性的,那么当他收到第二个信号为股价利差时,他更新关于股价走势的信念应该为:涨的概率为 0.9,跌的概率为 0.1。我们将上述信念更新过程用图 6-5 来表达。

图 6-5　确认偏差的信念更新过程

　　接下来,我们基于鲁宾和施拉格(Rabin & Schrag,1999)的研究工作,定量地刻画个体的确认偏差。

　　假设事件 X 存在两种互斥且完备的随机事件(状态)$X \in \{A,B\}$,先验概率 $P(A) = P(B) = 0.5$。在时刻 t($t \in \{1,2,3,\cdots\}$),个体接收到关于事件状态 A 或 B 的客观信号 $s_t \in \{h,l\}$。设 $P(h|A)$ 是事件 A 为真时接收到信号 h 的条件概率;同理,$P(l|B)$ 是事件 B 为真时接收到信号 l 的条件概率。假设信号独立同分布,$P(h|A) = P(l|B) = \theta$,其中,$0.5 < \theta < 1$,$\theta > 0.5$ 反映

了信号是有价值的。

同时，确认偏差者会误读信号。个体感知的主观信号为 $\sigma_t \in \{\alpha, \beta\}$，其中，当感知信号为 α 时，个体认为接收信号是 h；反之，当感知信号为 β 时，个体认为接收信号是 l（图 6-6）。

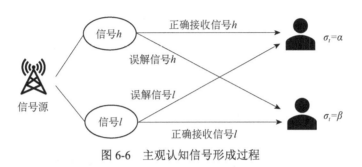

图 6-6　主观认知信号形成过程

个体将第一个信号带来的更新结果当作初始信念。若后续信号支持该初始信念，那么该信号会被正确感知；若后续信号与初始信念相冲突，该信号则以概率 $q > 0$ 被错误地感知。

记 $\sigma^t = \{\sigma_1, \cdots, \sigma_{t-1}\}$ 为时刻 t 个体的历史感知信号，$p(A|\sigma^t)$ 和 $p(B|\sigma^t)$ 分别表示个体在时刻 t 关于 A 和 B 的信念。

当信念错误时，令 θ^F 为个体感知到支持其信念的主观信号 σ_t 的概率，则有

$$\theta^F = \begin{cases} P(\sigma_t = \alpha \mid P(A|\sigma^t) > 0.5, B) \\ P(\sigma_t = \beta \mid P(B|\sigma^t) > 0.5, A) \end{cases} \qquad (6\text{-}18)$$

其中，$\{P(A|\sigma^t) > 0.5, B\}$ 表示在时刻 t，事件实现状态为 B，但个体根据历史信息主观感知事件实现状态更有可能为 A；给定上述条件，个体的感知信号为 α 的概率为 $P(\sigma_t = \alpha \mid P(A|\sigma^t) > 0.5, B)$。关于 $P(\sigma_t = \beta \mid P(B|\sigma^t) > 0.5, A)$ 的解释类似。

接下来，构造 θ^F 的表达式。当事件实现为 $B(A)$ 时，假设接收到信号 $b(a)$ 的概率为 θ，接收到信号 $a(b)$ 的概率为 $1-\theta$。由于个体存在确认偏差，信号与初始信念相冲突时，信号以概率 $q \geq 0$ 被错误地感知。此时，确认偏差者认为事件实现状态更有可能为 $A(B)$ 时，信号 $a(b)$ 会被正确感知

为 α（β），而信号 b（a）会以概率 q 被感知为 α（β），以概率 $1-q$ 被感知为 β（α）。所以，将式（6-18）根据上述讨论重新改写，可得个体感知到支持其初始信念的信号 σ_t 的概率为

$$\theta^F = 1 - \theta + \theta q \tag{6-19}$$

其中，当 $q = 0$ 时，$\theta^F = 1 - \theta$ 表示个体能正确地感知信号，q 越大，θ^F 越偏离正确值。

当信念正确时，令 θ^T 为个体感知到支持其初始信念的信号 σ_t 的概率，那么

$$\theta^T = \begin{cases} P(\sigma_t = \alpha \mid P(A \mid \sigma^t) > 0.5, A) \\ P(\sigma_t = \beta \mid P(B \mid \sigma^t) > 0.5, B) \end{cases}$$

类似地，构造个体感知到支持其初始信念的信号的概率为

$$\theta^T = \theta + (1 - \theta)q \tag{6-20}$$

其中，当 $q = 0$ 时，$\theta^T = \theta$ 表示个体能正确地感知信号，q 越大，θ^T 越偏离正确值。

接下来，我们分析不存在确认偏差的完全理性者。完全理性者观察到信号后，使用贝叶斯更新法则更新关于 $x = A$ 和 $x = B$ 的可能性信念。因为个体不存在确认偏差，所以在任意时刻，总有 $P(\alpha \mid A) = P(a \mid A) = \theta$，$P(\beta \mid B) = P(b \mid B) = \theta$。假设个体观察到 n 个信号，其中 n_α 个是 α，n_β 个是 β。事件真实状态为 A 时，根据贝叶斯更新法则，完全理性者的后验信念为

$$P(A \mid n_\alpha, n_\beta) = \frac{P(n_\alpha, n_\beta \mid A)}{P(n_\alpha, n_\beta \mid A)P(A) + P(n_\alpha, n_\beta \mid B)P(B)} P(A)$$

根据 $P(A) = P(B) = 0.5$，$P(n_\alpha, n_\beta \mid A) = \theta^{n_\alpha}(1 - \theta)^{n_\beta}$，以及 $P(n_\alpha, n_\beta \mid B) = \theta^{n_\beta}(1 - \theta)^{n_\alpha}$，有

$$P(A \mid n_\alpha, n_\beta) = \frac{\theta^{n_\alpha}(1 - \theta)^{n_\beta}}{\theta^{n_\alpha}(1 - \theta)^{n_\beta} + \theta^{n_\beta}(1 - \theta)^{n_\alpha}}$$

同理，可得

$$p(B \mid n_\alpha, n_\beta) = \frac{P(n_\alpha, n_\beta \mid B)}{P(n_\alpha, n_\beta \mid A)P(A) + P(n_\alpha, n_\beta \mid B)P(B)} P(B)$$

据此，可推得完全理性者的似然比为

$$L^C(n_\alpha, n_\beta) = \frac{P(A \mid n_\alpha, n_\beta)}{P(B \mid n_\alpha, n_\beta)} = \left(\frac{\theta}{1-\theta}\right)^{n_\alpha - n_\beta}$$

因此，当完全理性者感知到的信号为 $\alpha, \alpha, \alpha, \beta, \beta$ 时，则有 $L^C(3,2) = \dfrac{\theta}{1-\theta}$。

类似地，确认偏差者关于概率认知的似然比为

$$L^B = \frac{P(A \mid \alpha, \alpha, \alpha, \beta, \beta)}{P(B \mid \alpha, \alpha, \alpha, \beta, \beta)} = \frac{P(\alpha, \alpha, \alpha, \beta, \beta \mid A)}{P(\alpha, \alpha, \alpha, \beta, \beta \mid B)}$$

当 $L^B > 1$ 时，确认偏差者认为事件结果为 A 的可能性更大。

当确认偏差者接收到第一个信号时，若事件状态为 A，主观感知信号为 α 的概率等于客观接收到信号 α 的概率 θ，即 $P(\alpha \mid A) = P(\alpha \mid A) = \theta$。此时，他形成了倾向于证实 α 的确认偏差。当他接收后续信号时，根据 θ^F 和 θ^T 形成主观感知信号的概率。比如

$$P(\alpha, \alpha \mid A) = P(\sigma_1 = \alpha \mid A) \times P(\sigma_2 = \alpha \mid P(A \mid \sigma^1) > 0.5, A) = \theta \times \theta^T$$
$$P(\alpha, \alpha, \alpha \mid A) = P(\sigma_1 = \alpha \mid A) \times P(\sigma_2 = \alpha \mid P(A \mid \sigma^1) > 0.5, A)$$
$$\times (\sigma_3 = \alpha \mid P(A \mid \sigma^2) > 0.5, A) = \theta(\theta^T)^2$$

以此类推，有

$$P(\alpha, \alpha, \alpha, \beta, \beta \mid A) = \theta(\theta^T)^2(1-\theta^T)^2 \qquad （6-21）$$
$$P(\alpha, \alpha, \alpha, \beta, \beta \mid B) = (1-\theta)(\theta^F)^2(1-\theta^F)^2 \qquad （6-22）$$

将式（6-19）和式（6-20）分别代入式（6-21）和式（6-22），可得

$$L^B = \frac{\theta(\theta + (1-\theta)q)^2(1-\theta)^2(1-q)^2}{(1-\theta)((1-\theta) + \theta q)^2 \theta^2 (1-q)^2} = \left(\frac{\theta + (1-\theta)q}{1-\theta + \theta q}\right)^2 \frac{1-\theta}{\theta} < \frac{\theta}{1-\theta} = L^C$$

可见，$L^B < L^C$。

给定接收信号的顺序为 $\alpha, \alpha, \alpha, \beta, \beta$，相对于完全理性者，确认偏差者认为收到的一系列信号为事件 B 的发生提供了更多证据。

类似地，若接收信号的顺序为 $\beta, \beta, \alpha, \alpha, \alpha$，可得 $L^B = \dfrac{(1-\theta)(1-\theta + \theta q)\theta^3}{\theta(\theta + (1-\theta)q)(1-\theta)^3} > \dfrac{\theta}{1-\theta} = L^C$，此时确认偏差者认为收到的一系列信号为事件 A 的发生提供了更多证据。

确认偏差产生的原因可归因为个体的认知失调（cognitive dissonance）：个体认识到自己的态度与行为之间存在着矛盾。为了避免紧张，个体倾向于无视新信息以减少认知上的冲突。这是因为时常调用系统1的个体倾向于寻找证据，使得他能够理解不确定性情景。

> **定义6-9（认知失调理论）**：由于做出了与态度不一致的行为而引发的不舒服的感觉（Festinger，1957）。

认知失调是人类根深蒂固的特性，我们越是笃信自己的判断，就越易对质疑的证据进行认知上的修正。当个体深信不疑的信念遭受挑战时，个体会下意识地采取自我防卫策略：通过编织新理由，有时甚至选择完全忽视，让自我感觉良好。自己认为这样不好，但已经做了，所以在当下会感觉心里不舒服。为了改变这种不舒服（如愧疚），自己就得改变态度，也就是告诉自己为何这么做。由于特殊原因，不是自己真的想这么做，这样自己就觉得找到了有说服力的理由。

兰：费斯汀格（Festinger）通过"打入"到邪教组织中，观察信徒的行为反应，从而总结出了认知失调理论。

芽：听起来很刺激。您多说一些。

兰：邪教的头目向他的信徒宣称，世界末日即将来临，只有信仰他的教义，飞船才会来解救他们。于是，这些信徒抛妻弃子，背井离乡，只因为相信邪教头目的话，相信飞船会来解救他们。可是结果却出乎所有人的意料，这一切都没有发生。

芽：既然世界末日没来临，按理说邪教信徒应对邪教头目表达怒气。

兰：令人大跌眼镜的是，这些信徒不仅没大失所望，反而更加拥护邪教头目。这是因为信徒对失败的预言做出了重新解读，他们本能地修改了能证明他们失败的"证据"：他们坚信不是灾难不降临，而是由于自己的诚心感动了神明，信徒才免遭毁灭。

芽：虽然目光冷峻的学者研究迷信时会说，这些人错误地在某种行为和结果之间建立了因果关系，比如，祈雨等仪式时而奏效，时而失效，但是旱灾一旦经久不散，祈雨大师必将更受欢迎。

兰：认知失调可以被用来解释很多看似奇怪的现象。它可以被用于解释网络小说中的"赘婿"文风，如网络作家愤怒的香蕉的作品《赘婿》。一些男人到了中年，深刻地认识到自己这辈子就是这样的，但是他的家人还对他有不切实际的想法。这使得这些男人被动地产生了认知失调，即现实自我是残缺不堪的，但理想自我是完美的。一些企业洞察到了类似消费者的特征，于是在营销高端产品时，会"弯下腰"，去刻画中年男人的现实自我，随后画面剧情再反转出中年男人要"华山论剑"的英雄气概，从而折射出中年男人的理想自我。

芽：作家将一些中年男人的内心想法投射到网络小说上，就能获得他们的欢心。

兰：认知失调是否也可用于解释为什么一些个体会在一家商店持续购买价格上涨的商品？我们构造如下决策情景：安排两家类似的商店 A 和商店 B 销售同一种漱口水，商店 A 以每瓶 0.25 美元出售，而商店 B 以每瓶 0.39 美元出售。9 天后，商店 A 将漱口水的价格从 0.25 美元提高到 0.39 美元。若发现商店 A 的涨价不会影响到购买的顾客人数，那么这些顾客就可能受到了认知失调的影响，而说服自己继续在商店 A 购买，即便商店 A 的产品价格上涨了。

芽：在商店 A 和商店 B 售卖情景中，若商店 A 的涨价使购买的顾客人数减少，那么顾客就受到了损失厌恶的影响。这是因为面对商店 A 的价格上涨，消费者倾向于认为漱口水标价过高，不值得去购买。

第7章 满意解决策行为

本章考察在寻求满意解过程中个体受决策噪声影响的认知与行为决策。决策的偏差与决策的噪声不同，决策的偏差是平均的、共有的偏差，决策的噪声则是这些偏差的变异。我们用射击隐喻来解读噪声和偏差的关系，其中，偏差为射击落点的系统性偏差，噪声为射击落点的随机分散程度。如图 7-1 所示，图 7-1（a）刻画了决策情景中的理想状态，即偏差与噪声均较小，表明在没有显著噪声和偏差影响的情况下，个体的决策倾向于接近完全理性假设下的最优解。图 7-1（b）刻画了偏差较大，噪声却较小的决策行为，个体可以根据偏差的一致性推测下一次决策的落点。图 7-1（c）刻画了偏差较小，噪声却较大的决策行为，由于落点分散在四周且无明显的偏差，个体无法预测每一次的落点。图 7-1（d）刻画了偏差与噪声均较大且共存的情景。

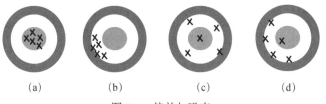

(a)　　　　　(b)　　　　　(c)　　　　　(d)

图 7-1　偏差与噪声

接下来，7.1 节采用最优响应均衡策略刻画有限理性者的决策行为，7.2 节借助探索与利用策略来刻画有限理性者的决策行为，其中探索策略帮助个体发现新信息，而利用策略则指导他们如何根据现有信息做出选择；7.3 节分析有限注意力个体的决策过程；7.4 节采用识别启发式来展示有限理性者如何通过简化的决策规则来处理复杂问题，从而在认知资源有限的情况下获得满意解。

7.1 采用最优响应均衡策略刻画有限理性者的决策行为

在决策过程中，个体会受到各种约束。依从客观期望效用最大化的分析思路，这类决策问题可以被抽象地刻画为带约束的优化问题，即

$$\max Cx$$

$$\text{s.t.} \ Ax \leqslant B$$

其中，x 是方案，Cx 是方案 x 带来的后果值，Ax 是方案 x 需要的资源，B 是个体可以支配的资源总量。

个体需要确定目标函数值 Cx、可行区域约束条件 $Ax \leqslant B$。可行区域越大，个体达到最优目标值的概率越大；个体求解能力越强，越能实现最优值。

理性人假设模型要求个体对其面临的资源束具有满足完备性、一致性的稳定偏好序，然后个体按照定义在该偏好序上的效用函数进行决策，以满足效用函数的最大化。除了偏好的稳定性，个体对自身所处环境和拥有的信息具有无偏的、满足贝叶斯更新法则的信念。

然而，大脑有时存在难以言明的局限：它对于自认为熟知的事物深信不疑，却难以察觉自身的无知程度。就像完全理性者一样，有限理性者也追求效用最大化，但在实际操作中，他们往往选择满意解而非最优解。这是因为个体在追求最大化效用的同时，也倾向于最小化付出。实际上，满意解是个体在权衡决策结果和决策可行性后做出的综合考量。这给我们带来了深刻的启示：尽管个体渴望通过努力达到最佳状态，但现实资源的有限性和决策情境的复杂性使得这一目标难以实现。而且，要达到最佳状态，往往需要花费很多精力。因此，在权衡价值和可行性时，个体选择寻找满意解的做法是合理且实际的。

7.1.1 最优响应均衡策略的构造

基于司马贺的有限理性理念描绘噪声如何影响决策的一个模型是多项选择模型（multi-normal logit choice model）（McFadden，1972）。该模型的提出者是 2000 年诺贝尔经济学奖得主丹尼尔·麦克法登（D. McFadden）。他的突出贡献是发展了与离散选择行为有关的经济理论和经济计量方法。在此之前，经济学理论中的传统需求分析通常假定个人选择由连续变量所代表，这种分析方法并不适宜直接应用于离散选择行为的分析。因此，关于离散选择进行的经验性研究均缺乏经济理论的支持。为了解决该问题，麦克法登认为个人选择某一特定的可变换方案，力求达到个人效用的最大化。但是，个人对某个方案的效用的评估存在不确定性，这种不确定性源于不可被观察到的因素（McFadden，1972）。

多项选择模型最初被用于交通流量的预测，随后被麦克尔维和帕尔弗雷（Mckelvey & Palfrey，1995）进一步推广，并命名为 QRE。QRE 认为个体是追求理性的，但是在计算每个方案的预期效用时难免会出错，无法像经典理性假设那样最大化其目标函数。但这不意味着个体采取了随意化决策的心态，最优响应均衡只是刻画了个体以较高概率选择较好方案的一种状态（McFadden，1972）。

我们采用数学语言刻画多项选择模型。假设个体面临可选择方案集合 K， $K \in \{1, 2, \cdots, i, \cdots, k\}$，方案 i 带给个体的效用为

$$U_i = u_i + \varepsilon_i$$

其中，u_i 为方案带给个体的固定效用。ε_i 均服从耿贝尔分布（Gumbel distribution），$\mathrm{Gumble}\left(0, \dfrac{1}{\gamma}\right)$，$\gamma > 0$，$\mathrm{Gumble}\left(0, \dfrac{1}{\gamma}\right)$ 的概率密度函数 $f(\varepsilon_i) = \exp(-\exp(-\gamma\varepsilon_i) - \gamma\varepsilon_i)$。

在均衡条件下，有限理性者选择方案 i 的概率满足最优响应均衡策略，如命题 7-1 所述。

命题 7-1（**最优响应均衡策略**）：在均衡条件下，面对多个相互独立的方案组成的集合 K，$K \in \{1, 2, \cdots, i, \cdots, k\}$，方案 i 的效用 $U_i = u_i + \varepsilon_i$，$\varepsilon_i$ 均服从耿贝尔分布，即 $\text{Gumble}\left(0, \dfrac{1}{\gamma}\right)$，有限理性者选择选项 i 的概率为

$$P_i = \frac{\exp(\gamma u_i)}{\sum_k \exp(\gamma u_k)} \tag{7-1}$$

其中，γ（$\gamma \geqslant 0$）刻画了个体的理性参数。γ 越小，个体的理性程度越低，当 $\gamma = 0$ 时，个体等概率地选择每个方案，即信念的差异将缩小到个体对备选方案之间差异漠不关心的程度（即使它认为某一替代方案要优越得多）；当 γ 增大时，个体逐渐变得理性且趋近最优解。特别是当 γ 趋近于正无穷时，个体信念的微小差异会被极大地放大（加权）。

最优响应均衡反映了有限理性者的实际选择与最优值之间存在偏离关系。γ 的变化能够反映出个体推理摸索最优化结果的过程，不仅预测了个体最优的行为，也预测了小概率发生的行为。若一个选项被认为比其他选项稍微有利一点，它将几乎确定地被选择。

为消费者提供的选择过多，会导致消费者需要考虑和权衡的因素较多，无法依赖系统 1 做出快速决策反应，所以系统 1 无法启动，消费者转而依赖系统 2 进行决策。但是，在决策过程中，因为选择过多，导致系统 2 需要调用更多信息资源及付出更多努力才能得出结果，所以由系统 2 主导的消费者拒绝购买。

当选择较少时，做决策所需的信息资源及付出的努力水平不足以触发系统 2，此时消费者仅启动系统 1 进行决策，所以消费者在系统 1 的指导下更易做出快速的、不经思考的决策。此时，更易激发消费者的购买欲，冲动消费更容易产生。一些商家（如网易严选、达人直播间）洞察到了消费者的选择困难症，替消费者严选商品：一个品类就选一两个最好的，以增强消费者的购物欲望。

兰：日常生活用品的消费选择，受限于认知心智，消费者也只能记得

住排名前几名的选项，并且还会受周围人的影响而表现出盲从行为（随大流）。这促使企业将大量资金投入到营销活动中。

　　芽：为了被更多的人记住，某网站在 2017 年的广告费约达 20 亿元。

　　兰：普通人很难准确地评估二手车的价值。该网站为了占领大众对二手车评估渠道选择的认知心智，可谓下了血本。但是，若它把从投资人处募集来的钱用于开发评估二手车价值的算法，是不是会更好？

　　芽：既然人们基于系统 1 做出的判断如此不准确，那就不如借助算法系统，以此提升自己基于系统 2 做出的决策质量。我有一位校友，在学校读书期间，依托学校提供的创新创业机会，做出了具有正能量的项目，开发出一套评估二手车价值的算法系统：基础版本免费提供给大众使用，从而收集到了很多实践数据，用于算法系统的训练；收费版本提供给银行、质押机构等使用，为其提供较为精准的二手车价值评估服务。

　　兰：难道还有"负能量"的项目？

　　芽：还有校友开发了与打游戏有关的软件。

　　兰：某些游戏令人上瘾，的确是"负能量"满满，但是有些游戏也能对人产生积极影响。

　　结合前文关于强化学习的讨论，γ 也揭示了个体的学习能力，更大的 γ 使能带来更高回报的方案被选择的概率更高。因此，最优响应模型也可以被解释为强化学习模式（Goeree & Holt，1999）。

　　命题 7-1 刻画的决策行为模型假设个体背离应有的、最优的策略受到随机因素的影响，而非系统性的、可预测的偏离。但是，这只是一种假设方式，非最优行为策略的底层逻辑，也可能是个体的行为受到了一些系统性的、可预测因素的影响。

　　我们继续讨论命题 7-1 中最优响应均衡模型的特征。利用最优响应均衡模型刻画人的选择行为，具有如下两大特征。①最优响应均衡模型如同打开了"潘多拉魔盒"，揭示了任何事情都有发生的可能性。然而，在检测该模型的实验中，我们观察到一些偏离最优反应的非理性行为，这些行为往往源于被试未深入思考或未能充分发挥其理性能力。若我们重复实验并允许被试在这个过程中学习，这些非理性行为可能会逐渐减少甚至消失。在这种情况下，再单纯依赖最优响应均衡模型来刻画个体的行为可能就不那么合适了。②采用最优响应均衡模型时，由于其具有高度非线性特性，通常难以获得解析解，导致计算时间非常长。尽管最优响应均衡模型框架已被广泛应用于多个研究领域，并被证明是解释许多经验规律的有力工具，但通常缺乏显示解。这是由于假设个体采用最优响应均衡模型进行决策时，他们对他人行为的信念和自我行为之间的关系以复杂的方式相互交织，这使得分析过程变得错综复杂，难以得到深入的分析。

从字面上理解，最优响应均衡模型似乎暗示了人的认知过程具有某种量子属性。那么，这里的"量子属性"具体指的是什么呢？量子理论告诉我们，任何粒子的动量和位置都是不可以同时精确测量的，存在测不准性。类似地，人的决策过程也具有不确定性，每个决策结果都带有一定的不可预测性。将这种不确定性应用于人的行为决策中，我们可以理解人的行为既包含理性成分，也包含非理性成分。与经典博弈规则下（Nash，1951）博弈各方的决策空间相互独立不同，量子博弈规则下的决策空间是相互纠缠的。这意味着各方决策不再是孤立存在的，而是相互关联、相互影响的。这种纠缠性有助于我们将既对立又统一的行为决策概念统一在一套分析框架中，从而更全面地理解人的决策过程。

20 世纪初，量子力学创始人之一尼尔斯·玻尔（N. Bohr）就曾预言：人的精神活动与量子物理有许多相似之处，因此量子理论可被用于解决人类思考和决策过程的问题（N. 玻尔，1999）。令人意外的是，该洞见时隔百年后才被部分地付诸实践，并且主要是由心理学者完成的（Busemeyer & Bruza，2012），而不是经济管理学领域的学者率先进入这一领域的。仔细一想，这也在认知情理之中，因为心理学家眼中的人类行为比经济管理学家眼中的人类行为更复杂，由此就有了"遇事不决，量子力学"的说法。

7.1.2　基于最优响应均衡模型分析需求函数

式（7-1）将个体的绝对理性选择反应转化为平滑的反应模式，这一模型常用于估计产品需求的市场份额。在此模型中，每一个选择都对应着一家公司，而每家公司都与一组作为其产品属性函数的特定值相关联。公司决策者随后利用式（7-1）来计算市场份额，这实际上反映了消费者的选择概率。本节将探讨在两个竞争性产品共存的市场环境中，产品动态定价如何影响消费者的购买行为。我们将分析如何应用式（7-1）来刻画和预测消费者在面对不同定价策略时的最优响应均衡策略，从而为公司决策者提供决策支持。

消费者关于产品价格上涨的需求弹性大于关于产品价格下跌的需求弹性，该发现被认为是对损失厌恶的支持证据（Hardie et al., 1993）。当实际价格低于名义价格时，即产品打折了，损失厌恶型消费者会大量购买；当实际价格高于名义价格时，他们的购买量就会减少。换言之，当消费者对实际价格的主观感知是依赖于特定参考点时，一旦经历了一系列产品价格的动态调整，即便产品的实际价格回落至原先的名义价格，消费者仍会感知到该产品的价值相较于未经历类似折扣期的替代产品更低。在这种心理作用下，消费者将倾向于减少购买这些经历折扣后的产品，并转向购买更多的替代产品。这种行为模式反映了消费者对潜在损失的厌恶心理。

然而，我们并不能把损失厌恶确定为导致该行为的唯一原因。备择解释是，机会主义消费者预见某商品是自己未来需要的，于是他们趁着折扣期大量购买。当折扣期结束后，他们的需求就处于停滞状态，因为对价格敏感的消费者已在折扣期囤积了想要的商品，该效应被称为"替代效应"。

如何分辨产品价格上涨后消费者的购买行为受损失厌恶带来的效应和替代效应之间的区别呢？可以用折扣后产品及替代品的相对销量变化进行说明。假设市场中存在两种商品：A 和 B。商品 A 的效用为

$$U_A = V_A - \alpha p_A - (\lambda - 1)(p_A - p_{\text{ref}})I(p_A, p_{\text{ref}}) + \varepsilon_A$$

其中，λ 为损失厌恶系数，$\lambda > 1$；p_A 表示商品 A 的价格；p_{ref} 表示消费者心理上的预期价格；$I(p_A, p_{\text{ref}}) = \begin{cases} 0 & p_A \leqslant p_{\text{ref}} \\ 1 & p_A > p_{\text{ref}} \end{cases}$；$\varepsilon_A$ 服从 Gumble[0,1]，为消费者效用的随机部分。

商品 B 的效用为

$$U_B = V_B - \alpha p_B + \varepsilon_B$$

将 U_A 和 U_B 带入式（7-1），并记为 $\Delta V = V_A - V_B$ 及 $\Delta p = p_A - p_B$，可得商品 A 的需求函数为

$$\Pr(A) = \frac{1}{1 + \exp(-[\Delta V - \alpha \Delta p - (\lambda - 1)(p_A - p_{\text{ref}})I(p_A, p_{\text{ref}})])}$$

商品 B 的需求函数为

$$\Pr(B) = 1 - Pr(A)$$

消费者购买的商品 A 与商品 B 之比为

$$\frac{\Pr(A)}{\Pr(B)} = \exp(\Delta V - \alpha \Delta p - (\lambda - 1)(p_A - p_{\text{ref}})I(p_A, p_{\text{ref}})) \qquad （7-2）$$

对式（7-2）等号两边分别取对数，可得

$$\log\left(\frac{\Pr(A)}{\Pr(B)}\right) = \Delta V - \alpha \Delta p - (\lambda - 1)(p_A - p_{\text{ref}})I(p_A, p_{\text{ref}}) \qquad （7-3）$$

其中，$(\lambda - 1)$ 刻画了商品 A 涨价给消费者带来的损失厌恶度。

根据式（7-3），有如下管理学启示：若 $\alpha = \lambda - 1$，$p_A - p_B$ 与 $p_A - p_{\text{ref}}$ 系数相同。也就是说，商品 A 的实际价格每增加 1 元给消费者造成的心理上的损失感受（$p_A - p_{\text{ref}}$），与商品 A 的实际价格每增加 1 元对商品 A 和 B 的市场份额比的影响一样。若 $\alpha > \lambda - 1$，即商品 A 每增加 1 元造成的对商品 B 的替代效应强于对商品 A 的损失厌恶，因此商品 A 市场份额的减少主要是商品 A 和商品 B 之间的替代效应导致的。若 $\alpha < \lambda - 1$，即商品 A 每增加 1 元造成的对商品 B 的替代效应弱于对商品 A 的损失厌恶效应，商品 A 市场份额的减少主要是消费者对商品 A 实际价格上涨出现的损失厌恶效应导致的。

芽：商家既要应对同行竞争，又需要不断地动态调价进行促销，他们是怎么做到既考虑替代效应又考虑损失厌恶的呢？

兰：很难周全。在沈阳，有一家小型早餐连锁企业，创始人夫妇考虑是否将早餐时段的烧饼从每个 1 元涨到每个 1 元 2 角。他们琢磨了半年，

最终都没敢涨价。他们既担心食客受损失厌恶的影响而不购买了，也担心比同类型竞争型商家价格高而彻底地失去这些食客。

　　芽：这让我想起了一所大学食堂涨价的做法。这所大学地处偏僻，在校师生大多数只能在学校食堂用餐，食堂拥有独家垄断地位。即便如此，食堂想涨价时，也不敢轻易为之。它们会把计划涨价的餐食从菜单中撤出一段时间，等师生大概忘了这些餐食的价格，再将它们放在菜单中，并标注较高的价格。

　　兰：一些科技企业也采取了类似的策略。它们会轻微提升旧款产品的性能，并以更高的价格重新推向市场，同时努力减少消费者因担心损失而产生的厌恶心理。

7.2　借助探索与利用策略刻画有限理性者的决策过程

　　人们在新鲜事物（勇于冒险）和传统事物（安于现状）之间权衡，就是在进行探索和利用（exploration and exploitation）。

　　生活中的很多行为，都可以从这一角度进行思考。当个体有一个短期目标，比较急功近利时，就更倾向于选择利用模式；当个体拥有一个长期目标，就会选择承受风险而不断尝试新事物，选择探索模式。两种状态既可能单独存在，也有结合的时候，不同的结合方式也会带来不同的结果。

　　回顾历史，通过维新派"戊戌变法"探索的君主立宪制，辛亥革命探索的资产阶级共和国之路，改革开放探索的社会主义市场经济体制等，都是时任政府探索行为的表现，只是前两个被历史证明是失败的，而第三个被历史证明是成功的。在社会经济发展层面上，蒸汽机的出现颠覆了以农业生产为主体的社会体系，内燃机和电力系统的出现打破了以煤炭和蒸汽机为主的社会经济体系，互联网的出现颠覆了以内燃机和电力系统为主的工业体系，人工智能的出现即将颠覆以互联网系统为主的经济体系。

　　探索与利用的权衡不仅表现在国运走势、行业发展方面，还表现在个人发展和企业存亡方面。接下来，7.2.1 节分析人生中的探索与利用行为；7.2.2 节刻画经济管理决策情景中的探索与利用行为；7.2.3 节介绍关于探索与利用行为的 ε-贪心算法（ε-greedy algorithm）和上限置信区间（upper confidence bound，UCB）算法。

7.2.1　人生中的探索与利用行为

人们通常有两种心态：利用和探索。具有"利用"心态的人希望在不确定情景中完成家庭、婚姻、事业等各项任务，即他们有一本人生"打钩本"。然而，具有"探索"心态的人尽力去体验他们拥有的，因为他们天性自由不羁。

在不确定性情景中，个体在探索与利用行为中权衡的侧重点依决策情景而变。从人的一生来看，对于一些孩子来说，童年、少年是人生的探索阶段，可以尽情地探索各种可能性，而不必担心得不到回报或受到惩罚，因为父母会帮他们处理好一切。到了青年时代，处于大学学习阶段，一些个体依然要探索自我的潜能、世界的可能，继续试错。大树不只是因为只有笔直的枝干才雄伟，还是因为有纵横交错的树枝给这个生命带来的生机。与此同时，个体也形成了对自我能力的较为稳健的认知。进入壮年，个体逐渐地加强利用而减少探索，以专注于某方面，做强做大。步入垂暮之年，个体的探索倾向随着年龄的增长而减少，与此同时，他们的社交网络也在收缩，他们可能会主动选择淡泊名利，以便把人生所剩不多的时间和精力花在亲密家人、好友身上。这从观察少年和老年人的眼睛也能窥得一二。少年的眼睛中的未来很遥远，充满了不确定性；而老年人的眼睛中的未来近在咫尺，不确定性很小。随着时间的推移，人就是从懵懂无知的幼年到意气风发的壮年，再到尘归尘、土归土的生命尽头，这就是先熵增再熵减的过程。

对于青年学者而言，他们在学术职业生涯的不同阶段需要不断权衡探索与利用的关系。初入科研领域的青年学者，目睹身边的资深学者通过长期深耕细作，最终到达巅峰，从而得出专注一个领域是成功的关键。然而，他们同时也观察到，有些学者则选择不断变换研究方向，寻求新的突破。这两类学者可以被形象地类比为刺猬和狐狸。"刺猬仅一招，狐狸多技巧。"刺猬型学者专注于一个领域的开发利用，持续提升自身的能力，并培养专业声誉；狐狸型学者则热衷于探索未知领域，尽管这样会面临较大的风险。然而，他们往往能在探索中超越现有能力，获得意料之外的创新想法。那么，对于青年学者而言，究竟是选择像刺猬一样深耕细作，还是像狐狸一样不断探索？哪种研究风格更有可能引领他们达到科研事业的巅峰呢？这确实是一个值得深入思考的问题。

芽：学者的一生要挖几口"井"？到底是承受风险尝试新鲜事物，还是留在原处？我似乎总是在两者之间挣扎。

兰：在需要创造和创新的学术界，个人在达到巅峰期之前，往往需要先探索不同的研究话题，以拓宽视野和积累知识。然而，一旦进入巅峰期，他们则会更倾向于专注于某一领域，进行深入的研究。巅峰期的出现似乎并非仅仅依赖于探索或利用中的某一单独环节，而是源于这两者的合力。事实上，那种先在广泛范围内进行创意探索，再逐渐聚焦于某一领域进行深入利用的做法，与个人巅峰时刻的到来密切相关。这种策略有助于个人在学术界取得突破性的成果，实现自身的价值。

芽：若青年学者在研究生涯的早期阶段侧重于探索，他做出的研究成果很有可能是与现有主流研究方向和审美不一致的。那么，他是否会在论文审稿、发表过程中面临很多挑战？

兰：的确如此。量子力学的奠基人普朗克（Planck）曾感慨，一个新的学术流派成为主流，并非源自说服其反对者，而是在反对者相继离世之后，这些科学事实才自然而然地被新一代科学家接受。这一感慨被后人形象地概括为"科学之进步，一步一坟墓"，意味着科学的发展往往伴随着旧有观念的消逝和新思想的崛起。

芽：这段感慨能被证实吗？

兰：阿佐雷等（Azoulay et al., 2010, 2019）针对 1975—2003 年去世

的 452 位生物医学研究巨星，收集了他们所在领域的发文量和引用量数据。为了进行比较，他们还收集了同期另外 5089 位实力相当、年龄相仿的健在学者的相关数据。研究结果显示，与健在巨星的合作者相比，那些已经去世的巨星的合作者在巨星离世后的第 1 年，其发文量减少了 5%，而在 10 年后，这一比例达到了 30%。然而，值得注意的是，陨落巨星所在领域的总发文量并未因此减少，反而呈现出增长趋势。具体来说，在巨星去世的第 1 年，陨落巨星所在领域的总发文量比健在巨星所在领域高出5%，而在 10 年后，这一差距更是扩大到了 10%。这些增加的发文量自然是由巨星合作圈以外的学者贡献的。

芽：为何巨星逝世对其所在领域的发文量和引用量反而具有促进作用呢？

兰：从暗黑人格角度的解释是，某些把持话语权的巨星排挤同行，以抢占稀缺学术资源。幸运的是，人性并非如此黑暗，多数不是巨星的学者是在巨星故去后才第一次涉足这些领域，不太可能受巨星的直接排挤，更多是巨星的声名让学者望而却步。因此，面对普朗克的感慨，可以鼓励学术新秀"长江后浪推前浪"，而劝诫健在的巨星"君子群而不党"。

芽：在任务明确的决策情景中，与创造和创新要求极高的学界不同，个体应更加注重利用现有的资源和知识。当任务流程清晰且适合自动化时，采用机器自动化来完成这些任务则更为高效和可行。通过机器自动化，我们可以确保任务的一致性和准确性，同时释放人力去处理更为复杂和需要创新的任务。

7.2.2　经济管理决策情景中的探索与利用行为

为了吸引新商家加入平台，平台需不断地促使顾客同那些服务质量难以确定的新商家进行交易，但这会减少与现有较高质量老商家的交易。平台的信息提供政策反映了利用和探索之间的权衡：是侧重于探索策略，吸引更多的新商家来收集他们的信息，还是侧重于利用策略，促进已被评论过的高质量的老商家来增加平台收入呢？比如，抖音吸引用户的秘密武器在于其独特的内容发现与提供方式。它通过"为你推荐"页面将网红博主的视频与新人博主的创作混合展示，并以浏览量作为奖励机制，从而激励并推广更多优质的关于新人的内容。抖音与其他社交媒体平台显著不同的一点在于，任何人都有机会在"为你推荐"页面（即封面）上一举成名。值得注意的是，抖音的推荐算法并不完全依赖于视频博主的粉丝数量或是否走红，而是更多地基于视频标题、声音、标签，并结合用户的拍摄内容和点赞历史来进行精准推荐。因此，即使是非知名的新博主，他们的新作品也能与网红明星的视频一样，获得被广大用户看到的机会。这正是抖音推荐算法在公平性方面的卓越体现。

企业需要根据外界环境的变化，实时调整探索与利用的比例。以 2007 年为例，随着油价的上涨和消费者环保意识的增强，消费者的偏好发生了显著变化，从偏好大型、重型的四轮驱动汽车转向了更小、更轻的汽车。在这一时期，原本用于设计和建造大型、重型车辆的技术知识逐渐贬值。为了应对这一变化，汽车企业需要灵活调整策略，在探索新技术与利用现有技术之间找到平衡。然而，有些公司选择将有限的资源主要集中于利用方面，即专注于研发已经成熟的燃油汽车技术。虽然这种做法在当时可能符合市场需求，但随着电动汽车和环保技术的不断发展，这些公司也需要考虑在未来加大新技术探索方面的投入。

芽：一些电影公司通过拍摄系列电影，尽量利用积累的影迷资源，减少探索新题材带来的潜在风险，这虽然避免了票房爆冷，也失去了票房火爆的机会。

兰：专注于利用策略的大型电影公司或知名导演不在少数，例如，20 世纪福克斯电影公司的《虎胆龙威》，成龙主演的《警察故事》，以及宁浩的《疯狂的石头》《疯狂的赛车》《疯狂的外星人》等。相对于全新电影，续集不太可能做到口碑、票房目标双落空，而是更有可能成为当年的热门电影。

芽：我发现，娱乐领域的中国互联网公司更希望加快切换探索与利用的速度。一些娱乐内容的输出者，如芒果 TV，选择一些制作精良的网络文学作品，再将其拍摄为 1 分钟 1 集的短视频。为了快速地探索用户的潜在需求，它们会拍摄几个不同的开局，有几套不同人设，根据后续市场反馈再做取舍。

兰：这是快速 A/B 测试的方法。中国的娱乐内容通过 Reelshort 应用程序成功出口至美国，该应用正是采用了 A/B 测试方法来优化其内容。Reelshort 凭借融合西方题材背景、情节紧凑且引人入胜的霸总短剧，成功超越了 TikTok 在美国的下载量和播放量。

芽：A/B 测试的实施成本不高，还能帮助商家快速且精准地洞察用户的需求。

从事创新型任务时，需要人们充分发挥探索精神。但是，一些人在从事创新型任务时，可能会过分依赖熟悉的方法和已有的成果，而没有足够的积极性去探索未知领域和尝试新的方法，即表现出"利用"有余而"探索"不足。戴希曼和贝尔（Deichmann & Baer，2023）想搞清楚某些社会机制导致的心理影响是否会成为阻碍创新的因素。他们认为食谱领域是检验持续创造力的理想环境，因为创作食谱需要热情和想象力。同时，出版的食谱也能很快得到市场反馈。他们研究了英国 224 位首次出版食谱的作者，发现只有约 50% 的作者继续出版了第二本食谱。他们还发现，作者的第一本食谱越新颖，他们出版第二本食谱的概率就越小。

有学者在商学院招募被试，要求被试为一本潜在食谱制定营销策略，包括提出某个值得炒作的概念和推广方式（Deichmann & Baer，2023）。有一半被试的想法被评价为非常新颖，而另一半被试的想法则被评价为扎实和传统。接下来，被试可以选择工作方向：为下一本食谱制定营销策略，或在之前创意的基础上拓展和丰富细节，使其成为具有操作性的营销计划。学者发现，当被试最初就产生非常新颖的想法时，他们产生后续新想法的可能性很小，只有少数被试选择继续挑战未知，更多的被试则沿着之前的方向不断地拓展和丰富细节。这是因为创造力最有可能出现在被试集中注意力应对工作本身带来的挑战之时，他们会发挥更大的能动性，组合不同领域的知识和技能来试图解决问题。当他们的第一项成果获得认可后，开始将自己视为有创造力的，同时他们认为别人也这么看待。这样一来，被试不再是之前默默无闻但全神贯注的思考者，而是成为站在聚光灯下备受瞩目的新星。曾经成功的被试考虑的不再仅是创作本身，而是感到更多压力甚至是恐惧：万一新品不如上一个怎么办？人们会认为自己江郎才尽了。部分被试甚至选择了极端行为——不再创作。

　　类似地，文学家也面临这类困惑。刘震云的作品《一地鸡毛》一炮打响后，有人会质疑他后续是否还会有佳作。当然，他后续也写出了多部代表性作品。若分析一下中国近现代的作者创作的一系列作品的受欢迎程度，或许也可以检验一下那些很早就功成名就的作者是否也面临"利用"有余而"探索"不足的困境。进一步，一个人的获奖不仅会影响其后续的创作，也可能影响其同行，使得同行不敢尝试其他创新方式。

　　芽：食谱创作者的"不再创作"的极端行为，让我想起了反复隐退又复出的动画设计大师宫崎骏。1986 年，宫崎骏导演的《天空之城》上映，但票房远不及预期，于是正值事业巅峰的他负气隐退。没想到，1988 年，他带着《龙猫》大大方方地复出了。1992 年，他的《红猪》取得了日本票房第一的佳绩，宫崎骏觉得心力交瘁，是时候退休了。然而，1997 年，他带着《幽灵公主》强势归来。1998 年，宫崎骏因不堪忍受高强度的工作，无奈宣布"我要真的隐退了"。2001 年，他又带着《千与千寻》回来了。由于《千与千寻》拿下了奥斯卡最佳长片动画大奖，年近古稀的宫崎骏说："我要退休了，这次一定。"2004 年，他又带着《哈尔的移动城堡》高调复出。该影片上映后，他表示"已失去了对动画的创作热情，所以要再次告别大家了"。2008 年，重新找到了创作热情的宫崎骏又带着《悬崖上的金鱼姬》强势回归。随后，在威尼斯电影节上，宫崎骏宣布不再监制新电影。2013 年，他又带着《起风了》复出。《起风了》上映后，宫崎骏表示："属于我的动画时代已结束。"这一年，72 岁的他决定开始真正地享受退休生活。然而，2023 年，耐不住寂寞的宫崎骏又带着《你想活出怎样的人生》复出了。

兰："出尔反尔"的宫崎骏的创造力异常旺盛。当灵感来叩门的时候，他不可能拒绝，这就是他反复重新拾笔作战的原因。

芽：宫崎骏里外透着创新劲，不随大流，一点儿也不"油腻"。

兰：那些已"油腻"或渴望"油腻"的人，或许只是想从众，选择低风险的判断与决策。为了避免"油腻"，就需要加强探索，减少利用。

从政策管理者的角度来看，对于那些在职业生涯早期就做出创新成果的人，应当给予适当奖励而不是无限拔高，过分追捧会削弱其继续前进的动力。在科研领域，当学者在攻关"卡脖子"难题时，政府应当给予适当的奖励，因为奖励过高、过大可能会挫伤学者及其同行的创新精神，也就违背了政府出台奖励政策的初心。

7.2.3 刻画探索与利用行为的算法

刻画探索与利用行为的两种典型算法为贪心算法和上限置信区间算法。

贪心算法是遵循启发式解决问题的算法范式，其核心思想是通过在每一步的选择中都选用当前步骤下最优的选择，期望结果是最优的算法。

> **定义 7-1（ε-贪心算法）**：个体在 $(1-\varepsilon)\%$ 时间内表现得贪心，即选择利用已知效用最高选项，但在 $\varepsilon\%$ 时间内表现得大度，即选择探索效用未知选项。

与 ε-贪心算法精神类似的还有上限置信区间算法。

定义7-2（上限置信区间算法）： 采用上限置信区间算法的步骤如下：①估计置信区间。每个选项的回报均值都有置信区间，需要对置信区间进行估计。②更新置信区间，随着实验次数的增加，置信区间变窄。③根据置信区间做出选择，每次选择前，个体根据实验结果重新估计每台老虎机的均值及置信区间，选择置信区间上限最大的选项。

我们依从定义7-2的精神，玩家选择第 j 个选项能给自己带来的效用为

$$\bar{x}_j + C\sqrt{\frac{\ln n}{n_j}} \qquad (7\text{-}4)$$

其中，$\bar{x}_j$ 为观察到的第 j 个选项的平均回报；n_j 为到目前为止选择第 j 个选项的次数，表示探索第 j 个选项的程度；n 为到目前为止选择所有选项的次数；C 为常数项，表示玩家采用探索策略的倾向。对 n 取对数后再开根号，表明随着选择次数的增加，玩家采用探索策略的倾向增幅变缓。

式（7-4）中的第一项表示玩家在根据已有的选择结果和其回报评估选项的均值。此阶段的结果是置信区间的构建，反映了每个选项平均回报的可能范围。如果只包含式（7-4）中的第一项，意味着玩家采用了纯利用策略，容易让玩家陷入局部最优解的陷阱。

玩家会避免陷入局部最优解的陷阱，此时式（7-4）中的第二项也就有了存在的意义：随着玩家对选项进行更多尝试（即增加），他会不断重新估计选项的均值和置信区间。这意味着随着数据的增多，置信区间会变窄，玩家对选项的期望回报会更加确信。若玩家对一个选项的了解过少，那它的平均回报在此时的不确定度就很高，置信区间就很大，即方差很大。此时，玩家非常不相信它此时的平均回报就是真实的平均回报，所以需要选择选项来获取更多信息。因此，式（7-4）中的第二项可被当作测量玩家对选项了解多少的指标，了解越少，第二项的系数就越大。

7.3　有限注意力个体的决策过程

采用证据累积理论刻画有限理性者决策过程背后的认知逻辑是：个体的

注意力有限，目之所及的信息逐渐地影响了其认知信念。接下来，7.3.1 节讨论有限注意力个体的行为表现；7.3.2 节讨论证据累积理论背后的认知规律，并讨论受有限注意力影响的注意力漂移扩散模型（drift diffusion model）。

7.3.1　有限注意力个体的行为表现

本节探讨了个体在处理多元信息时的认知局限性，包括"神奇数字"理论对注意力容量的限制，左位数偏差等认知偏差的行为模式，以及企业家如何通过设置默认选项、利用促销活动、价格策略等吸引消费者的注意力，同时还揭示了投资者在处理宏观与微观信息时的分配倾向及其对市场反应的影响。特别地，本节以二手车市场价值评估为例，当里程表接近某些临界点（如 10 000 英里的整数倍，1 英里约为 1.609 千米）时，买家的支付意愿会发生显著跳跃，导致交易价格在这些临界点上出现不连续的变化。例如，里程数为 79 900—79 999 英里的二手车比里程为 80 000—80 100 英里的车定价明显更高，而里程为 79 800—79 899 英里的车与前者的价格差异却较小。这反映了买家受认知偏差影响的非理性决策模式。接下来，逐一进行阐述。

个体的注意力有限，当同时与多个信息元素互动时，大脑的信息处理能力有上限，即 7 ± 2 个元素（Miller, 1956），该现象被记为"神奇数字 7 ± 2"。这是什么意思呢？给被试在同一时间播放多个纯音，多个纯音仅在频率上有不同，听完之后，被试需要说出刚才听到了哪些频率。在此任务中，若只有少于 6 个不同的刺激，那么被试的表现很好。但是，从第 7 个刺激开始，随着刺激数量的递增，被试的表现单调递减。

如何争夺消费者的注意力，是商家必争之要点。

在中国，流量平台经过了多次变迁。原来主要是电视、报纸、广播电台、杂志和线下广告。21 世纪初，互联网兴起后，部分流量被分流到互联网。首先，流量是来自校园 BBS 论坛，如"水木清华""北大未名""南大小百合"等。笔者的一位同学与爱人是通过上海交通大学饮水思源 BBS 的鹊桥版相识的，最终步入了婚姻殿堂。随后，各大高校 BBS 论坛渐次衰落，社会进入了博客、微博引领时尚风潮的阶段，有了网络意见领袖。微博之后，微信体系横空出世，罗辑思维、半佛仙人等多是从公众号起家成为网上的意见领袖。

为了争夺社交流量、抢占下沉市场，主流电商京东、苏宁、淘宝等也纷纷加入社交电商行列。比如，比整数多一点的数据，如"一千零一夜""361度"等，更能唤醒人的关注，从而唤醒人的情绪，得到注意力有限人的更多关注，最终影响人的行为选择偏好。这是因为人们会把数字带来的唤醒迁移到产品带来的唤醒上，这刺激了人们对产品的需求（Huang & Gong，2018）。

芽：既然注视物品的时间越长，就越可能选择该物品，那么是否可以人为制造起始证据干预或调节人们的第一反应？比如，商家将商品设置为消费者的默认选择，以吸引消费者的注意力，增加消费者选择这些商品的可能性。

兰：平常，商家还有很多手段吸引消费者的注意力。"双11"活动从9月底就开始预告，10月开始预售，促销活动一般从10月20日开始，一直持续到11月10日，其间促销力度逐渐增加，到了11月11日，促销力度达到最大，然后在此之后的3天，促销结束。但是，之后又会有返场活动，从11月20日开始进行"双12"的促销预热，接着是"双旦"、年终大促/年货节等。这样培养消费者一直关注平台活动及持续囤货（冲动消费）的行为习惯，使得消费者每天打开手机的第一件事就是关注平台的促销，然后反思应该将哪些商品加入囤货单。消费者就这样被"套路"了。

芽：日常生活中，我们期望那些日常频繁使用的产品或服务，能够让用户在使用后自然地离开，而不是被"强迫"继续使用。一些商家、App的经营目标变成了尽可能地留住用户，这违背了常识。如果新产品、新服务、新商业模式没有自然地获得更多的用户，商家就不应该推广它们。

兰：你的认知是对的。但是，当下，若商家不采取手段以留存用户，它们就可能活不下来。这使得所有商家都要采取将当下用户留下的营销策略，进而导致了囚徒困境（prisoner's dilemma）。

芽：身处囚徒困境中的商家无所不用其极，除了采用上述狂轰滥炸式的促销手段吸引人的注意力，一些商家还利用了"脏话能硬性地激发人的负面情绪，同时也能捕捉人们的注意力"的原则行事。

兰：越禁忌，越兴奋。乔治·蓬皮杜国家艺术和文化中心的镇馆之宝之一是法国艺术家杜尚（Duchamp）在五金商店买的一个小便池，并被命名为《泉》。杜尚可能也是利用了负面情绪能吸引人的注意力的原则。

在认知过程中，个体的注意力是有限的，一心不能二用。多数消费者的时间和精力有限，看产品价格时多是从左到右一眼扫过。受首因效应的影响，消费者的注意力多集中在大位数，即左位数，而忽略了小位数，即右位数，并且还会在显示价格时故意放大左边的数字，如将 9.99 元的价格突出显示为 **9**.99 元。对应地，商家可以利用消费者的这种认知偏差来确定产品的零售价格。我们基于上述讨论，定义左位数偏差（left-digit bias）（Korvorst & Damian，2008），如图 7-2 所示。

> **定义7-3（左位数偏差）**：相比多位数字中的右位数，个体会更多地关注多位数字中的左位数（图 7-2）。

图 7-2　左位数偏差

兰：商家在进行定价决策时，常常利用消费者的左位数偏差，诱导消费者进店购物。比如，一些房地产开发商打出了"楼盘均价6999元起"的口号。

芽：左位数偏差是利用了有限注意力的人从左到右的阅读行为，这也是多数讲中文、英文的人的阅读习惯。是不是还有些人是从右到左进行阅读，甚至是从上至下进行阅读呢？

兰：古代，多数文字是书写在竹简上的，这使得中国古人的阅读习惯是从上至下。《周易》中的"天行健，君子以自强不息；地势坤，君子以厚德载物"这句话常被当作对联，竖排呈现。若去掉"天行健""地势坤"，虽然表达的意思"君子处世，应自我力求进步"依然存在，却少了古韵。古人也朴素地认识到了人的注意力的有限性，将所要表达意思的精华放在了句首。

芽：在从上至下的阅读过程中，人们的有限注意力带来的理解偏差，从字面上应被记为"上位数偏差"。那么，有具有"右位数偏差"的人吗？

兰：既然存在从左到右、从上至下进行阅读的人，也必然存在从右到左进行阅读的人。只是这些人比较小众，还没引发学者的足够注意，因为学者的注意力也是有限的。

芽：我的一个维吾尔族同学说，他阅读本民族语言书写的文字时是从右到左进行的。特别地，在维吾尔语中，数字也是从右到左进行书写的。那么，受维吾尔族文化和语言影响的人，在处理数字信息时，可能表现出来的不是"左位数偏差"，而是"右位数偏差"。

接下来，我们继续讨论个体的左位数偏差。一些研究分析了个体的左位数偏差行为。比如，股票交易员更可能购买价格比整美元低1便士的股票（Bhattacharya et al., 2012）。许多二手车市场的买主会为里程数刚好低于10 000英里门槛的汽车支付不成比例的高费用（Lacetera et al., 2012）。当潜在买家看到二手车里程表读数信息时，可能会出现左位数偏差。例如，二手车里程表读数为79 900—79 999英里的车辆，其售价比里程表读数为80 000—80 100英里的车辆高出约210美元。然而，与那些里程表读数为

79 800 — 79 899 英里的车辆相比,其价格仅低 10 美元。此外,在达到里程表的临界值之前,代售二手车数量激增,这表明二手车销售商也意识到了买主会受到左位数偏差的影响。

兰:南京大学校友创办的车三百(che300.com)的主要业务是二手车估价与交易。当下,中国二手车的交易价格也可能受到了人们的左位数偏差的影响。

芽:一些网站对二手车的业务定位与车三百类似,它们正在"掰手腕"。

兰:在二手车交易情景中,即便当下人们有了机器学习等算法的"加持",也依然会受到左位数偏差的影响,到了里程数、车龄的整数信息节点,对其支付意愿会发生跳跃,这也反映在了交易价格出现的断点上。

芽:价格出现断点,也可能是因为消费者认为这种价格是经过精确计算的,符合消费者的求廉需求:少一分钱也很划算(Sokolova et al., 2020)。

兰:还有一种备择解释是从参考点效应出发的。产品价格"3.9 元""3.8 元"这类结构给人带来的感受不同于"4.0 元",是人关注价格跨界的"那一哆嗦"。

芽:日常生活中的决策行为也会受到"跨界"的影响。在马拉松比赛中,跑者在意的是能否在某个整点之前完成跑步。

兰:你的感受不是个案。我们通过分析马拉松跑者的成绩可以发现,刚好整时之前完成全程的人数多于刚刚过整时完成的人数,比如,4 小时刚过时完成全程的人数呈断崖式下跌。

芽:人人都喜欢"里程碑"(目标),在整时之前的最后关头,愿意火力全开。

兰:在新年伊始、生日前夕、整岁之前,人们往往会更有动力去做出重大的生活或行为改变。

芽:我有一个同学,物流管理专业的科班博士出身,原来在一家国有企业按部就班地工作着。她在一个整数生日前夕,收到了一家猎头公司的邀请。猎头公司希望"挖"她到一家互联网企业工作，助推她实现更大的人生价值。这一邀请的发出时机恰到好处，于是她便跳槽了。

兰：宇宙的尽头并不是编制，依然有人追求诗与远方。

接下来，我们以二手车价值评估为例，构建左位数偏差的数学模型（Busse et al., 2013）。假设二手车里程表的读数是 k 位数字，记作 $m - d_1 d_2 \cdots d_k$，其中，d_1 为最左位数，d_k 为最右位数，每个数字属于集合 $\{0,1,2,\cdots,9\}$，m 是小于或等于 100 000 的正整数。买家认为里程表读数为 $\hat{m}$，则有

$$\hat{m} = d_1 10^{k-1} + (1-\theta)\sum_{j=2}^{k} d_j 10^{k-j} \qquad (7\text{-}5)$$

其中，$\theta \in [0,1]$ 为卖家的注意力疏忽参数，$\theta = 0$ 表示完全注意，$\theta = 1$ 表示完全忽视。

汽车的实际价值为 $V = V(m)$，买家感知的效用为

$$\hat{V} = V(\hat{m}) = v - \alpha \hat{m} \qquad (7\text{-}6)$$

其中，$v \geq 0$ 是独立于里程数的估值成分，$\alpha \geq 0$ 用来衡量二手车折旧的速度。

考虑任意两个里程表读数 m_1 和 m_2 对感知价格的影响，其中 $m_1 - m_2 = 1$，情况 1：m_1 和 m_2 没有跨越临界值，如 $m_1 = 43\,246$ 和 $m_2 = 43\,245$；情况 2：m_1 和 m_2 跨越了临界值，如 $m_1 = 50\,000$ 和 $m_2 = 49\,999$，则有

$$\hat{m}_1 - \hat{m}_2 = \begin{cases} 1-\theta & \text{情况1} \\ 1+9999\theta & \text{情况2} \end{cases} \qquad (7\text{-}7)$$

由式（7-6）和式（7-7）可得

$$V(\hat{m}_1) - V(\hat{m}_2) = -\alpha(\hat{m}_1 - \hat{m}_2) = \begin{cases} -\alpha(1-\theta) & \text{情况1} \\ -\alpha(1+9999\theta) & \text{情况2} \end{cases} \qquad (7\text{-}8)$$

由式（7-8）可得，当从情况 1 转为情况 2 时，买家的感知效用呈现不连续下降。因此，买家对汽车的感知效用表现出左位数偏差。

面临"宏观"市场行业和"微观"公司信息时，注意力有限的投资者需要能够将时间或认知资源分配在不同信息上。有学者发现，投资者倾向于在处理公司盈余信息之前优先处理市场宏观信息。理论模型表明，有限关注会导致公司层面的错误定价，包括对意外盈余的反应不足。这与实证

证据一致, 投资者的有限关注会使公司盈余信息纳入股价的时机滞后。因此, 若投资者的注意力有限, 对宏观信息的处理分散了其注意力, 投资者处理公司盈余信息的效率会降低, 即投资者对市场的反应将变得迟缓, 反应不足 (Peng & Xiong, 2006)。

在了解了有限注意力的概念后, 首要的应用就是在企业信息披露上。坏消息什么时候公布? 答案是周五。在周五, 大家将注意力都放在即将到来的周末上, 对坏消息的关注就会比工作日少很多。对于上市公司而言, 若要公布坏消息, 无论如何都要拖到周五 (DelaVigna & Pollet, 2009)。

7.3.2 采用注意力漂移扩散模型刻画个体行为

知晓了具有有限注意力个体的行为表现后, 本节要讨论的是个体是如何处理目之所及的信息的。眼睛是 "心灵的窗户", 通过视觉不仅可以获取外部信息, 也可以传递信息。眼动系统非常重要, 它允许个体有效地提取视觉信息。虽然不能精确地将眼动的过程视为选择, 但实际上眼动是人们最常做的决策行为, 即选择什么时候看和往哪里看。因此, 通过记录人的视觉搜索模式, 可以了解其认知活动, 这样就有了定义 7-4。

> 定义 7-4 ("脑-眼"假说): 个体看哪些信息, 会受到大脑的控制。通过监测眼动轨迹, 可以推断出人的关注点。

会议进行到下午的茶歇时间, 参会者陆续走出会场休息交谈。芽走到茶点区, 看着苹果和香蕉犹豫了一会儿, 最后拿起了几块苹果, 回到兰的身边。

兰: 人的决策不是一蹴而就的, 而是会受到注意力分配的影响。

芽: 即便是开会, 人们也不希望总是在线上进行, 因为线下面对面的交流形式能帮助人们捕捉瞬间的信息。

兰: 一些政治家、企业家等重要人物会让秘书将信息过滤、整理一遍, 以减少认知消耗, 让他们与谈话者保持眼神接触、掌控谈话节奏, 如禅宗般地专注于当下, 让谈话者感觉仿佛世界上只有他们。

芽：重要人物，如马斯克（Musk）认为时间是最重要的资产，他们不让秘书来规划时间安排，而是自己安排事情的优先级。

兰：多数人是普通人，需要仰仗算法等外部手段筛选信息。人们用今日头条、知乎等信息端时，就是采用了这种信息浏览方式。这些信息客户端通过放置具有诱惑力的关键词吸引用户，掌握了用户的访问流量后，它们就开始变现了。

芽：用户的浏览行为，即注视点停留的位置，暴露了他们的偏好。

兰：眼动仪在捕获人的认知过程信息时，利用的就是这一原理。比如，我问你喜欢什么水果？香蕉还是苹果？因为你刚才吃了苹果，显然你在两者之间更偏好苹果。

芽：嗯，但绝对不是因为"An apple a day, keeps doctors away!"［一天一个苹果，医生远离我（博士学位）］的缘故。

兰：若让你从香蕉和橙子中二择一，你会如何选择？

芽：香蕉。（几乎脱口而出）

兰：若让你从苹果和橙子中二择一，我推测你会选择苹果。

芽：这是因为在面对香蕉和苹果时，我纠结不已，因为两者给我带来的效用比较接近。然而，在面对香蕉和橙子时，我很快就选择了香蕉，因为香蕉给我带来的效用显著大于橙子。因此，面对苹果和橙子时，我很有可能选择苹果（图7-3）。

图 7-3　关于香蕉、苹果和橙子的选择

刻画"脑-眼"假说的代表性模型为注意力漂移扩散模型。假设被试（大脑）会为每个选项赋予相关决策价值，该值会随时间而变化。当被试在两个选项之间犹豫不决时，他的目光（眼睛）在二者之间游走。当被试注视某个选项时，对该选项的相关决策价值会被积累；若再将目光转移到另一个选项，之前选项的相关决策价值就会下降。当被试对某个选择的相关决策价值突破了阈值时，他就能在两个选项之间做出选择了。上述描述过程如图 7-4 所示。

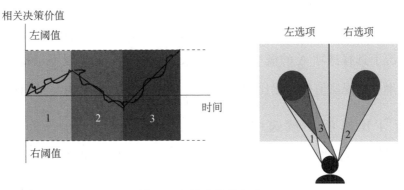

图 7-4　漂移与扩散行为

注："1""2""3"代表被试注意力集中在某个选项的阶段，
其中的变换代表被试的注意力从一个选项转换到另一个选项

漂移扩散模型的数学表述如下：决策是一个在噪声中收集信息的过程，当收集到的信息超过某个阈值时，决策便产生了。其中，漂移是指具有方向偏向的运动。例如，对于选项 A 或选项 B，个体更喜欢选项 A，决策时就会选择选项 A。扩散是指没有方向性的随机扩散运动。个体有时喜欢选项 A，有时喜欢选项 B，没有明确的具有方向性的偏好。一般性的漂移扩散过程为

$$V(t) = V(t-1) + \mu + \varepsilon_t$$

其中，$V(t)$ 表示个体在 t 时刻赋予选项的价值。$V(t)$ 越高，表示个体对该选项的偏好越强，选择该选项的可能性越大。μ 表示漂移率，即决策的方向。μ 越大，偏好值上涨的速度越快。ε_t 表示扩散程度，即决策纠结程度，ε_t 与 μ 之间的差异越大，表示个体对决策越纠结。

我们将漂移扩散模型置于简单的二元购买决策中。假设个体必须从选项 A 和选项 B 中选择一种购买，已知个体选择选项 A 的初始概率 $P = 0.6$，选择选项 B 的初始概率 $P = 0.4$，可知个体对选项 A 存在先验偏

好。在做决策前，个体会每隔 1 秒进行预决策。假设个体在 $t=0$ 时选择产品 x，那么 $V(t=0)=1$。如果在 $t=1$ 时个体再次选择选项 A，那么 $V(t=1)=V(t=0)+1=2$；如果在 $t=1$ 时个体选择选项 B，那么 $V(t=1)=V(t=0)-1=0$。

同时，我们将简单的二元购买决策扩展到一般情景中。假设有两个选项 A 或 B，个体观测到 n 个观测值 $x=(x_1,x_2,\cdots,x_n)$。$p_A(x_n)$ 表示观察到 x_n 的情况下选择选项 A 的概率，$p_B(x_n)$ 表示观察到 x_n 的情况下选择选项 B 的概率。在观测值的似然比对数 $\log\dfrac{p_A(x_n)}{p_B(x_n)}$ 度量了观测值为 x_n 的情况下，选项 A 比选项 B 被选中的概率大多少？当 $p_A(x_n)>p_B(x_n)$ 时，$\log\dfrac{p_A(x_n)}{p_B(x_n)}>0$；当 $p_A(x_n)<p_B(x_n)$ 时，$\log\dfrac{p_A(x_n)}{p_B(x_n)}<0$，刻画了个体在收到观测值 x_n 的信号后对证据的累积过程。因此，可以将漂移扩散过程等价于 $V_n=V_{n-1}+\log\dfrac{p_A(x_n)}{p_B(x_n)}$。

假设每个观测值独立同分布，观测结果服从均值 μ_A 方差 σ^2 或均值 μ_B 方差 σ^2 的正态分布，观察结果 x 的概率密度函数满足 $p_k(x_n)=\dfrac{1}{\sigma\sqrt{2\pi}}e^{-\frac{1}{2\sigma^2}(x-\mu_k)^2}$。

因为 $\log\dfrac{p_A(x_n)}{p_B(x_n)}=\dfrac{1}{2\sigma^2}(x_n-\mu_B)^2-\dfrac{1}{2\sigma^2}(x_n-\mu_A)^2=\dfrac{\mu_B^2-\mu_A^2}{2\sigma^2}+\dfrac{\mu_A-\mu_B}{\sigma^2}x_n$，所以 $V_n=V_{n-1}+\log\dfrac{p_A(x_n)}{p_B(x_n)}=V_{n-1}+\dfrac{\mu_B^2-\mu_A^2}{2\sigma^2}+\dfrac{\mu_A-\mu_B}{\sigma^2}x_n$。

兰：朴素地讲，若个体喜欢某个物品，就会盯着它反复地看。眼睛的注视时间、注视区域和眼跳等生理指标反映了他的信息搜索模式。那么，学者可以利用个体的目光停留和转移轨迹来预测个体的喜好，从而推断出他对该物品的偏好。

芽：若一个人喜欢另一个人，那么他就会情不自禁地盯着对方看。

兰：对！眉目也传情。

芽：若对方正在和我交谈，尽管他是在和我说着话，但他的眼神却游离不定。这说明他对正在讨论的话题不感兴趣。他一边听着、说着，一边伺机搜寻更感兴趣的说话对象。与此同时，游离的眼神也暴露出了他的大脑试图并行处理很多信息，却没处理好。

兰：与人初次见面时，要与对方有几秒的眼神接触，这样大家都会记住对方。

芽：面对技术的进步，理工科领域的人，如史蒂芬·平克（S. Pinker）会更乐观，而人文社会科学领域的人更易发出"高科技低人权"等悲观论调。

兰：你的观点让我想起了那些互联网"侏罗纪时代"的学者曾经对信息高速公路发出的论调。麻省理工学院计算机系教授尼古拉·尼葛洛庞帝（N. Negroponte）曾经在《数字化生存》（Being Digital）一书中对未来进行了展望："在智能手机的辅助下，人类的上班时间减少、休息时间增加"，"推荐技术的发展，使得垃圾广告彻底消失"（尼古拉·尼葛洛庞帝，2017）。

芽：走到 2023 年的当下，再往回看，尼古拉·尼葛洛庞帝教授的确是过于乐观了。当下人正在经历着各种"内卷"；推荐技术并没让垃圾广告、垃圾信息彻底消失，反而可能还加剧了。平台系统会不断地推送用户喜欢的东西和信息，用户不断地点开，像斯金纳（Skinner）实验中的"白鼠"，不断地享受着电击带来的刺激，直到精疲力竭。

兰：平台系统通过精准的算法推送，不断刺激用户的兴趣点，让用户保持在线。用户的每一次点击、每一秒停留时间，都被转化为平台的商业价值。这揭示出注意力经济的本质是，在信息过剩的时代，用户的注意力成了最稀缺的资源。

芽：现在的企业营销模式已经超越了简单的注意力争夺，社交平台更注重争取亲密关系。因为用户对算法推荐的产品可能会有戒备心，但对身边的朋友推荐的产品却很容易产生信任。这大概也是为什么抖音、小红书这样的社交电商平台能蓬勃发展，因为它们能成功地将用户社交关系转化为用户购买意愿。

兰：这种基于用户社交关系的营销模式，是在利用用户对熟人推荐的信任感，以及对群体归属的需求，反映了人类的社会属性。

芽：每个人都有对亲密关系的追求。我想起之前听过一场有意思的辩论，主题是当代年轻人择偶的困境不再只局限于性格与家境、外貌与身材，更在纠结"男友/女友"是现实的好还是虚拟的好。越来越多的年轻人开始追求虚拟世界中的情感寄托，谈起了虚拟恋爱。

兰：这反映了数字时代人际关系的新变化。是什么让年轻人开始谈起了虚拟恋爱，希望获得虚拟伴侣的陪伴？

芽：从成本收益的角度来看，虚拟恋爱似乎提供了一个低投入、稳定回报的选择。在现实世界中谈恋爱，年轻人需要投入大量的时间、精力和情感成本，结果却充满了不确定性。相比之下，虚拟伴侣能够提供可预期的情感反馈。

兰：有道理。现实中的伴侣虚虚实实难以捉摸，虚拟中的伴侣却能始终如一地懂你和爱你，这种确定性能给人一种安全感。

芽：但"爱是自由意志的沉沦"，正是因为有不确定性，才会有真实的情感体验。数据和代码构建的虚拟伴侣虽然稳定，但可能缺失了感情最珍贵的部分。在追求低成本、高确定性的同时，我们是否失去了建立真实情感联结的机会？

7.4 采用识别启发式刻画有限理性者的决策过程

识别启发式是指决策者用来快速做出决策的有意识或无意识的认知过程，通常以忽略某些相关信息为代价。采用这种行事法则可以帮助决策者减轻工作量：在做出判断或选择策略时，不需要刻意参与复杂而昂贵的战略考虑。本节考察采用识别启发式的两种决策法则：理性疏忽

（rational inattention）法则和基于属性的筛选（elimination by aspects，EBA）
法则。

7.4.1 理性疏忽法则

由于个体处理信息的能力有限及获取信息需要成本，个体理性地选择
了疏忽某些相对不重要的信息。克里斯托弗·西姆斯（Sims，2003）将信
息学中的信息熵（information entropy）概念引入经济学理论体系中，认为
人类大脑与计算机一样，注意力与信息处理能力都是有限的，进而提出了
理性疏忽法则。

> **定义 7-5（理性疏忽法则）**：个体面临着信息处理能力上的局限，需
> 要分配自己有限的时间和注意力，理性地选择处理哪些信息，而非对所
> 有信息都做出反应。

理性疏忽假说区分了所有可供利用的信息和个体做决策时实际使用
的信息，并要求信息的边际成本等于决策的边际收益。

熵的概念最早源自热力学领域，被称为香农熵（Shannon entropy）或
信息熵。它可以反映概率分布包含的信息量大小，或者说衡量其随机程度。
假设一个随机变量 x，其概率密度函数为 $f(\cdot)$，那么衡量该随机变量的不
确定性的熵 $H(\cdot)$ 为

$$H(x) = -\int_{-\infty}^{\infty} f(x) \log f(x) \mathrm{d}x \qquad (7\text{-}9)$$

对式（7-9）的行为学解读如下：若某件事情发生的概率很小但却发生
了，那么该事件会给个体带来很大的惊喜。相反，若某件事情发生的确定
性非常大，那么就算这件事情发生了，个体也不会觉得接收到了新信息。
因此，信息量应该和事件发生概率呈负相关。

接下来，我们借助数学语言刻画理性疏忽模型（Dean & Neilgh，2023）。
假设决策者收到一个随机变量 X，其概率分布函数为 $F(x)$。受限于处理

X 的能力，于是决策者建立了一个映射 K，将 X 通过 K 映射为一个新的随机变量 Y，其中映射 K 可以被理解为一个条件概率：$K(x,y) = P(Y = y \mid X = x)$。

决策者既希望 Y 足够接近 X，也希望 Y 足够简洁，于是引入了信息处理成本函数 $C(K,X)$，该函数衡量了某种不确定性的大小。在一些研究中，刻画 $C(K,X)$ 使用的是 Y 的信息熵。决策者同时决定映射 K 及在收到 Y 实现值 y 后的最优行动 $a(y)$，其中，Y 的实现值 y 与最优行动 $a(y)$ 是一一对应的。

上午的会议结束后，兰和芽来到酒店的中餐厅，取餐后，找了一个角落坐下来。

芽：我最开始了解熵这个概念是在学习高中化学时，那时候用物质的有序度来判断熵的增减，比如，固体比液体更有序、熵值更小。现在又了解了信息熵可以用来刻画事件的不确定。那么，信息熵的大小和个体对信号的反应行为有什么联系呢？

兰：我理解为当个体面对高度不确定的信号时，这些信号的信息熵较大，容易引发过度反应，导致个体过分依赖这些信号来更新判断，忽视基础比例谬误；面对确定性较强的信号时，由于信号可以提供的信息量较小，人们可能会表现出反应不足。我推测，在股市市场中，股民收到一条不知真假的传闻时，可能会立即做出买卖决策；在面对上市公司常规性的季度财报数据变化，反而可能会反应迟钝。

芽：个人对信号的反应行为也与其所处的情景有关。想起来我刚刚取餐时，看到几个参与者排队等阳春面，我也想立即跟风等一碗阳春面，因为这时候我的选择很少，表现出对信号的反应过度。但是，平时，即使很多同学都推荐某家餐厅的饭菜好吃，我通常都会考虑当天的安排，不一定马上去这家餐厅，表现出对信号的反应不足。

兰：面对众多信号，人们可能理性地选择利用和处理有限信号，即理性地疏忽其他信号。有些信息是垃圾，并且这些垃圾信息被人为地注入了贪婪、愤怒和恐惧，仅仅是为了吸引我们的注意力，这对我们并无好处，因此我们要进行"信息节食"。

芽："信息节食"就像是为了保持好身材控制饮食一样，控制接收的信息量吗？那具体应该怎么做呢？

兰：首先，要意识到信息并非越多越好，我们需要限制接收的信息量，并花费更多的时间来消化这些信息。其次，要关注接收信息的质量。人们对信息最根本的误解，在于信息和真相之间的联系。有些人认为接收了很多信息，就获得了真相。信息越多，代表获取的知识越多，但事实并非如此。即使在自然界中，大多数信息的功能并非传递真相，在历史和生物学中，信息的基本功能是联结。回望历史，很多时候，将人们联结起来最简单的方式，不是真相而是假想，因为真相是代价高昂的稀有信息，用假想联结人们更容易。

芽：为什么呢？

兰：因为真相不仅代价高昂，而且错综复杂，真相有时会令人感到不适，甚至令人感到痛苦。

芽：所以，一旦人们接收过多信息且不加深思熟虑，导致的后果就是真相常常缺位，假想充斥了人们的认知心智。

7.4.2　基于属性的筛选法则

本节讨论识别启发式的决策行为。假设每个选项有多个属性（线索），并且个体是先对属性排序，再做选择。与此同时，假设每个选项拥有一个属性集合，不同选择之间的属性集合有重叠，若个体的选择行为遵从基于属性的筛选法则（Tversky，1972），即定义 7-6。

> **定义 7-6（基于属性的筛选法则）**：个体选择选项的决策法则是，首先是因为该选项的特有属性而直接被选出，随后因为该选项和其他选项的共有属性被选出后，最后因为该选项的特有属性而被选出。

以三元选项 $\{x,y,z\}$ 为例，如图 7-5 所示。

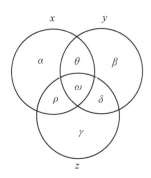

图 7-5 三元选项

图 7-5 中，有集合 $A=\{x,y,z\}$，选项 x 的属性集合为 $x'=\{\alpha,\theta,\rho,\omega\}$，选项 y 的属性集合为 $y'=\{\beta,\theta,\delta,\omega\}$，选项 z 的属性集合为 $z'=\{\gamma,\rho,\delta,\omega\}$。每种属性的总效用记为 $u(\cdot)$。记 A' 为选项 x、y 和 z 的属性集合 $\{\alpha,\beta,\gamma,\rho,\theta,\delta,\omega\}$。$A^0=\{\omega\}$ 为选项 x、y 和 z 的共有属性，不影响决策者选择每个选项的概率。b 为从选项 x、y 和 z 的属性集合中去除共有属性 $\{\omega\}$ 后的属性集合 $\{\alpha,\beta,\gamma,\rho,\theta,\delta\}$ 中的任一属性。记去除共有属性后所有属性的总效用为

$$K = u(\alpha) + u(\beta) + u(\gamma) + u(\theta) + u(\rho) + u(\delta) = \sum_{b \in (A'-A^0)} u(b)$$

考虑从集合 A 中选出 x 的概率。首先，属性 α 是选项 x 特有的，所以属性 α 从集合 A 中选出 x 的概率为 $\dfrac{u(\alpha)}{K}$。其次，属性 θ 是选项 x 和选项 y 的共有属性，所以属性 θ 从集合 A 中选出 x 和 y 的概率为 $\dfrac{u(\theta)}{K}$，再记选项 x 和选项 y 的集合 $B=\{x,y\}$。$B^0=\{\theta,\omega\}$ 为选项 x 和 y 的共有属性，不影响决策者选择 x 和 y 的概率。属性 α 和 ρ 是选项 x 特有的。因为特有属性 $\{\alpha,\rho\}$ 从选项 x 和 y 的集合 B 中选出 x 的概率，即特有属性 $\{\alpha,\rho\}$ 的效用与去除共有属性集合 B 中所有属性 $\{\alpha,\rho,\beta,\delta\}$ 的效用的比值，即

$$P(x;y) = \frac{u(\alpha) + u(\rho)}{u(\alpha) + u(\rho) + u(\beta) + u(\delta)}$$

因为共有属性 θ 从集合 A 中选出选项 x 和 y 后，又因为特有属性 $\{\alpha, \rho\}$ 从集合 A 的子集 B 中选出 x，所以属性 θ 从集合 A 中选出 x 的概率为 $\dfrac{u(\theta)P(x;y)}{K}$。最后，属性 ρ 是选项 x 和选项 z 的共有属性，所以属性 ρ 从集合 A 中选出 x 和 z 的概率为 $\dfrac{u(\rho)}{K}$。再记选项 x 和选项 z 的集合 $C = \{x, y\}$。$C^0 = \{\rho, \omega\}$ 为选项 x 和 z 的共有属性，不影响决策者选择 x 和 z 的概率。属性 α 和 θ 是选项 x 特有的，因为特有属性 $\{\alpha, \theta\}$ 为从选项 x 和 z 的集合 C 中选出 x 的概率，即特有属性 $\{\alpha, \theta\}$ 的效用与去除共有属性集合 B 中所有属性 $\{\alpha, \theta, \gamma, \delta\}$ 的效用的比值，即

$$P(x;z) = \frac{u(\alpha) + u(\theta)}{u(\alpha) + u(\theta) + u(\gamma) + u(\delta)}$$

因为共有属性 ρ 从集合 A 中选出选项 x 和 z 后，又因为 x 的特有属性 $\{\alpha, \theta\}$ 从集合 A 的子集 C 中选出 x，所以属性 ρ 从集合 A 中选出 x 的概率为 $\dfrac{u(\rho)P(x;z)}{K}$，所以属性 $\{\alpha, \theta, \rho\}$ 从集合 A 中选出 x 的概率为

$$P(x, A) = \frac{u(\alpha) + u(\theta)P(x;y) + u(\rho)P(x;z)}{K} = \frac{\sum_{c \in \{x' - A^0\}} u(c)P(x, c)}{\sum_{b \in \{A' - A^0\}} u(b)}$$

其中，c 为从选项 x 的属性集合中去除共有属性 $\{\omega\}$ 后的属性集合 $\{\alpha, \theta, \rho\}$ 中的任一属性。分子表示选项 x 影响决策的属性 $\{\alpha, \theta, \rho\}$ 的价值总和，分母表示集合 A 中影响决策的所有属性 $\{\alpha, \beta, \gamma, \rho, \theta, \delta\}$ 的总效用。

同理，可以得到从集合 A 中选出 y 的概率，即

$$P(y, A) = \frac{u(\beta) + u(\theta)P(y;x) + u(\delta)P(y;z)}{K} = \frac{\sum_{c \in \{y' - A^0\}} u(c)P(y, c)}{\sum_{b \in \{A' - A^0\}} u(b)}$$

其中，c 为从选项 y 的属性集合中去除共有属性 $\{\omega\}$ 后的属性集合 $\{\beta, \theta, \delta\}$ 中的任一属性。分子表示选项 y 影响决策的属性 $\{\beta, \theta, \delta\}$ 的价值总和，分母表示集合 A 中影响决策的所有属性 $\{\alpha, \beta, \gamma, \rho, \theta, \delta\}$ 的总效用。

从集合 A 中选出 z 的概率为

$$P(z,A) = \frac{u(\gamma) + u(\rho)P(z;x) + u(\delta)P(z;y)}{K} = \frac{\sum_{c \in \{z'-A^0\}} u(c)P(z,c)}{\sum_{b \in \{A'-A^0\}} u(b)}$$

其中，c 为从选项 z 的属性集合中去除共有属性 $\{\omega\}$ 后的属性集合 $\{\gamma, \rho, \delta\}$ 中的任一属性。分子表示选项 z 影响决策的属性 $\{\gamma, \rho, \delta\}$ 的价值总和，分母表示集合 A 中影响决策的所有属性 $\{\alpha, \beta, \gamma, \rho, \theta, \delta\}$ 的总效用。这样就容易验证

$$P(x,A) + P(y,A) + P(z,A) = \frac{u(\alpha) + u(\beta) + u(\gamma) + \dfrac{u(\theta)(u(\alpha) + u(\rho) + u(\beta) + u(\delta))}{u(\alpha) + u(\rho) + u(\beta) + u(\delta)}}{\sum_{b \in \{A'-A^0\}} u(b)}$$

$$+ \frac{\dfrac{u(\rho)(u(\alpha) + u(\theta) + u(\gamma) + u(\delta))}{u(\alpha) + u(\theta) + u(\gamma) + u(\delta)} + \dfrac{u(\delta)(u(\gamma) + u(\rho) + u(\beta) + u(\theta))}{u(\gamma) + u(\rho) + u(\beta) + u(\theta)}}{\sum_{b \in \{A'-A^0\}} u(b)} = 1$$

接下来，我们以出行选择为例，采用基于属性的筛选法则分析个体选择 4 种出行方式的概率，可以将不同方式的关系表示为图 7-6。

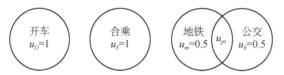

图 7-6　出行选择行为的基于属性的筛选法则分析

根据图 7-6，有 $K = u_D + u_S + u_{pt} + u_m + u_b = 3.5$，出行者选择开车、合乘的概率分别为 $P_D = \dfrac{u_D}{K} = 0.29$ 和 $P_S = \dfrac{u_S}{K} = 0.29$。出行者选择公交、地铁的概率分别为 $P_b = \dfrac{u_b + u_{pt}P(b;m)}{K}$ 和 $P_m = \dfrac{u_m + u_{pt}P(m;b)}{K}$。其中，$P(b;m) = \dfrac{u_b}{u_b + u_m} = 0.5$，$P(m;b) = \dfrac{u_m}{(u_b + u_m)} = 0.29$，则有 $P_b = P_m = 0.21$。

芽：在刚开始接触行为决策这个领域的研究时，需要阅读大量的文献。在时间和精力有限的情况下，我难以深入阅读每一篇相关文献，所以也会采用基于属性的筛选法则来筛选文献。

兰：能展开说说吗？

芽：首先看文献的特有属性，比如，该文献建立的行为模型或对数据分析的角度是否具有创新性；其次，看它与其他关键文献的关联性，如是否引用了关键的理论论证假设的合理性或者得出的研究结论是否与已有研究相呼应；最后，因为某一文献的独特发现和创新点，而将其选中作为重点阅读文献。

兰：选择合适的筛选文献策略，对于提高学术研究的效率很关键。

第8章 受时间偏好影响的跨期决策行为

在跨期决策情景中，个体表现为更看重当下的得失，即表现出现时偏向型偏好。8.1节介绍现时偏向型偏好理论的发展脉络；8.2节引入揭示现时偏向型偏好的棉花糖实验；8.3节分析现时偏向型偏好的刻画；8.4节基于时间偏好不一致性(time-inconsistency preference)的代表性模型拟双曲线贴现，定量地解读一些跨期决策行为异象。

8.1 现时偏向型偏好理论的发展脉络

本节分别从古典的现时偏向型偏好、新古典的现时偏向型偏好的视角解读个体的现时偏向型偏好。

芽：古典的现时偏向型偏好和新古典的现时偏向型偏好有什么区别呢？

兰：古典的现时偏向型偏好主要关注时间维度上的折现问题，认为人们赋予当前效用的权重高于未来效用。

芽：这种解释相对直观，但不足以解释很多实际现象。比如，有时候我们明明制定了计划，但执行时又忍不住改变原定计划。

兰：这正是新古典的现时偏向型偏好要解释的问题。它更关注人们在不同时间点上决策的不一致性。比如，明明计划明天开始健身，但到了明天，又想着从后天开始。

芽：所以，新古典的现时偏向型偏好引入了主观贴现函数来解释这种现象？

兰：对。新古典的现时偏向型偏好不仅考虑了简单的客观时间贴现，还考虑了人们的耐心程度与等待时间的关系，即个体关于时间偏好的认识随时间改变。

8.1.1　古典的现时偏向型偏好

古典的现时偏向型偏好的思想最早出现在 1776 年亚当·斯密（A. Smith）出版的《国富论》中，他在书中讨论了跨期选择（intertemporal choice）问题对于国家财富积累的意义。此后，经济学家约翰·雷（J. Ray）在亚当·斯密研究的基础上研究了影响跨期选择行为的因素。1930 年，数理经济学家欧文·费雪（Fisher，1930）在《利息理论：由不耐烦消费收入和投资收入的机会确定》（Interest: As Determined by Impatience to Spend Income and Opportunity to Invest It）一书中正式地提出了"现时偏向型偏好"。

随后，庞巴维克（Böhm-Bawerk）认为，当下物品通常比同种类、同数量的未来物品具有较高的主观价值。他在《资本与利息》（Capital and Interest）一书中，将"时差利息"（time lag of interest）存在的理由概括为两个方面：①需求和供应之间的差别，即目前处境比较困难而将来有望改善的人，对现在能直接地满足其需求、保障和改善其境况的物品的评价高于对未来物品的评价；②出于知识的缺陷，即抵挡不住当前物品的诱惑或意志等的缺陷，使得对物品当前的价值估计过高，而低估了物品未来的价值（庞巴维克，2011）。在《资本实证论》（Positive Theory of Capitals）一书中，庞巴维克将"时差利息"存在的理由概括为三条：①由于人们预期将来的收入提高，收入的边际效用在当期将呈现递减趋势；②出于心理原因，商品的边际效用将随着得到它以前的时间间隔的延长而下降；③生产者由于技术原因而低估将来商品的价值。庞巴维克在上述这两本书中给出了时差利息存在的理由，从文字表述来看，似乎两本书的观点稍有差异，但是他们传达的思想其实是一致的，基本包含三方面的原因：边际效用递减、低估未来价值、生产带来的价值大于闲置带来的价值（庞巴维克，1981）。

古典的现时偏向型偏好理论认为，利息是将来财务对现在财务所打的折扣，是人的主观评值。储蓄取决于个体意愿，该意愿又受个体的现时偏向型偏好的影响。面对同样的东西，个体认为现在的价值大于未来的价值，所以若要让他推迟消费，就需要补偿那一部分损失，即为利息。

8.1.2　新古典的现时偏向型偏好

虽然首先提出跨期选择理论的经济学家是欧文·费雪，但真正完成跨期选择理论建模的是 1970 年诺贝尔经济学奖获得者保罗·萨缪尔森（P. Samuelson），他提出了指数贴现效用模型（exponential discounted utility model）（Samuelson，1937）。

在离散时间框架下，记个体在 t 时刻的即时效用为 u_t，从时刻 t（现在）起到时刻 T（未来）的总累积效用为

$$U^t(u_t, u_{t+1}, \cdots, u_T) = \sum_{\tau=t}^{T} f(\theta, \tau) u_\tau \qquad (8\text{-}1)$$

其中，$f(\theta, \tau)$ 为贴现函数，通常是随着时间的推移单调递减，反映了个体对未来财富的不耐心程度。常用贴现函数为指数型贴现，有 $f(\theta, \tau) = \dfrac{1}{(1+\theta)^\tau} \equiv \delta^\tau$，其中，$\theta$ 为贴现率，$\delta = \dfrac{1}{(1+\theta)}$ 为贴现因子，τ 为离散时间点。采用指数型贴现刻画的贴现函数又被称为双曲贴现函数。

式（8-1）揭示的基本理念是：即时消费比未来的消费更具价值。以吃大餐为例，个体觉得今天去吃大餐要比一年后去吃更具吸引力。也就是说，个体在以某一贴现率对未来消费进行贴现。若一年后吃一顿大餐的效用只是现在的 90%，那么个体将未来大餐的年贴现率认知为 11.11%。式（8-1）的简洁性使得它迅速成为研究跨期决策情景的主流分析框架。

在连续时间框架下，相应的贴现函数为 $f(\theta, \tau) = e^{-\theta\tau}$，其中，$\theta$ 为贴现率。

定义 8-1（贴现率）：贴现率 θ 是贴现函数 $f(\tau)$ 随时间递减的速率。在离散时间框架下，贴现率为 $\theta(\tau) = -\dfrac{f(\theta, \tau) - f(\theta, \tau-1)}{f(\theta, \tau)}$；在连续时间框架下，贴现率为 $\theta(\tau) = -\dfrac{f'(\theta, \tau)}{f(\theta, \tau)}$。

接下来，我们用二择一的决策情景刻画个体在时间与报酬之间的权衡行为。

◎ **情景 8-1（时间与报酬）**───────────────────

假设个体的初始财富为 $w(w>0)$，他面对两个选项：

选项 $SS(S_{\text{delay}},s)$：在较短时间 S_{delay} 后获得较小报酬 s。

选项 $LL(L_{\text{delay}},l)$：在较长时间 L_{delay} 后获得较大报酬 l。

其中，$S_{\text{delay}}<L_{\text{delay}}$，$s<l$。

个体如何选择呢？面对选项 $SS(S_{\text{delay}},s)$ 和选项 $LL(L_{\text{delay}},l)$，若个体偏好选项 SS，那么 $u(w)+\dfrac{u(w+s)}{(1+\theta)^{S_{\text{delay}}}}>u(w)+\dfrac{u(w+l)}{(1+\theta)^{L_{\text{delay}}}}$，可得

$$\frac{u(w+l)}{u(w+s)}<(1+\theta)^{L_{\text{delay}}-S_{\text{delay}}} \tag{8-2}$$

对式（8-2）两边同时取以 e 为底的对数，有 $\ln u(w+l)-\ln u(w+s)<(L_{\text{delay}}-S_{\text{delay}})\ln(1+\theta)$，可以转化为

$$\theta>e^{\frac{\ln u(w+l)-\ln u(w+s)}{L_{\text{delay}}-S_{\text{delay}}}}-1\equiv\theta_1^* \tag{8-3}$$

对个体而言，若个体对选项的偏好不随着时间发生改变，那么无论何时（现在或未来），询问他是选择选项 $LL(L_{\text{delay}},l)$ 还是 $SS(S_{\text{delay}},s)$，当他的贴现率较高（即 $\theta>\theta_1^*$），即耐心程度较低时，他总是偏好选项 $SS(S_{\text{delay}},s)$；反之，他总是偏好选项 $LL(L_{\text{delay}},l)$。

特别地，当效用函数 $u(\cdot)$ 为线性时，式（8-2）可以被改写为

$$\frac{u(l)+u(w)}{u(s)+u(w)}<(1+\theta)^{L_{\text{delay}}-S_{\text{delay}}} \tag{8-4}$$

此时，完全理性者偏好选项 $SS(S_{\text{delay}},s)$ 的条件为

$$\theta>e^{\frac{\ln[u(l)+u(w)]-\ln[u(s)+u(w)]}{L_{\text{delay}}-S_{\text{delay}}}}-1\equiv\theta_2^* \tag{8-5}$$

但是，个体对选项的偏好可能会随着时间发生改变，即定义 8-1 中刻画的贴现因子会受到外部因素（如等待时间长度）的影响。

接下来，我们借助塞勒的研究成果说明个体对选项的偏好会随着时间而改变（Thaler，1981）。塞勒设计了一份调查问卷，研究贴现率随奖金大小和等待时间长短的变化。被试被告知他们购买彩票中奖了，被试可以立刻获得奖金或等待一段时间再获得奖金。被试被要求填写需要额外支付给他们多少美元才能使立刻获得的奖金和等待一段时间获得的奖金同样具有吸引力。我们将被试的回报结果的中位数及对应的年贴现率呈现在表 8-1 中。

表 8-1　立刻获得的奖金和等待一段时间所需的额外奖金及年贴现率

立刻获得的奖金/美元		等待一段时间所需的额外奖金/美元		
		3 个月	1 年	3 年
（A）	15	30（80.00）	60（4.00）	100（0.97）
	250	300（22.43）	350（1.40）	500（0.44）
	3 000	3500（21.04）	4000（1.33）	6000（0.44）
（B）	75	100（4.44）	200（2.67）	500（0.50）
	250	300（3.84）	500（2）	1 000（0.38）
	1 200	1 500（4.06）	2 400（2）	5 000（0.39）
立刻获得的奖金/美元		1 个月	1 年	10 年
（C）	15	20（26 043.82）	50（3.33）	100（0.23）
	250	300（12 854.00）	400（1.6）	1 000（0.17）
	3 000	3 100（4 993.63）	400（0.13）	10 000（0.16）

注：括号内的数字是年贴现率 θ，根据式（8-1）计算可得年贴现率。比如，面对 15 美元，若被试要等 1 年，那么被试可以获得的总金额为 60+15=75 美元，根据式（8-1），则有 $75 \times \dfrac{1}{(1+\theta)^{1}} = 15$，可得 $\theta = 400\%$

由表 8-1 可以发现：①给定等待时间的长度，贴现率随立刻获得金额的增加而下降，这意味着被试立刻获得的金额越大，其等待耐心越强；②给定立刻获得的金额，贴现率随等待时间的增加而下降，这意味着让被试等待的时间越长，其等待耐心反而越强。

总而言之，依从式（8-1）暗含的客观期望效用理论，完全理性者对未来多项选择之间的相对偏好不随时间改变，即个体关于时间的认知是完全理性的：从现在起的任何两个时间间隔相等的单位效用比保持不变。因此，完全理性者在最初就具有恒定贴现率，根据效用最大化进行决策，且无须担心随着时间的流逝，未来个体（未来自我）会推翻先前个体（先前自我）的决策判断，即完全理性者表现出充分且前后一致的思考行为。实际上，个体在跨期决策认知上存在有限理性，表现为随着时间的推移，个体关于时间偏好的认知却随时间而变。比如，个体虽然计划要健身，到了健身的时刻却偏好"躺平"；个体虽然计划要健康饮食，到了饭点却要享受高热量的美食；个体虽然计划要好好读书、学习，到了要读书、学习的时刻，却倾向于享受当下玩乐带来的快乐。因此，式（8-1）面临着挑战。

8.2 揭示现时偏向型偏好的棉花糖实验

棉花糖实验是斯坦福大学的沃尔特·米歇尔（W. Mischel）设计的，用以研究延迟满足。主试从斯坦福大学附属幼儿园招募数十名儿童，让他们每个人单独待在只有桌子和椅子的房间里，桌子上的托盘里有这些儿童爱吃的东西——棉花糖、曲奇或饼干棒。主试把 1 块棉花糖放在儿童面前，告诉他，如果忍一刻钟不吃，就可以多得 1 块。随后，主试离开实验室。为了抵制当下诱惑，一些孩子采取了各种方式与直觉冲动（系统 1）做斗争：有些孩子用手挡住脸，有些孩子幻想他们在玩玩具，转移注意力。孩子能否有足够的耐心来获取双倍奖励，预示了他今后是否具有能获得远期收益（提升他们在学校或者职场的成功率）的意志力。研究显示，仅有少数孩子成功延迟了对棉花糖的欲望，多数孩子坚持不到 3 分钟就放弃了。

对于棉花糖实验中孩子的不耐心行为，8.2.1 节从改造个体价值函数的角度引入现时偏向型偏好进行解读；8.2.2 节从改造个体风险态度的角度引入风险规避偏好进行解读。

8.2.1 基于效用函数解读儿童的不耐心行为

在棉花糖实验中，多数儿童没受过自我控制的训练，也没有延迟满足的相关经历，他们的自我控制花费的努力较大，或者预期的延迟满足较小。

因此，在系统 1 直觉式简单的决策框架下，马上吃掉棉花糖可以获得较高的满足感，但是在系统 2 逻辑推理的决策框架下，部分孩子通过分析得出，马上吃掉棉花糖只能获得 1 份满足感，而等待可以获得 2 份满足感，所以选择等待可以获得最大的满足感。

假设实验中第一块棉花糖对儿童的边际效用是 u_1，根据边际效用递减定律，第二块棉花糖对儿童的边际效用是 u_2，且 $u_2 < u_1$。所以儿童马上吃掉棉花糖的效用为 u_1。假设儿童的贴现率（不耐心度）为 θ，$\theta \in (0,1)$，根据固定贴现率模型，儿童等待时间 T 后获得第二块棉花糖的总效用为

$$U_w = u_1 + u_2 e^{-\theta T} - c$$

其中，c 是儿童克服吃棉花糖欲望的成本，且 $\dfrac{u_2}{e^t} < c < u_2$。

当儿童选择等待的效用高于马上吃掉棉花糖的效用时，儿童选择等待时间 T 再吃棉花糖，并获得奖励——第二块棉花糖，即 $U_w - u_1 > 0$。当儿童选择等待的效用低于马上吃掉棉花糖的效用时，他们会马上吃掉棉花糖，即 $U_w - u_1 < 0$。可以推测，当贴现率 $\theta < \dfrac{1}{t}\ln\dfrac{u_2}{c}$ 时，儿童可等待时间 T 并获得奖励（第二块棉花糖）；反之，无法获得奖励。

若孩子的不耐心程度 θ 已知，令 $U_w = u_1 + u_2 e^{-\theta t} - c = u_1$，可得不耐心程度为 θ 的孩子最长等待时间为 $t = \dfrac{1}{\theta}\ln\dfrac{u_2}{c}$。据此可得，当孩子的贴现率 θ 较高，即不耐心度较高时，其受系统 1 的驱使，更倾向于马上吃掉棉花糖；反之，当儿童的贴现率 θ 较低，即耐心度较高时，其受系统 2 的驱使，更倾向于等待时间 T 后再吃棉花糖，并获得奖励——第二块棉花糖。

兰：在棉花糖实验中，大部分成功的儿童是因为他们通过其他事情使自我暂时得到了满足，即通常所说的转移了注意力。

芽：是的。其中有一个孩子的行为给我的印象最深刻——舔奶油的罗伯特，他在实验开始后首先探索实验用的饼干。

兰：探索可以满足人的好奇心，使人的认知需求得到满足。

芽：但是，到这里还没有结束，有趣的事情刚刚开始。他很快发现有

几块是夹心饼干，中间有奶油夹层。

兰：你这么一说，我想起来了，他脸上洋溢着难以掩饰的喜悦，将夹心饼干小心翼翼地掰开，然后一脸满足地舔奶油，舔完奶油后将饼干合起来，再小心地放回盘中，然后以同样方式处理了剩下的夹心饼干。

芽：我都能想象得出来他在舔奶油时的满足而又自豪的表情。

兰：罗伯特舔完奶油后，甜食给他带来的边际效用就降低了，所以他可以很轻松地等工作人员回来，以获得奖励。

如何提高人的耐心程度，让他们在成人之后表现持有长期主义的坚忍不拔呢？可以让儿童学乐器，让他们体会漫长的投入和未来不可及的回报。然而，培养长期主义观念的关键在于，儿童需要来自父母的支持，这种支持使他们能够专注于长期目标，而不必过分担心短期的需求和压力。

8.2.2　基于风险规避偏好解读孩子的不耐心行为

在跨期选择情景中，个体可能面临着未来选择结果的随机性。回到狩猎社会，原始人对当下的偏好，可能是因为他们处于高度不确定性的生活状态，朝不保夕，每天都面临着饥饿的威胁，当下吃饱是头等大事，因此需要采用系统 1 快速行动，以免失去机会，自然无暇思考太远的未来；反而是过分看重未来的人在当时更难以生存，还会被视为好高骛远。所以，在高度不确定情景中，"今朝有酒今朝醉"体现了生态理性（ecological rationality）的生存法则：当下先活下来再说，下一秒钟能否活着是不可知的。若将某种享受的机会推迟得太久，再加之没能力积累财富，就会面临丧失享受机会的风险。

大约两万年前，地球的地轴倾斜度增大，导致各地的冬夏温差变大、跨季降水差增大。在万物不长的冬季，采取狩猎方式的人类即使从一地迁徙到几十公里之外，也未必能找到食物，所以靠天吃饭的狩猎采集生活方式带来的风险增加，这促使人类尝试定居，驯化动物，发明了储藏食物过冬的陶罐、腌制食品等跨期储藏技术，从而克服食物供应的不确定性，降低生存风险。自然而然地，房产、土地等跨期保值资产也被发明出来，人类由此进入农耕社会。

在农耕社会，时间被视为取之不尽、用之不竭的资源。人们不会用小时、分钟来度量时间。他们视自己为代代相传的一分子，是漫长家庭历史中的一员。人们倾向于延迟享受，以当下劳动换取家庭财富的积累，从而延绵子嗣，保证自己基因的传承。

到了以机械化、电气化、数字化为特征的三次工业革命的社会，一方面，激增的可利用资源将人类从贫困、饥饿、疾病中解救出来，人类几乎摆脱了生理生存环境的不确定性。但是，时代的变化如此急迫，压在每个人的心头，这使得人们处于新的具有高度不确定性的决策情景中，仍然依赖于那些在狩猎社会期间形成的、以快速反应和短期生存为中心的大脑机制，越来越多的人依然非常短视。

芽：球队老板选 NBA 球星时倾向于选择排名靠前的，而对排名靠后但可能有潜力的球星不是那么感兴趣。这导致球队在购买排名靠前的球星时不得不支付过高的费用。这可能是现时偏向型偏好行为。

兰：排名靠后的球员如何被看出是有潜力的？这也是个问题。不过，你可以说说为何球队为排名靠前的球星付出了过高成本。

芽：球星的表现不仅取决于运气，也取决于实力。但是球队老板无法准确地区分和预测球星的能力。球队每年需要挑选新队员，选秀轮次根据上一年队伍的排名决定。上一年排名最后的队伍最先挑选新队员，排名最前的队伍最后挑选。大家普遍认为获得靠前的选秀机会，选到优秀球星的概率更大，而且很多人恨不得把明年、后年的选秀权都给别人，为的是换到今年一个靠前的选秀位。但历史数据表明，"越早挑选越好"的观念并非总是正确。球队为了获得高顺位选秀权而付出的巨大代价，并不一定能从选中的球员的表现和商业价值中得到相应的回报。

兰：是啊！没人愿意等上几个赛季把新秀球员培养成伟大的球星。球队老板希望马上就能看到效果，那么球队的总经理、教练、选秀经理就照办——签下热门球星，让球队老板看到马上赢球的希望；若不能马上赢，责任也不在球队的总经理、教练等身上。

芽：从统计上来看，这导致靠前的选秀轮次价格虚高，但挑来的队员的价值却没那么高。导致这种错误估算的原因之一是，球队老板对运气在比赛中扮演的角色缺乏清醒的认识——一些球员得到的赞誉其实也依赖于其他球员。

兰：现实世界是高度不确定的，适当地具有更看重当下的时间偏好，能令个体获得生存优势，没有人能百分之百地保证那些排名稍微靠后但有潜力的球星保持当下上升的态势。

那些更重视未来的个体可能会表现得太守规矩，不懂得立刻抓住机会、审时度势，后续成功的概率就较小。因此，"一鸟在手胜过百鸟在林"是具有生态理性的经验生存法则，现在和未来之间有截然的区别，但未来和未来再多一天之间无显著的差异。

现实复杂且多变，棉花糖实验揭示的可能不仅是关于儿童的自控力，也是关于他们的贝叶斯先验的认知。基德与其合作者（Kidd et al., 2013）分析了先验概率在棉花糖实验中如何影响孩子的行为。提及棉花糖之前，孩子先进行了一个艺术项目。主试给了他们一些普通的艺术品，并承诺很快就会有更好的东西给他们。其中，一组主试很诚信，返回时履行承诺，带来了更好的艺术品，而另一组主试不信守承诺，两手空空地回来，只向孩子道歉。艺术项目结束后，孩子参加标准的棉花糖实验。研究发现，认为主试是不可靠的孩子更有可能在大人回来之前就吃掉棉花糖，从而失去了获得第 2 颗糖的机会。也就是说，当孩子过往的经历告诉他们成年人不可信任、会在不可预测的时间内消失并且撒谎的时候，他们更容易立刻采取行动。因此，孩子下意识地使用具有较差先验的贝叶斯模型是合情合理的。这佐证了人类天生会使用贝叶斯更新法则，抵抗诱惑的动机至少部分取决于对未来的预期而非意志力。

芽：我小的时候很淘气，躲在奶奶家，不肯回家。我妈妈接我时，拿了一袋葡萄干，说只要我回家，就全部给我吃。

兰：你回家了吗？

芽：我相信妈妈的话，回家了，但她并没有把一袋葡萄干全部给我吃。

兰：也许是父母慢慢地磨掉了孩子延迟满足的能力，助推了他们立刻满足的欲望。

芽：当下的我给自己定的目标是要干大事，而不是打小工。为此，我还买了一件写着"沉迷学习日渐消瘦"的帽衫，表达了对理想自我的向往。没多久，我就不好意思穿了。这使我推理得出，童年时期，在行为决策领域的"不幸"，需要用一生去治愈。

兰：和你面临类似困境的人不在少数。在淘宝上，检索关键词"监督师"，可以发现它能提供"炼狱规划""考研规划""应届生迷茫期规划""低谷期职业规划"等服务。

芽：在进行职业选择时，我也受到了跨期时间偏好的影响，但我是反其道而行之。我曾到大厂（互联网企业）实习，每天早上被人流半推着上下地铁。两个月过后，我认清了自己想要什么：不是毕业后进入大厂打起领带立刻赚大钱，而是拿到博士学位，毕业后进入科研机构做学术研究，但当下的收入微薄。

兰：现阶段中国一些产业的结构状况，更需要的是精力充沛的年轻人，而非经验丰富的中年人，互联网大厂能为刚毕业的年轻人提供丰厚的薪水。

芽：实习的时候，每天早上看到在互联网大厂工作的年轻人，或是睡眼惺忪地走向麦当劳、街边早餐摊，要一份早餐，边走边吃；或是索性就不吃早餐，抗到中午。

兰：互联网大厂年年能招到年轻人，而一个人却不会总年轻。在更广阔的视角下，近代以前，中国在技术方面处于领先地位，是因为在基于经验的技术发明过程中，人口规模是决定发明率的重要因素。近代以来，技术创新主要依托于科学实验。中国在近代的落后，可以归因于未能从基于经验的发明过程（系统1）成功转型为基于科学实验的创新模式（系统2）。

　　芽：活在当下，若工作只是为了谋生，如何让人持续保持努力的劲头呢？

　　兰：企业家深谙人性，设计出了包括月工资和年终奖的薪酬体系，激励员工将当下的努力与长远的回报结合在一起。

　　芽：最好是在员工完成小任务后，就给他们小奖励。

　　兰：这是考虑到收入的边际效用递减，将两个好消息分开告诉员工，可以提高员工的主观感受的好做法。

　　总体来说，真实世界中的跨期选择情景大多处于某种不确定性之中，若将不确定性变量纳入跨期选择的研究，则有助于更好地理解人们的决策偏好。不严谨地说，若将不确定性引入跨期选择模型中，犹如增加了一个时间延迟一样，会降低未来奖励的折扣程度（Weber & Chapman，2005）。也就是说，等待时间越长，个体面临的不确定性或风险越大；风险的存在像是延长了时间，从而降低了未来收益的贴现率，所以个体更偏向于迅速行动。然而，也有研究认为不确定性和时间延迟对跨期选择的偏好有着相反的影响（Anderson & Stafford，2009）。因此，关注不确定性情景中的跨期选择，预测该类型的跨期选择行为，是学者面临的一大挑战。

8.3　现时偏向型偏好的刻画

　　本节用拟双曲贴现模型（quasi-hyperbolic discounting model）刻画跨期决策情景中个体的现时偏向型偏好，进一步讨论个体关于自身现时偏向型偏好的认知不准确产生的影响。

8.3.1　行为经济学视角的现时偏向型偏好

　　基于跨期决策情景 8-1，改造出跨期决策情景 8-2，说明个体对选项的偏好的认知会随时间而变。

◎ **情景 8-2（跨期决策）**————————————

情景 8-2-1：个体从下述两个选项中选择出效用较大的选项：是选择选项 $SS(S_{delay}, s)$，还是选择选项 $LL(L_{delay}, l)$？

经过 S_{delay} 天后，个体进入情景 8-2-2，从下述两个选项中选出效用较大的选项：是选择选项 $SS(0, s)$，还是选择选项 $LL(L_{delay} - S_{delay}, l)$？其中，选项 $SS(0, s)$ 是指立刻获得较小报酬 s，选项 $LL(L_{delay}, -S_{delay}, l)$ 是指在较长时间 $L_{delay} - S_{delay}$ 后获得较大报酬 l。

若个体在情景 8-2-1 中偏好选项 $LL(L_{delay}, l)$，而在情景 8-2-2 中偏好选项 $SS(0, s)$，则归类为 L-S 模式。用 L-S 模式刻画个体的现时偏向型偏好的特征如下：开始时，个体偏好大的、延迟的选项 $LL(L_{delay}, l)$；一段时间后，个体偏好小的、立刻的选项 $SS(0, s)$，如图 8-1 所示。个体的偏好随时间变化的现象被记为时间偏好不一致性。个体偏好于当下的现象被记为现时偏向型偏好。

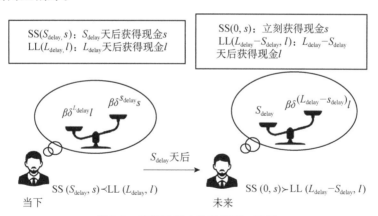

图 8-1　跨期选择中的时间不一致性

总结个体在跨期决策情景中的主观贴现率感知，则有定义 8-2。

定义 8-2（现时偏向型偏好）：具有时间偏好不一致性的个体给予距离现在较近的效用更大的权重。

若个体在情景 8-2-1 中选择 SS (S_{delay}, s)，而在情景 8-2-2 中选择 LL $(L_{delay} - S_{delay}, l)$，则归类为 S-L 模型，用 S-L 模式刻画这类时间不一致性偏好如下：开始时选择小的、立刻的选项 SS (S_{delay}, s)；一段时间后，选择大的、延迟的选项 LL $(L_{delay} - S_{delay}, l)$。个体不会表现出 S-L 模式。随后，我们将证明该观点的合理性。

个体偏向于享受当下美食或享受当下懒惰，所以现时偏向型偏好行为导致人们健身失败；个体更愿享受金钱在当下消费中带来的快乐，所以人们存钱失败或者不存养老金；相比当下努力学习带来的好成绩，学生更愿意享受当下玩乐带来的快乐。例如，立刻享受导致肥胖，小到吃个甜点、喝杯"快乐肥宅水"，大到灯红酒绿的即刻享受，只要你想要便能马上获得。然而，健身、学习等则需要立刻付出成本、享受延后快乐的活动，虽然可以通过劳动提高成就感，但是相对于与多巴胺关联的快乐，获取与内啡肽关联的快乐要辛苦得多。这都是个体在决策中的现时偏向型偏好的表现。个体的现时偏向型偏好使他们产生了拖延症，或者在涉及未来的重大决策中表现为目光短浅。

成瘾行为也是现时偏向型偏好的表现。当个体沉迷于游戏类的享乐事务时，虽然他明确知道这样对学习、生活和工作是有害的，依然会忍不住玩游戏，就是因为他更看重眼前的享乐，而不是将来更美好的事业和生活。

芽：小时的我经常把作业留到晚上做。放学后，首先要做的就是和小伙伴玩，晚上回家吃完饭，还要看一会儿电视，等到妈妈再三催促后我才做作业，理所当然地就会一边抹眼泪一边做作业，然后熬到很晚才能完成。

兰：每次都这样，你不觉得痛苦吗？你会不会就此长了教训，下次先做完作业再和小伙伴玩呢？

芽：每次熬夜赶作业确实很痛苦，并且每次也信誓旦旦地下次一定要先写完作业……然而"理想很丰满，现实很骨感"，我记吃不记打，每次都是边抹着眼泪边发誓下次一定先写作业。

兰：你的情况不是个例。个体在执行繁重的任务时，往往会逐渐减少努力，体验到身体或精神的疲劳。然而，临近最后期限时，又不得不更加努力。

芽：这两种现象怎么会同时出现呢？

兰：机会成本的变化可以解释这些影响。随着最后期限的临近，进行竞争性替代活动的价值下降。与此同时，参与竞争性替代活动的成本越来越高。这两个过程都有助于降低替代活动的净价值（Emanuel et al., 2022）。

个体的现时偏向型偏好有其生理学基础。麦克卢尔与其合作者（McClure et al., 2004）让被试在货币奖励选项之间进行选择，其中，这些奖励选项存在延迟交付。他们通过功能性磁共振成像（functional magnetic resonance imaging，fMRI）技术观测被试进行选择时的大脑活动，发现大脑确实存在两个独立的系统以截然不同的方式运行，当被试在决策时考虑到及时可用的奖励，与中脑多巴胺系统相连的部分边缘系统表现出更高的激活水平。相比之下，前额叶皮层和后顶叶皮层的区域涉及不受延迟影响的跨期选择，并且这两个系统的运行方式截然不同。与理性和计算相关的前额叶皮层负责对遥远的将来做长期打算，而短期决定则由中脑多巴胺系统相连的大脑边缘系统掌管。当被试做出延迟获得报酬的选择时，前额叶和顶叶皮层显著活跃，且实验任务难度越大，被试对应大脑区域的活跃度越高，而在决定立即得到报酬时，被试大脑边缘系统的活跃度显著增强。

8.3.2 拟双曲贴现模型

重新回到本章关于贴现因子的讨论，通过构造个体关于贴现因子的主观感受，改造个体的效用函数，解读个体在跨期决策情景中的现时偏向型偏好行为。回顾关于刻画个体的时间偏好不一致性的研究，我们发现得到广泛应用的刻画主观贴现因子的是拟双曲贴现模型（Phelps & Pollak，1968）。若读者觉得"拟双曲"这类概念很抽象，只要把它想象成个体在预测能力方面是有欠缺的即可。

在离散时间框架中，基于式（8-1），我们构造个体关于时间 τ 带来的

主观拟双曲贴现函数 $g(\tau)$ 为

$$g(\tau) = \beta f(\tau) = \begin{cases} 1, & \tau = 0 \\ \beta\delta^{\tau}, & \tau > 0 \end{cases} \qquad (8\text{-}6)$$

其中，β（$0 \leqslant \beta \leqslant 1$）是个体的短期的、时间不一致性的贴现因子，$\beta$ 越大，表明个体的现时偏向型偏好越弱；当 $\beta = 1$ 时，个体不具有现时偏向型偏好。δ 反映的是个体的长期的、时间一致的贴现因子，$0 < \beta, \delta \leqslant 1$。

在基于金钱的跨期决策情景中，个体的现时偏向型偏好因子 β 为 0.4—0.82，Paserman（2008）的测量值为 0.4，Meier 和 Sprenger（2015）的测量值为 0.78，Kaur 等（2015）的测量值为 0.82，Ericson（2017）的测量值为 0.61，Augenblick 和 Rabin（2019）的测量值为 0.83。显而易见，不同学者采取不同的实验情景设计，所得出的短期的、时间不一致的贴现因子也各不同（Imai et al., 2021）。

读到这里，若读者想到了同样和跨期决策有关的投射偏差的概念，自然会思考投射偏差和时间偏好不一致性两个概念之间存在什么差异。具有时间偏好不一致性的个体表现为：随着时间的推移，会赋予接近当下的选择更大的权重。投射偏差是指个体受当下情绪状态的影响，高估未来偏好与当下偏好的一致性，从而把当下偏好投射到未来的心理倾向性。投射偏差也可能是将自身意愿投射到他人身上或者将他人意愿投射到自己身上。

式（8-6）刻画的拟双曲贴现模型假定当前期和第二期递减的贴现因子及此后不变的贴现因子具有很强的可处理性，并且刻画了双曲贴现的一些定性含义。

接下来，我们借助拟双曲贴现模型，采用反证法说明其为什么不会表现为 S-L 模式。假设个体为 S-L 模式，则对于情景 8-2-1，相对于选项 $\text{LL}(L_{\text{delay}}, l)$，个体偏好 $\text{SS}(S_{\text{delay}}, s)$，则 $s\beta\delta^{S_{\text{delay}}} > l\beta\delta^{L_{\text{delay}}}$，那么

$$\frac{1}{\delta^{L_{\text{delay}} - S_{\text{delay}}}} > \frac{l}{s} \qquad (8\text{-}7)$$

对于情景 8-2-2，相对于选项 $\text{SS}(0, s)$，个体偏好 $\text{LL}(L_{\text{delay}} - S_{\text{delay}}, l)$，则 $s < l\beta\delta^{L_{\text{delay}} - S_{\text{delay}}}$，那么

$$\frac{1}{\beta\delta^{L_{\text{delay}}-S_{\text{delay}}}} < \frac{l}{s} \tag{8-8}$$

联立式（8-7）和式（8-8）可得，$\dfrac{1}{\beta\delta^{L_{\text{delay}}-S_{\text{delay}}}} < \dfrac{l}{s} < \dfrac{1}{\delta^{L_{\text{delay}}-S_{\text{delay}}}}$，即 $\dfrac{1}{\beta\delta^{L_{\text{delay}}-S_{\text{delay}}}} <$

$\dfrac{1}{\delta^{L_{\text{delay}}-S_{\text{delay}}}}$。这等价于 $\beta>1$，与假设 $0<\beta<1$ 矛盾，故个体不会表现为 S-L
模式。

8.3.3　老练者与天真者

具有时间偏好不一致性的个体可能会理性地预判将来自我的行为，从
而提前采取应对策略。但是，也有一些具有时间偏好不一致性的个体无法
准确地预判将来自我的行为（Fudenberg & Levine，2006）。从个体能否老
练地知晓将来自身的现时偏向型偏好的角度，我们可以将个体分为两类：
老练者和天真者（O'Donoghue & Rabin，1999）。

> **定义8-3（时间认知类型）**：对于具有时间偏好不一致性的个体，老
> 练者可以准确地预测自身的短期的、时间不一致性的贴现因子 β，并在
> 决策过程中充分地考虑到它产生的影响；然而，天真者无法准确地预测
> 自身的短期的、时间不一致性的贴现因子 β，而是想当然地认为自己的
> 短期的、时间不一致性的贴现因子满足 $\hat{\beta}>\beta$。

图 8-2 展现了在两期跨期决策情景中，定义 8-3 刻画的天真者关于当
下自我和未来自我的时间贴现因子的认知。

在 $t=0$ 时，依从时间序列，个体的现时偏向型偏好因子为 $\{1,\beta,\beta,\cdots\}$，
但是个体主观地认知到了 $t=1$ 时，他的现时偏向型偏好因子为 $\{1,\hat{\beta},\hat{\beta},\cdots\}$；
并且当 $t=1$ 时，他还会进一步主观地认知到他在 $t=2$ 时的现时偏向型偏好
因子依然为 $\{1,\hat{\beta},\hat{\beta},\cdots\}$。也就是说，个体的推理层级是无限的。

根据定义 8-3，对于具有时间偏好不一致性的个体，当他的自身认知
的现时偏向型偏好因子 $\hat{\beta}=1$ 时，个体就被记为是完全天真者；自然地，当

$\beta < \hat{\beta} < 1$ 时，个体被记为是部分天真者。后续，在不引起歧义时，将 $\beta < \hat{\beta} \leqslant 1$ 的人均记为天真者。

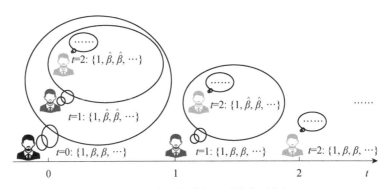

图 8-2　天真者的跨期现时偏向型偏好

对于老练者 S 而言，他能认知到自身的现时偏向型偏好会随时间而改变，从而准确地预判自己在未来的行动。结合定义 8-2，根据式（8-6），在时刻 t，老练者 S 认为自身在时刻 t 的效用函数为

$$U_{t,t}^S(u_t, u_{t+1}, \cdots, u_T) = \delta^t u_t + \beta \sum_{\tau=t+1}^{T} \delta^\tau u_\tau$$

老练者 S 认为自身在时刻 $t+1$ 的效用函数为

$$U_{t,t+1}^S(u_{t+1}, \cdots, u_T) = \delta^{t+1} u_{t+1} + \hat{\beta} \sum_{\tau=t+2}^{T} \delta^\tau u_\tau$$

对于天真者 N 而言，他无法准确地认知到自身的现时偏向型偏好会随时间而改变，也无法准确地预判自身在未来的行动。也就是说，在时刻 t，天真者 N 认为自身在时刻 t 的效用函数为

$$U_{t,t}^N(u_t, u_{t+1}, \cdots, u_T) = \delta^t u_t + \beta \sum_{\tau=t+1}^{T} \delta^\tau u_\tau$$

天真者 N 认为自身在时刻 $t+1$ 的效用函数为

$$U_{t,t+1}^N(u_{t+1}, \cdots, u_T) = \delta^{t+1} u_{t+1} + \hat{\beta} \sum_{\tau=t+2}^{T} \delta^\tau u_\tau$$

天真者不会因为自身的选择发生改变而懊恼，因为他始终基于自身当下的偏好做出选择。但是，部分天真者可能会进化为老练者，因为他们会在做中学。

有了定义 8-3 关于时间偏好不一致性认知的两类个体的讨论后，我们从老练者和天真者是否违背传递性原则的角度进行讨论。

> **定义 8-4（传递性）**：若相对于 L_2，个体偏好 L_1，相对于 L_3，个体偏好 L_2，即 $L_1 \succcurlyeq L_2 \succcurlyeq L_3$。那么，相对于 L_3，个体也应偏好 L_1。

接下来，我们举例说明。

◎ **情景 8-3（三期决策情境中的回报和成本）**

在三期决策情景中，$\delta = 1$，$\beta = \dfrac{1}{2}$。个体需要在其中 1 期采取行动，所得回报发生在当期期初，而成本发生在当期期末。记回报序列为 $v = (0,5,1)$，成本序列为 $c = (1,8,0)$。

在情景 8-3 中，对于完全理性者，在 $t = 3$ 采取行动优于在 $t = 1$ 和 $t = 2$ 采取行动带来的收益。

对于老练者 S，在 $t = 1$ 时，他认为在 $t = 1$、$t = 2$ 和 $t = 3$ 时采取行动给自己带来的收益分别为 $0 - \dfrac{1}{2} \times 1 = -\dfrac{1}{2}$、$\dfrac{1}{2} \times 5 - \dfrac{1}{2} \times 8 = -\dfrac{3}{2}$、$\dfrac{1}{2} \times 1 - \dfrac{1}{2} \times 0 = \dfrac{1}{2}$。与此同时，他认为在 $t = 2$ 时，若自己会分别在 $t = 2$ 和 $t = 3$ 采取行动，可给自己带来的收益分别为 $5 - \dfrac{1}{2} \times 8 = 1$、$\dfrac{1}{2} \times 1 - 0 = \dfrac{1}{2}$。因而，他在 $t = 1$ 时预判自己到了 $t = 2$ 会采取行动，这与他在 $t = 1$ 时的认识冲突。老练者 S 担心自身不能在未来选择最优行动而提前行动，即老练者预判自己会违背传递性，因此他会在 $t = 1$ 时行动。

对于完全天真者 N，在 $t = 1$ 时，他认为自己在三个时期获得的回报分别为 $0 - \dfrac{1}{2} \times 1 = -\dfrac{1}{2}$、$\dfrac{1}{2} \times 5 - \dfrac{1}{2} \times 8 = -\dfrac{3}{2}$、$\dfrac{1}{2} \times 1 - \dfrac{1}{2} \times 0 = \dfrac{1}{2}$，因此在 $t = 1$ 时，他认为自己会在 $t = 3$ 时采取行动。在 $t = 2$ 时，他认为自己获得的回报分别为

$5 - \dfrac{1}{2} \times 8 = 1$、$\dfrac{1}{2} \times 1 - 0 = \dfrac{1}{2}$。因此，完全天真者在 $t = 2$ 时采取行动，而不会等到 $t = 3$。这违背了传递性。

通过以上分析可得，无论是老练者还是完全天真者，他们的行为均和完全理性者不一致，并且完全天真者违背了传递性原则。

8.4　基于拟双曲贴现解读行为异象

虽有"路虽远行则将至，事虽难做则必成"的古话，但很多人很难坚持下去。本节从个体的现时偏向型偏好的角度解读为何人们办了健身卡却不去健身，更愿意当下及时消费行乐而不愿意存钱养老。

8.4.1　健身失败行为与健身助推策略

有了采用拟双曲贴现模型[如式（8-6）]刻画的个体的现时偏向型偏好模型的理解后，接下来，我们利用该模型分析人们健身失败的行为机制。

在 $t = 0$ 时，健身房向用户提供合约套餐 (L, p)，用户若接受，则需在 $t = 1$ 时向企业支付一次性费用 L，拒绝合约，则获得保留效用 $\bar{u}$。之后，用户决定是否付出努力水平 c 和访问费用 p，若付出努力，则在 $t = 2$ 时获得因锻炼身体而带来的收益 b。假设用户在未来的努力水平 c 是随机变量，其累积概率分布函数为 $F(c)$。想象一下，用户从家到健身房需要付出心力（努力水平 c），而这种心力受当日的心情、工作疲劳度、天气是否刮风下雨等外部情景因素的影响。

接下来，我们采用拟双曲贴现模型刻画用户的现时偏向型偏好不一致性。记回报序列为 $v = (0, 0, b)$，成本序列为 $c = (0, p + c, p + c)$，分别对应时间序列 $t = (0, 1, 2)$。完全理性者会在 $t = 2$ 时采取行动。

首先，分析老练者的行为。在 $t = 0$ 时，老练者预估将在 $t = 2$ 获得 $\beta \delta^2 b$，在 $t = 1$ 付出成本 $\beta \delta (p + c)$，即老练者在 $t = 0$ 时的期望效用为 $\beta \delta (\delta b - p - c)$。当 $c \leqslant \delta b - p$ 时，老练者认为自身在 $t = 1$ 时选择消费，即老

练者在签订合约时（$t=0$）认为自身在未来健身的概率为$F(\delta b-p)$。老练者在$t=0$时对自身在$t=1$时的认知是一致的。在$t=1$时，老练者选择健身的效用为$\beta\delta b-p-c$，即当$c\leqslant\beta\delta b-p$时，老练者选择健身，健身的概率为$F(\beta\delta b-p)$。老练者对比了在$t=0$时自身健身的概率$F(\delta b-p)$和在$t=1$时自身健身的概率$F(\beta\delta b-p)$。由此可见，老练者意识到会高估自身未来健身的概率，从而不选择购买健身卡（DellaVigna & Malmendier，2006）。

接下来，我们分析天真者的行为。在$t=0$时，天真者预估将在$t=2$时获得$\beta\delta^2 b$，在$t=1$时付出成本$\beta\delta(p+c)$，即完全天真者在$t=0$时的期望效用为$\beta\delta(\delta b-p-c)$。当$c\leqslant\delta b-p$时，完全天真者认为自己在$t=1$时会选择消费，即完全天真者在签订合约时（$t=0$）认为自己在未来健身的概率为$F(\delta b-p)$。在$t=1$时，完全天真者选择努力的效用为$\beta\delta b-p-c$，即当$c\leqslant\beta\delta b-p$时，完全天真者选择努力健身，健身的概率为$F(\beta\delta b-p)$。对比$F(\delta b-p)$和$F(\beta\delta b-p)$，可以看出，完全天真者更有可能会在$t=0$时购买健身卡，但是到了$t=1$时选择不去健身。

我们对用户签订合约（$t=0$）及高估了未来自我（$t=1$）健身的行为进行汇总，如图8-3所示。

图8-3　健身拖延行为

即便老练者知道自己不会经常健身，也会选择购买健身卡，以提醒未来自我健身，减少未来自我偷懒的可能性，从而降低高估自身未来努力健身的概率。其背后的道理是利用对沉没成本的规避，自我缓解对现时偏向型偏好的程度。不失一般性，假设老练者在时刻 $t=0$ 时决定是否交纳会员费 x，在时刻 $t=1$ 时决定是否付出健身成本 y 去健身，在时刻 $t=2$ 时收到健身回报 z。相对于不具备沉没成本（办健身卡费用）厌恶的用户，具有沉没成本厌恶的老练者更易采取健身行动，如图 8-4 所示。

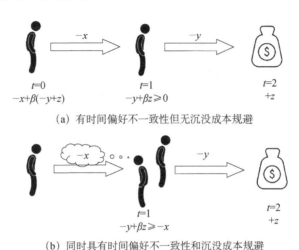

（a）有时间偏好不一致性但无沉没成本规避

（b）同时具有时间偏好不一致性和沉没成本规避

图 8-4　沉没成本偏差与现时偏向型偏好的对冲关系

　　每个人都应健康地生活，但还是有些个体不注重自己的身体健康。"道高一尺，魔高一丈。"利用损失厌恶的健康合约（Gym-pact）模式便出现了。用户购买健康合约时，无须向健身房支付任何费用，且去健身房锻炼是免费的。但是，用户需要签订协议，用户事先设定锻炼计划，比如，每月至少锻炼 10 次，若用户没有在规定时间内完成目标，健身房就从用户的信用卡账户扣除相关费用。若用户想要终止合约，还需支付一笔费用给健身房。这样一来，到健身房锻炼的用户不需要花钱，没到健身房锻炼的用户反而需要付钱。从本质上而言，这种合约利用了用户的损失厌恶，让他们做出承诺，以激励自己健身，这种效果类似于《奥德赛》中水手耳朵中的蜡封。但是该合约利用的同样是用户高估未来自我的控制能力，通过免费健身方式吸引用户加入合约后，再通过收取未完成目标的惩罚以获利。

芽：为了保持身体健康，我计划去健身房"甩汗"，却常常不能按照计划健身。

兰：人们常常知道自己该做什么，却很难做到，本质上是自控力不够。

芽：自控力不够让我想起来了自己在学习方面的拖延症。

兰：人人都有学习拖延症，大师也不例外。胡适在日记里经常写道，又去打牌了，各种要写的文章、做的作业都没按时完成（曹伯言，2003）。

芽：大师也有自控力问题！疫情期间，我凭着一腔热血，在大型开放式网络课程（massive open online courses，MOOC）系统上在线修读课程，只需要缴纳很少的费用。然而，在缴纳费用后，我经常上不完课程，最后还是放弃了。

兰：一般的课程内容越往后越难，需要选课人投入的精力越多。人的兴趣会经历由高涨慢慢消退的过程，越往后，越缺少学习动机，学习投入的边际效用递减，所以个体常表现出"行百里者半九十"。

芽：在 MOOC 平台上，若注册用户大比例地半途而废，虽然不影响平台的当下收益，但是从长远来说，却不是好事。久而久之，学生就不用 MOOC 了，因为反正知道自己也不会坚持。平台应该设计激励机制，鼓励选课的用户坚持下去。

兰：非常对！在一线奋战的企业家也体会到了他们的学习很难坚持，他们设计了一套机制，充分利用人对损失的规避度，以激励自己坚持学下去。

芽：非常好奇！洗耳恭听。

兰：这与 Gym-pact 合约的设计精神类似。以"英语流利说"为例，用户需要向教育机构支付费用后获得在线课程的学习权限，比如，支付 198 元获得 100 天的学习权限。若用户在 100 天内有超过 80 天学习并打卡分享到朋友圈，则可以全额返还学费或部分退款。若用户完成目标，既提升了自己，也能获得额外收益，这样企业虽然损失了利润，但用户在实现目标的过程中是在免费帮自己宣传；若用户没完成目标，用户没有获得本应获得的提升，企业却利用了用户的"不幸"获得了合约费用。

芽：我看到了关于"英语流利说"的报道，其在 2018 年、2019 年持续亏损，但是其宣称这是战略性亏损。该商业模式获取客户的成本高，但每位客户的消费单价很低。要想使该模式具有可持续性，要考虑应该制定多长时间的学习周期，因为学习周期会影响成功者的人数和收入。

兰：进一步思考，"英语流利说"App 的商业模式定位，是利用了用户的"不幸"——赚钱的动机与用户的学习动机不一致。用户还是希望使用App 学好英语的。

芽：我正在用"扇贝"App 学习英文，采用免费+付费的模式，不同时间段内的打卡记录互通，并且增加了同桌、小组机制等社交功能，可以利用同群效应（社会影响）激励用户努力学习。

兰："扇贝"App 和用户"一条心"，考虑到了人性的弱点，却不利用该弱点赚钱，而是鼓励用户克服这类弱点，使得用户达成了学习的初心。同时，"扇贝"App 也赚到了钱，达到了双赢的局面。

芽：在学习方面精益求精是好事情，但是在工作方面，"996"加班的内卷文化可不总是好事。高负荷的工作内容令人时刻面临着突如其来的风险，造成巨大压力，导致体内皮质醇水平升高，损害了个体的认知能力。

兰：若每天行行如也，不从容自在，就没有足够的空间和时间供系统1 运转，也就不可能产生创新想法。

芽：我们讨论了很多助推的方式，帮助人们获得心理健康和生理健康。与此同时，助推也有可能被用来做不利于人们身心健康的事。

兰：幸福是检验助推成功与否的标准。若助推被用于作恶，就不值得宣扬了。

8.4.2　养老金滞纳与助推缴纳策略

现时偏向型偏好会诱发老无所养。若自我放纵仅涉及个人人生价值观的选择，最多也不过是个人对人生的态度有所不同。若自我放纵损害了社会总福利，政府就需要出手干预。比如，一些人在当下不在乎社保，也不想交社保，想多拿点现金，可是政府之所以强制劳动者缴纳社保，就是为了克服劳动者的短视行为。等这些人老了，谁来供养他们呢？若资方不主动帮助劳工缴纳当下的社保，就是透支未来的社保资金。也就是说，资方把部分用工成本转嫁给政府，而且引发的社会问题却不会在短期内显现。

共享经济使得劳资关系发生了改变，也给资方提供了更多剥削劳工的机会。原来资方需要雇佣劳工，劳工与资方有劳动合同，法律保护无产者。然而，在共享经济时代，可用个体工商户或独立承包商来代替劳工，使用按单付费的策略。

法律法规滞后于社会发展，如何界定这种劳资雇佣关系，是一个新问题。2020 年 11 月，美国加利福尼亚州通过了全称为"豁免基于应用程序的运输公司和快递公司向特定驾驶员提供员工福利"的提案（简记为第 22号提案），明确规定外卖平台的送货员和打车平台的司机都应作为独立承包商而非雇员，以豁免这些公司按照 AB-5（California Assembly Bill 5）法案向驾驶员提供员工福利。其中，AB-5 法案裁定，若工作具有规律性，且是这家公司常规业务的一部分，从事该工作的工人就不能被视为承包商，必须被视为正式员工，零工平台需要为他们提供不低于最低工资标准的薪水、法律规定的加班工资和社保。

第 22 号提案给资方带来了巨大利益，却损害了劳工的福利。这将鼓励资方将其劳工重新分类为独立承包商，一旦他们这样做，劳工历经几百年争取到的劳动保护权利将在一夜之间消失。所以，第 22 号提案看上去像是欺骗，它将灵活用工包装成一种权利来宣传，但是本质上是剥削。

在一些地方，一些外卖平台上的骑手被迫注册为个体工商户，这意味着若骑手是个体工商户，法院就更可能认定骑手与平台之间是合作关系，而非劳动关系。换句话说，骑手是自担风险、自负盈亏的小本生意人。从表面上看，这类灵活用工平台不仅能帮助企业节税，还可以增加骑手到手的工资，但是一旦骑手出现交通事故或退休时，却没有社会保障金、医疗保障金来帮助他们抵抗风险。

如何助推青壮年主动且持续地缴纳养老保险呢？美国政府鼓励员工参与"明天储蓄更多"（Save More Tomorrow，SMT）计划。最初，养老保险参保是员工自愿申请，但由于惰性，往往连那些理解养老保险好处的员工也不愿意主动申请。于是，政府将养老保险参保设置为每位员工的默认选项，不参保的员工则需要填写申请表，由此提高了员工的参保率。参保率提高后，又面临着缴纳比例问题，员工一般会选择较低的缴纳比例，这不能很好地保障他们的退休生活。于是，美国政府推出了"明天储蓄更多"计划，员工开始以较低比例缴纳，之后，工资每涨一次，就提高一次缴纳比例。

我们结合损失厌恶和现时偏好解释员工愿意参加"明天储蓄更多"计划的原因。一方面，假设"明天储蓄更多"计划初始的储蓄率为 α^{TM}，员工工资为 w，如果员工采用一般储蓄计划，即每年的储蓄率都为 α^{N}，且"明天储蓄更多"计划初始的储蓄率 α^{TM} 小于一般储蓄计划每年的储蓄率 α^{N}。第一年参与"明天储蓄更多"计划的员工只需支付 $\alpha^{TM}w$，参与一般储蓄计划的员工需要支付 $\alpha^{N}w$。由于 $\alpha^{N}w > \alpha^{TM}w$，参与一般储蓄计划的员工感知到的损失较大，受损失厌恶驱使的员工更愿意参与"明天储蓄更多"计划。另一方面，员工具有现时偏好性，即员工更偏好于现在持有更多工资，因此员工更愿意加入"明天储蓄更多"计划。

接下来，我们解释参与"明天储蓄更多"计划的员工为什么不愿意退出该计划。人的行为存在惯性和惰性，即便后续几年"明天储蓄更多"计划的储蓄率超过一般储蓄计划，员工也不愿意花费精力提交退出申请书，倾向于继续参与"明天储蓄更多"计划（Thaler & Benartzi，2004）。

为了探究鼓励年轻人增加储蓄的方法，学者让被试戴上虚拟现实眼镜看到虚拟自我，主试通过电脑操纵，让这个自我在被试面前慢慢变老，成为他们几十年后的样子。随后，主试发给被试虚拟货币，让他们决定是在年轻时花掉，还是存下来养老。根据被试的不同决策，他们的老年版虚拟自我将会展示不同状态。若被试做出的决策倾向于存更多的钱，则虚拟自我会开心，并且状态很好，因为他有足够的钱养老。若被试大手大脚，决定在年轻时花掉钱，则虚拟自我会悲伤、憔悴。这个实验通过虚拟现实让人们对某个假设的情况产生感同身受的认知，影响他们当下的决策。这些被试颇受触动，纷纷减少在年轻时花掉的货币（Hershfield et al.,

2011）。

还有一些人使用名为 Deadline 的 App，根据生活习惯，提醒自己还可以再活几年，间接地激励自己尽早储蓄。但是，这种 App 的威慑力太强了。笔者可能正是因为畏惧知道这个信息，所以不安装它。温和一点的做法是，提醒自己注意所在群体的人口年龄结构，警醒自我提前储蓄。2060 年，中国的老龄化将达到高峰，并持续到 21 世纪末，多个地方政府的养老金收小于支，单靠政府的基本养老保险风险较大，养老还是要靠自己，需要从保险和个人储蓄方面提前做准备。

在促进消费者相信电商平台的交易规则，即增强消费者的消费信用的同时，我们既要积极开源，也需要注意节流。中国电商平台的消费信用之所以能实现快速增长，不仅归功于其高度的易得性和操作便捷性，更深层次的原因在于，它们有效覆盖了那些传统信贷体系难以触及的信用需求群体。这些群体往往缺乏固定工作、固定资产等常规信贷审批所需的抵押或证明，电商平台因而创新性地利用他们的消费记录作为信用评估的依据。针对这一非传统信贷目标客户群，电商平台需要不断探索具有创新性、个性化且便捷的信用产品服务模式，以满足其独特需求。因此，深入研究这些群体的借贷行为模式与决策机制，变得尤为重要。为了进一步提升信用管理效能，一些电商平台实施了消费自控力培训项目，旨在帮助目标个体减少非必要娱乐支出及借款行为，从而降低在线借款负担及延期还款产生的额外费用。同时，虽然普及金融知识对于改善个体消费信贷状况具有积极作用，但其效果往往较为有限，需要与其他措施并举，方能保证信用健康与财务稳定（Bu et al.，2022）。

会议第一天的议程结束，夜色渐浓，华灯初上。兰与芽和其他几位报告人一起前往会议中心的自助餐厅就餐。在兰的介绍下，芽认识了小庆和小郑。小庆是一位刚刚入职的青年学者，近年专注于消费者行为研究。小郑则是一位在读博士生，正在研究游戏成瘾现象。大家围坐在一起，聊了起来。

小庆看了看手机上显示的股市收盘信息，感叹起来。

小庆：现在的投资者特别容易受即时反馈的影响，沉迷于短线交易。

兰：当下，生活窘迫的人依然不少，对时间的偏好差异依然存在。"日结一天可（阔）玩三天"，刻画了那些以日结薪水度日的人，一些人拿到薪水后就到游戏厅玩个通宵。

小郑：我在研究游戏成瘾时也发现很多玩家为了立即获得游戏道具，宁愿透支网贷。

芽：在游戏世界里，网瘾青年施展的技能能够立即显现其效果，使其迅速获得成就感，令他们沉迷于其中。久而久之，网瘾青年穷困潦倒、走投无路，于是他们就会卖掉自己的身份信息，因为在社交网络上，个人身份信息多少会值一点钱。

小庆：相比传统的娱乐方式，年轻人更倾向于选择短视频，因为它们能提供更快的多巴胺反馈。短视频平台也因此获得了更大的流量，不仅优化推荐算法来延长用户使用时长，还精准投放广告，诱导即时的冲动消费。

兰：科技让资本把人剥削得更彻底，也助推人变得更加具有现时偏向型偏好。青少年对高回报尤其敏感，希望寻求即刻刺激（Chick & Reyna，2012）。

小郑：这种即时满足的需求从童年就开始显现了。一些孩子喜欢按电梯按钮，一些调皮的孩子还会全按一遍。为何孩子们那么喜欢按电梯按钮呢？因为按它会亮，这就是即刻享受。

兰：有一所学校在自主招生阶段，问学生若下辈子变成动物的话，希望变成什么动物，很多人回答要做小猫、小狗，因为这样可以"躺平"。

芽：在媒体报道中，一些年轻人不要上班、上进，而是要"上香"。

小郑：是的。我身边的很多同学喜欢去寺庙，求一个"论文必中"，而且在论文中了之后，必须要坚持再去一次"还愿"。并且，一旦愿望成真，会有更多同学效仿。

兰：年轻人的苦，寺庙才最懂。一些年轻人非常现实，钱不够花，就只能给便宜物品赋予较高的情绪价值，所以他们就用着几元钱的香，许着几百万元的愿。

　　芽：顺境有顺境的活法，逆境也有逆境的过法。

　　小庆：人们可以像苏东坡一样"不随"。黄州、惠州、海南岛这么一路走来，无论外界环境如何恶劣，他都能走到哪儿，吃到哪儿。被贬到黄州，他研究出了东坡肉；写过《猪肉颂》："黄州好猪肉，价贱如泥土。贵者不肯吃，贫者不解煮。早晨起来打两碗，饱得自家君莫管。"被贬到惠州，他迷上了荔枝；被贬到海南岛，他爱上了生蚝。

　　兰：他的心态总是积极的。他写了《定风波》："莫听穿林打叶声，何妨吟啸且徐行。竹杖芒鞋轻胜马，谁怕？一蓑烟雨任平生。"

　　众人陆续用餐结束，收拾好餐盘后，走出餐厅，准备回酒店休息。与小庆和小郑分别后，兰与芽一同进入电梯。

　　兰：经过一日的会议和畅谈，对有限理性驱动的行为感知如何？

　　芽：有限理性不仅会影响我们的决策，还塑造了我们的生活方式。从健身行为到癌症筛查，从探索与利用行为到跨期选择，有限理性行为比比皆是。

　　兰：理解这些概念是一回事，但将它们与现实世界联系起来才是真正的挑战和乐趣所在。

　　散步至酒店，两人在大厅分别，各回房间休息。

第三篇

互动决策与群体决策行为

前两篇讨论了行为决策理论、有限理性驱动的行为，本篇讨论一些关于互动决策与群体决策行为的内容。不确定性决策情景中的决策者不会仅有一个，还会有多个，多个个体之间的决策行为彼此影响。为了更好地理解人类群体的认知与行为决策，我们不仅需要体会和运用人类个体大脑心智的内部运行秩序的行事规范，还需要深刻地理解社会经济交流中的互惠和共享的外部秩序，以及基于外部秩序生成的合作规范。以约翰·纳什（J. Nash）为代表的学者提出的博弈论为研究上述问题提供了起点，因为它将个体之间的决策行为用明确定义的机制联系起来了，指出谁将在何时行动，将做出什么行动，行动时掌握了什么信息，各个个体偏好不同的情况下彼此之间是如何相互影响从而决定了最后结果的（Nash，1950）。本篇将决策者的互动行为纳入考虑范畴，讨论相互博弈或群体决策情景中人们的认知与决策行为。

在相互博弈的决策情景中，决策者会展现出公平感，这意味着他们并不是只关心自身的利益，也同样关心他人（正向或负向）的收益。如果我们不考虑公平感、因个人或社会规范引发的交易效用，就无法充分地理解问题的本质，如竞争对市场的影响、与合作和集体行为相关的规律、物质激励的效果和决定性因素等。本篇的内容安排如下。

第 9 章考察受公平感驱使的决策行为。不平等厌恶引发的公平感属于基于分配的涉他偏好，反映了个体对交往后最终分配结果平等性的关注。因此，具有公平感的个体的效用函数不仅包括本人获得的物质收益，还包括他人获得的物质收益及其与本人获得的物质收益之间差异带来的效用。

第 10 章考察群体决策者之间的去信任与被信任行为。本章首先总结了与去信任和被信任行为相关的典型实验，随后考察了影响信任度的因素，最后探讨了提高信任度的机制。

第 11 章讨论有限推理层级行为。本章通过考察个体的过度自信及顺序推理典型案例，引出个体的推理层级有差别，通过引入认知层级（cognitive hierarchy）模型刻画个体的推理行为，并利用 CH 模型（cognitive hierarchy model）刻画不同认知层级群体之间的战略替代和互补行为。

第 12 章分析身处群体中的个体的从众行为及其带来的影响。本章通过介绍心理学理论中的经典观察学习行为理论，引出因观察学习引发的从众行为；随后，探讨了企业和个体如何善用从众行为；最后，定量地刻画了从众行为。

会议的最后一天，兰和芽早早地来到会场，准备聆听今天的报告。在会场门口，两人驻足片刻，看着陆续到来的与会者。

芽：每个人都带着自己的经验和偏好来到这里，在接下来的会议与讨论中，大家的想法可能会相互影响，甚至发生改变。

兰：现实中的决策情境通常涉及多个决策者，研究群体决策行为可以更好地理解企业的经营管理活动。

芽：人类的非理性行为、有限理性行为很自然地广泛存在，为何关于这方面的研究，最初没有被经济学家考虑到？

兰：他们最初考虑到这些非理性因素了，随后却将其遗忘了。亚当·斯密被认为是现代经济学的发明者，他在撰写《国富论》之前，还写了《道德情操论》，他也能被归类为行为主义经济学家。然而，后来的多数经济学家却忘了这回事。

芽：后续以丹尼尔·卡尼曼为代表的学者获得诺尔贝经济学奖，又再次提醒学者应考虑人的非理性因素。

兰：现在多数经济学家、行为决策研究者都知道行为经济学、行为决策理论。一些顶级企业如谷歌、优步、滴滴、百度、脸书等，都设立了有关人类行为决策、大脑生理运营机制功能的研究类岗位，一些顶级学术期刊也刊登了与行为决策相关的研究论文。

芽：行为决策尚未进入经典教科书。本科生在学习基础经济学、行为决策课程时，可能只学了到有限的内容。

兰：这种课程安排导致一些学生不重视相关行为经济学课程的修读。我攻读博士学位时，在史密斯（Smith）实验经济学实验室老师开设的行为经济学短期课堂上开小差，被授课老师抓了个正着，他让我回答问题，我回道："我是旁听生，不要学分。"

芽：你的这一回答，给授课老师留下了深刻印象。

兰：事后反思，我逐渐地感受到了史密斯实验经济学实验室的老师们对我产生的潜移默化的影响。一些从海外回来短期访问的老师，包括密西根大学陈岩老师，都开设了相关课程。过了好几年，我才决定真正地进入行为决策相关研究领域。

芽：哪件事情激励了你进入该领域？

兰：当时，我虽然模糊地感到自己对该领域有兴趣，但是不知道能做什么、怎么做，颇有一种"英雄无用武之地"的感觉，直到读到一篇和行为有关的论文，我明确了自己想做的研究到底是什么样子。

芽：后来，你就开始一发不可收拾地研读此领域的相关研究成果了？

兰：当时，行为经济学、决策心理等还没有形成完整的知识体系。在迈入这个领域的那一刻，我对未来一无所知，无法预见研究方式和成果会有哪些改变。为了解开心中的疑团，最初我阅读了相关文献，包括生物学方面的，如《自私的基因》《社会生物学：新的综合》等。

芽：当下的你为何花精力去写行为决策的相关著作？

兰：老话说得好，想学什么先教什么。我给学生开设了相关课程，却找不到配套教材，只能自己写了。

芽：现在理解得全面了吗？

兰：远谈不上全面。比如，互动决策和群体决策情景中的行为特征，我也只是了解了其中的一二。

第9章 受公平感驱使的决策行为分析

本章考察人的看上去背离"完全理性"的行为，即人并不总是利己。其根源是人是社会性动物，即使有"人之初性本恶"的理念，个体成长的过程也会让很多人潜移默化地将社会规范、道德、公平感等纳入行事规则中。因此，在很多情景中，尤其是在涉他社会情景中，个体会表现出具有公平感的行为。9.1节讨论具有公平感的个体行为，借助最后通牒博弈（ultimatum game）和独裁者博弈（dictator game），讨论受公平感驱使的个体行为特征；9.2节讨论影响个体公平感的因素；9.3节构建考虑公平感的模型。

9.1 具有公平感的个体行为

本节考察具有公平感的个体行为。9.1.1节给出金钱占下风情景中的决策行为，并引出直接互惠和间接互惠，9.1.2节讨论个体基于社会比较理论构造自我效用，9.1.3节借助最后通牒博弈和独裁者博弈解释公平感对互动博弈中人们的决策行为的影响。

9.1.1 金钱也会占下风

完全理性理论假设个体是物质利己者，认为个体在做选择时仅最大化自身的收益。就像亚当·斯密所言，我们不能把自己的晚餐寄希望于屠夫、酿酒师和面包师的仁慈，而是要寄希望于他们对自己利益的关注（亚当·斯密，2005）。然而，人是社会化、情绪化的动物，人们的公平感如其胃口一般千差万别，并非所有人都仅考虑自身收益，不公平厌恶（inequity aversion）是人们与生俱来的特性。这是因为我们同时身处两个世界：市场规范世界与社会规范世界。在市场规范世界，我们权衡利弊，拿钱做事；在社会规范世界，我们不仅仅追求个人利益，还会通过互相帮助和支持，体现对社会正义和共同价值的承诺。由此可见，那些排斥利益的感性理由、令人沮丧的有限理性，恰恰是让我们体会到人情味的源头。

在日常生活中，我们时常基于社会规范的世界中的规则行事。比如，我们可能会遇到如下情景。

◎ 情景 9-1（帮，还是不帮）————————————————

情景 9-1-1："嗨，同学，可以帮我搬一下自行车吗？"

情景 9-1-2："嗨，同学，帮我搬一下自行车可以吗？我给你 10 元！"

对于情景 9-1-1，我们可能会说："好呀！好呀！"对于情景 9-1-2，我们可能嘴上会说"呃，不了，不了，没时间"，心里却想着"这个提出帮忙的同学真令人讨厌"。我们由此可以看到，完全理性的假设被无情地推翻了。你看，让我们白干活，我们很高兴；让我们干活后还拿钱，我们却不高兴了！据此可得，在进行决策时，个体不仅会考虑物质成本和收益，还会考虑决策对自我效用的影响。这种源于道德良心的公平感考量本身可被理解为直接的主观心理效用，即学雷锋做好事会令人心情舒畅。

个体之间的互动可能会发生多次，在多次互动过程中，个体之间会发生物质、收益和公平感的交织互动。在生活实践中，由于社会交往的复杂性，当人们回报来自他人的善意时，其互惠行为的接受对象不单一：既可能是善意的来源，即行为的发起者，又可能是与先前交往无关的第三方。因此，根据互惠接受者身份的不同，我们把互惠分为直接互惠和间接互惠（Nowak & Sigmund，2005）。直接互惠意味着互帮互助，如图 9-1（a）所示；间接互惠则涉及第三方的介入，如图 9-1（b）和图 9-1（c）刻画的，又分别被称为"上游间接互惠""下游间接互惠"。

(a) 直接互惠　　　　　(b) 上游间接互惠　　　　　(c) 下游间接互惠

图 9-1　直接互惠和间接互惠

在图 9-1（a）刻画的直接互惠关系中，小文向小雨表达善意，随后小雨采取行动直接回报给小文。在这里，善意行为的发起者（小文）同时也是互惠行为的接受者，善意行为的接受者（小雨）同时也是互惠行为的发起者。图 9-1（b）和图 9-1（c）刻画的间接互惠表现得相对复杂。人一生的多数时候是在陌生人的陪伴下度过的，许多互动不是面对面进行的。

> **定义 9-1（上游间接互惠和下游间接互惠）**：上游间接互惠是指接受过帮助的人可能会有帮助别人的动机，下游间接互惠又称"社会间接互惠"，是建立在声誉基础上的，不相关第三方可能会帮助曾经为他人提供帮助的人。

芽：上游间接互惠被一些影视作品的作者用于刻画主角的内心戏：主角在抉择是否要牺牲自身利益拯救他人的时候，脑海中一闪而过自己从前被别人拯救的画面。当播放完"回忆杀"后，接下来的剧情往往是主角坚定了拯救他人的决心。

兰：主角表现出了知恩图报的行为，它的对立面是恩将仇报。

芽：恩将仇报形成的机理可能是施恩方习惯了施恩，受恩方习惯了受恩，久而久之，受惯性思维的影响，受恩方养成了将对方的付出视为理所当然的习惯，一旦对方达不到其要求，受恩方就会采取报复行动，导致"升米恩、斗米仇"。

兰：还有可能是施恩方的"挟恩自重"。一些特别高调的富豪做了什么好事，一定要做到人尽皆知。对于高调的富豪而言，这是一种荣誉，但是对于那些受恩方来说，却给他们带来了不小的心理压力。

芽：若非为了获得经济援助，没人愿意当众展示自我经历的苦难。

9.1.2 社会比较理论

人作为社会性生物，其自我认知与定位深深植根于与他人的互动之中，不存在完全自我封闭的个体。我们拥有跨越遥远距离和漫长时间，协调行为、促进经济交流、实施政治行动及构建复杂社会关系的非凡能力。为了维持这种高度协调的社会运作，我们习惯性地以他人为镜，衡量自身的行为、思考与情感。从"见贤思齐"的古训到"榜样的力量无穷大"的现代理念，人类始终在探索并重视优秀个体及其事迹在社会化进程中的引领作用。通过观察他人，我们能够学习到新的行为模式、技能及价值观念。社会比较则成为我们获取他人成功决策信息的重要途径，激励我们不断进行自我提升，获得更卓越的表现。以减肥为例，除了采用诸如"购买稍小尺码的昂贵衣物以激发减肥动力，避免浪费"的个性化策略，人们还倾向于观察身边同事的行为。当发现同事们普遍坚持健康饮食与规律锻炼时，这种正面的群体氛围会在无形中促使个体调整自己的生活习惯，加入健康饮食与锻炼的行列中，从而令个人在不自觉中实现自我提升的目标。

据此，在人与人构成的社交网络中，以他人为参考点，有三种类型的社会比较（Festinger，1954），这样就有了定义 9-2。

> **定义9-2（社会比较理论）**：在缺乏具体、客观的评价标准时，个体构建评估自己的能力和观点，可以选择三种社会比较形式：①上行社会比较，即与比自己某方面优秀的他人比较；②平行社会比较，即与自己某方面类似的人比较；③下行社会比较，即与不如自己的人比较。

电视剧《三十而已》中的戏剧冲突之一是：女主角顾佳为了挽救自家公司的生意，要挤入上流贵妇圈。为此，她不惜拼尽身家去买了一个爱马仕包，通过获得在贵妇圈聚会场合的"攀比比赛"赢得情绪价值，从而提升自己的话语权。换句话说，公开社交场合为人们提供了社会比较的平台。

若缺乏公开场合，那么人们进行社会比较的意愿会降低，社交时差减少了人的攀比性消费。人们的社会钟经常会偏离生物钟，例如，因为工作或学习而早起，因为赶项目进度而熬夜，又或受夏令时的影响不得不调整作息。这种生物钟与社会钟发生冲突的现象就是社交时差。社交时差减少了消费者对奢侈品的炫耀性消费动机，这在对奢侈品品牌的搜索量、奢侈品广告的点击意愿，以及实际选择购买奢侈品的行为上都有所体现，即这些方面的活动频率和兴趣水平的降低（Yin & Huang，2022）。特别是当消费者与熟人交互时，或者当奢侈品并不会带来额外的社会关注，以及一些奢侈品被用于私人场合时，消费者会减少炫耀性消费的意愿和支出。比如，一般人不会疯狂地购买名牌睡衣，因为无法穿睡衣进行社交性炫耀。

基于社会交往接近带来的影响，也体现在学者的科研活动中。在基础性研究领域，科研成果通常无法立刻直接变现，学者孜孜不倦工作的动机之一是出于对声誉的寻求。因此，"争做第一"便成为科研活动中的主旋律。对于科学和社会而言，这种竞争可能是利弊参半的。首先，争先的压力迫使学者更快地产出成果；其次，为了获得声誉，学者也会及时将成果公之于众。然而，科研竞争也有黑暗的一面。学者也可能为了抢先发表成果赢得职称晋升的机会，而不能沉下心来做研究，加快论文发表速度。欲速则不达，这样做的代价是科研产出质量低下。他们赢得了一时声誉，也留下了"烂摊子"，以至于后人不得不重复地做研究（Hill & Stein，2024）。

类似于学术领域的学者为了获得声誉而抢先发表低质量科研成果的行为，游戏领域的玩家也有类似的攀比行为。比如，在一些免费网游平台上，玩家不需要付费玩游戏，也无法通过付费的方式加快游戏进度、获得更多特权，即不存在"人民币玩家"，付费玩家不再比免费玩家有更大的优势，如《绿色征途》《堡垒之夜》。在此之前，史玉柱推出的网络游戏《征途》中存在"人民币玩家"，即玩家通过花钱购买装备提升自己在游戏世界中的战斗力，这会使游戏预算不多的玩家感到不公平。那么，类似于《绿色征途》的免费网游如何盈利呢？通过打折售卖"皮肤"等虚拟物品，让玩家觉得薅到了网络游戏平台的"羊毛"，心甘情愿地在装扮方面花大量金钱，虽然能增加坑家在游戏世界里的颜值，却无法实质性地提升玩家在网络游戏中的战斗力。这是因为网络游戏中的玩家为了"看起来好看"而付费，从而获得基于社会比较带来的"羡慕嫉妒恨"的交易效用。因此，对于经营免费网游的企业来说，在经营活动中可以利用玩家的社交效用设计恰当的收费合约。

在法官判案领域，设置司法绩效考评制度的初衷是在案多人少的情景下，激发法官办案的积极性，提升工作效率。然而，司法绩效考评制度以排名来考察法官的绩效，排名高的法官可以获得更高的奖金，具有更大的升迁的可能性。因此，法官不只是以办案的质高效优来对自我进行要求，更要关注如何"比别人的办案数量多"，因为办案数量的指标更易被量化，但是办案质量的指标却仁者见仁。为了比别人的办案数量多，一些法官可能会忽略对办案质量的把控，只关注自己能办理多少案件，以数量论英雄的法则，导致法官的办案质量下滑。

芽：人类的悲喜并不相同。人们喜欢独乐乐而非众乐乐，比他人好才是真的好。

兰：从哲学层面上而言，虽然见不得别人好，别人未必不好，但自己肯定不好。特别地，社交媒体可能会加剧独乐乐带来的负面影响。社交媒体虽然为人们提供了更多的交流和获取信息的途径，若一些信息是经过修饰和美化的，可能会对信息获得者产生心理冲击。

芽：过年期间，聚会的餐桌上、微信朋友圈里，不仅能看到暗戳戳的自我炫耀，还能收到来自亲朋好友的基于比较心态的"关切"。比如，"有对象了吗？老大不小了，该找男朋友了。隔壁的小文，他的儿子都会满地爬了。""过去一年发了几篇论文？"

兰：人们天然地"燃烧"着胜负欲！这可能和我们的文化要求"人往上看""求进步"有关。主动进行社会比较的人，可能会因为想如他人而进入"光明"，也可能会因为不如他人而落于"阴暗"。

　　芽：举一个关于"光明"的例子吧！

　　兰：若与他人相比的是正能量的东西和行为，比如，比谁节约用电、健身次数多，那就能增加社会总福利。

　　芽：再举一个关于"阴暗"的例子吧！

　　兰：若比的是薪资等，比完后，未必会产生幸福感。

　　芽：可以把自己的薪资乘以 1.5 后，再告诉对方，从而间接地缓解自我的不舒适感。

　　兰：由社会比较引发的嫉妒可能会导致严重的后果。韩非子和李斯之间的恩怨纠葛就是由此产生的。他们都是荀子的学生，虽然李斯的学问不如韩非子，但是他较早到秦国打工，常和秦始皇讲韩非子不错。于是，秦始皇说请韩非子来谈谈看，然而韩非子口吃得太厉害，没一次能谈成。李斯想，等到秦始皇听懂了韩非子的话，自己就没法独乐乐了。于是，李斯以莫须有的罪名让韩非子死在牢狱中。

9.1.3　最后通牒博弈和独裁者博弈

　　揭示人们在社会规范市场中的偏好特征的常用研究范式有最后通牒博弈及独裁者博弈。

　　首先，引入最后通牒博弈（Güth et al.，1982）。

> **定义 9-3（最后通牒博弈）**：给定固定额度，一个提议者和一个回应者要分配一个固定额度。提议者提出分配方案，回应者只能选择接受或拒绝。若回应者接受，则按照提议者的建议实施分配；若回应者拒绝，两人均一无所获（图 9-2）。

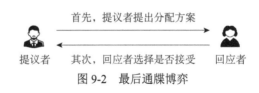

图 9-2　最后通牒博弈

基于完全理性假设，提议者会分配最小份额给回应者。然而，一系列实证和实验结果表明，提议者出价的分配比例均值为30%—40%。这与完全理性假设下的物质利己行为不一致，提议者表现出了公平感偏好。

当学者调整最后通牒博弈中的分配额度后，若发现分配额度非常大（约为16 000小时工作所得），回应者的拒绝率下降，但是提议者出价的中位数仍维持在约20%（Andersen et al.，2011）。由此可见，当分配额度非常大时，虽然回应者的拒绝率下降，但是依然存在拒绝行为。对此可能的解释是：回应者希望通过拒绝行为，建立起"我不能接受不公平的合约"的声誉。因为回应者一旦接受了不公平合约，就有可能被提议者看穿底牌，进而引发提议者不断地试探他能接受的不公平底线。

在最后通牒博弈中，提议者给出公平的分配方案，可能是出于两种动机：①提议者出于对回应者拒绝行为的恐惧而采取的行动；②提议者希望公平对待回应者的愿望而采取的行动。

为了探究提出者的分配行为是否仅是出于害怕回应者的拒绝行为而产生的，我们采用基于最后通牒博弈的修改而得到的独裁者博弈，通过分析独裁者博弈中提议者的行为，分离上述两种动机。

> **定义9-4（独裁者博弈）**：给定固定额度，一个提议者和一个回应者要分配一个固定额度。面对提议者提出的分配方案，回应者只能接受，不能拒绝（图9-3）。

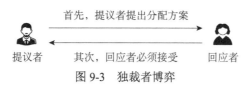

图9-3　独裁者博弈

弗西斯与他的合作者（Forsythe et al.，1994）发现，在涉及金钱分配的独裁者博弈中，提议者仍然分出了15%—20%的份额给回应者。对比最后通牒博弈中的份额（30%—40%），可以发现独裁者博弈中的提议者也希望公平地对待回应者。但是，相对于独裁者博弈中提议者给出的份额，最后通牒博弈中提议者给的高出的部分是考虑到了提议者的出价会被有拒绝权利的回应者拒绝。

若独裁博弈中的回应者惹不起提议者，又不得不忍受，回应者应该如何纾解由此造成的心理压力呢？他至少躲得起。2018 年搞笑诺贝尔经济学得主的研究发现，使用"扎小人"诅咒老板，能缓解雇员自身的焦虑（Liang et al., 2018）。比如，上司经常在公共场合嘲笑员工，让员工做"替罪羊"或是有其他辱骂行为，员工最终很有可能会本能地寻求报复，以寻求正义。为了避免情况的恶化，"扎小人"是员工宣泄因遭受不公平而造成的不满情绪的权宜之计。

在日常生活中，不乏各类"扎小人"行为。例如，一些人到搏击俱乐部打击沙袋，摔打玻璃瓶，看《奇葩说》等娱乐节目中嘉宾互怼的段子，从而间接地宣泄了负面情绪。还有人选择被动地逃避，或通过酗酒麻痹自己。也有人开始坦然接受，转向软反抗——在职离职，或者给出许多不可抗的理由，从而在工作中投入最少的精力，只达到工作的最低要求，把人生重心由工作转向生活，从而守住底线，以便在恰当时间争取合理的权益。"退一步海阔天空"的做法是，回应者开始思考自己为何会进入独裁者博弈。在独裁者博弈中，获得的预期回报和当初要进入此博弈的初心偏离很远，那么回应者可以主动选择退出博弈，此时独裁者博弈就退化为了最后通牒博弈。

9.2　影响个体公平感的因素

本节分别分析博弈者的生理特征、博弈双方之间的博弈次数、博弈双方之间的结构关联如何影响个体的公平感。

9.2.1　生理特征

哪些类型的个体对公平感更敏感呢？本小节分别从睾酮水平和自我

意志力水平的角度进行讨论。

睾酮水平较高的个体，更有可能表现出更强的竞争意识，对公平感更加敏感。在最后通牒游戏中，伯纳姆（Burnham，2007）让响应者面对易遭受否决的提议，同时让被试提交唾液样本中检测出的睾酮含量数据，发现在否决提议者中，睾酮水平较高的占了80%。在睾酮水平较高的组别中，7名响应者中有5人否决了提议，而睾酮水平较低的组别中只有1名响应者。除了否决对方的不公平出价，睾酮水平较高的个体在面对不公平的对待时，还会表现出更多的报复性行为（Kouri et al.，1995）。据此可推理，相对于女性，男性具有较高的睾酮水平，所以就更偏好公平感。

还有研究讨论了自我意志力水平如何影响个体的公平感。人究竟是天生利他，还是天生利己的呢？假定个体的初始状态是利己的，即人之初性本恶，若个体是天真的，倾向于调用系统1，从而展现出来天性，即利己；若个体是老练的，会抑制系统1而调用系统2，展现出来的不是自然流露的天性，而是权衡利弊后得出的人性，即可能表现为利己或利他。反之，假定个体的初始状态是利他的，那么，倾向于调用系统1的个体更有可能表现出利他行为。

为了验证"人之初性本恶"，以及"个体调用系统1所需的反应时间较短，而调用系统2所需的反应时间较长"的猜想，哈拉利与合作者（Halali et al.，2013）让被试先完成20次斯特鲁普任务，以消耗被试的意志力，使得被试倾向于选择系统1进行思考。他们发现，随着自我意志力的消耗，被试给的分配方案会更加不公平，从而支持了"人之初性本恶"的论点。

本小节虽然仅围绕关于高睾酮水平和自我意志力水平的生理特性展开了讨论，但是在现实生活中，还有其他关于公平感和生理特征关系的朴素推理。例如，有人认为体形偏胖的人更追求公平，实际上"胖子都易怒"是没有科学依据的。这在某种意义上也是一种认知偏差，即晕轮效应（halo effect）——在认知时，将对象所具有的某个特征泛化到对象的其他一系列有关特征上。

9.2.2 博弈的重复次数

若博弈双方交易的次数有限，也就是说他们毕生只有次数非常有限的交易，那么他们之间建立公平感的可能性较小。比如，很难要求景区的商店、餐馆提供公平的商品价格给游客，因为多数游客可能一生只来该景点一次。但是，若博弈双方交易的次数非常多，即他们将在多个空间内交易，那么他们之间建立公平感的可能性较大。比如，在与同学、同事等熟人交往时，出于"做人留一线，日后好相见"的考量，人们会采取更和善的态度，尽量维持和谐的关系。

相对于单次博弈，重复博弈中的参与者通过积累信誉以获得更大的收益，这是因为参与者期望积累信誉以在未来获得更高的收益（Fehr & Fischbacher，2004）。同时，参与者在多次博弈决策情景中会给出比单次博弈情景更高的分配额。这说明参与者可以充分地理解单次博弈情景和重复博弈情景之间的差异。

我们借助利己者 A 和不确定偏好者 X（有 r 的概率表现为互惠者，有概率 $1-r$ 表现为利己者）的有限次重复博弈，分析博弈次数产生的影响。首先，利己者 A 采取决策；其次，不确定偏好者 X 采取行动。利己者 A 和不确定偏好者 X 都认为对方手里的产品更好，若双方发生交易，那么双方各获得 20；若双方不发生交易，那么双方通过保留自己手上的产品而各获得 10。

当 $r>50\%$ 时，对于利己者 A，他每次都有合作的意愿，即先给出自己的产品，这是因为利己者 A 的期望收益是 $r \times 20 + (1-r) \times 0 > 10$。对于不确定偏好者 X，若 X 是互惠者，那么他每次都会和利己者 A 合作；若 X 是利己者，除了最后一次之外，他每次都会合作。这是因为若不确定偏好者 X 提前不合作，利己者 A 就不会给出自己的产品了，不确定偏好者 X 会过早地独吞，会损失收益，但最后一次博弈时没有此顾虑，可以独吞对方的产品以获得最大效用。因此，利己者 A 相信存在不确定偏好者 X 为互惠者，就会表现出合作意愿。这是声誉激励，即通过模仿互惠者，就能提升自己的声誉从而获利。

当$r<50\%$时，对于利己者A，他每次都没有合作的意愿，从而不确定偏好者X是否会选择不合作。

在上述讨论中，无论是在单次博弈决策情景下，还是在重复博弈决策情景下，都默认玩家是有血有肉的人，做决策时，会不同程度地考虑"情"和"利"的双重影响。他人对自己不公平（越礼），我们是要惩罚对方的，目的是让对方学会守规矩。然而，若博弈系统中的参与者由人变换成了算法，当算法对自己不公平，提出不公平的分配方案时，人类却转而不拒绝提议。因为惩罚算法，不仅算法不会学着守礼法，而且人类自己很少的奖赏也得不到。

从关于博弈次数的讨论，可以引申到市场化程度产生的影响。以社会特征为自变量，以出价和拒绝的百分比为因变量，来自市场化程度（契约精神）高的地区的提议者给出了更多份额给接受者（Henrich et al.，2010）。据此可得，市场化程度越高，双方之间的信息透明度也越高，就越可能达成公平的分配方案。自然地可推理出，若交易双方存在较强的信息不对称，比如，去盈利导向的诊所就医，去修车行修车，这些以盈利为主要目的的服务提供者受利益驱动，可能不愿意提供给患者或车主超出基本服务价值的额外服务，即减少消费者的消费剩余。并且，随着禀赋水平的提高，该分配比例几乎保持不变（Slonim & Roth，1998）。

9.2.3 结构关联

本小节将最后通牒博弈中提议者和响应者的一对一的关联扩展到多对一，讨论双方关联之间的变化如何影响彼此的公平感。费什巴赫与其合作者（Fischbacher et al.，2009）基于最后通牒博弈，验证了多个卖家或多个买家带来的影响。他们加入竞争的响应者，分别是1个、2个和5个。随着响应者数量的增加，提议者给出的金额减少。与此同时，当存在更多响应者时，响应者拒绝提议的概率降低。因为在存在多个响应者的情况下，响应者通过拒绝合约以惩罚提议者不公平提议的效力变小，其他响应者会因为自私的动机而选择接受提议者给出的分配方案。总的来说，响应者之间的竞争加剧了提议者的利己行为。

　　兰：人情练达即文章，买卖之间皆情绪。

　　芽：这让我想起了用某 App 卖掉闲置的一张床的事。大几百元买的单人床，没有用多久，因家里要换双人床，所以要把单人床卖掉，最后成交价是 58 元。

　　兰：买家是怎么和你谈判的？

　　芽：买家说我放着也是占地方，是资源浪费，给他就是价值最大化，并且他买走床，还帮我释放了空间……

　　兰：然后你就让步到 58 元了？

　　芽：我先让步到 200 元。但是，对方用了离奇的砍价方式——"我是学生"。虽然我无从考证屏幕外的他是否手持学生证，但我知道这笔交易大概率会以自己"割肉"而告终。

　　兰：你也可以跟他说："亲，我也是学生。"

　　芽：若我不是替我母亲出售闲置物品，恐怕我和他之间的交易就达不成了。

　　兰：通过说明"学生"的身份，可以传递出自己的支付意愿很低的信号。与此同时，在这一 App 上，像你这样的卖家有很多，他在你这里没有达成交易，还可以试图与其他卖家达成交易。

　　芽：按照刚才的推理过程——增加竞争、减少公平感，在多个卖家竞争的情况下，只要有一个利己卖家同意，就能达成交易，其他卖家的惩罚机制就失效了。

　　接下来，我们以买卖博弈为例说明竞争者之间的关系是如何影响个体的公平感的。买方 B 认为产品价值为 100，卖方 S 认为产品价值为 0，也就是说人们对自己没有的东西都会高看一眼，认为自己拥有的东西没什么价值。买方 B 提出报价，卖方 S 决定是否接受，接受即达成交易。买方 B 有两种类型：互惠型、利己型。由于互惠买方 B 总会报出合理价格，接下来的讨论将针对利己买方 B 进行。这是由利己买方 B 主导的交易市场，因为价格只要大于 0，卖方 S 都可以接受，但显然低价对卖方 S 是不公平的。设价格为 x，利己买方 B 获得的消费者剩余是 $100-x$，卖方 S 获得的剩余效用是 x，公平的价格显然是 50。拒绝交易会使买卖双方的效用都为 0，即形成了最后通牒博弈。为了尽可能地达成交易，并增加自己的效用，利己买方 B 会倾向于提出较公平的价格，最终呈现互利共赢的场面。因此，卖方 S 希望买方 B 的互惠倾向会影响利己者。

然而，只要一方增加了竞争，就有可能减少公平感。接着上面的买卖双方交易情景，依然由买方 B 主导交易市场。但这种情形中一个买方 B 面对两个卖方 S，也就是说，有两个卖方 S 都想和买方 B 做交易，而买方 B 只报价一次。这时买方 B 倾向于给出更低价格，因为他们知道卖方 S 会接受更低的报价。那么，卖方为何会接受低报价呢？简单的回答是：即便卖方为互惠者，在竞争模式下，他也很难影响利己买家的行为。

实践中，在多个卖方和一个买方的决策情景中，可能会出现劣币驱逐良币的现象，即卖方吹嘘自己物品的质量，诱导买方购买看起来性价比高的物品。在电子商务平台上，若平台对卖方的吹嘘行为不管不顾，就会导致柠檬市场（信息不对称的市场）。比如，20 世纪 80 年代早期，90% 的视频游戏开发商破产，导致北美的电子游戏市场崩溃。这是因为平台不限制开发者进入平台，其中就包含当时占主导地位的视频游戏平台雅达利（Atari）。相比之下，后来任天堂游戏公司的成功部分归功于其限制性的卖方准入策略。任天堂游戏公司使用安全芯片锁定未经授权的、低质量的开发者，以规避柠檬市场的出现。

芽：领导安排了一项比较复杂的任务，若有一个员工非常"内卷"，就会导致所有员工被迫跟进，在均衡条件下，所有员工都"内卷"起来了。

兰：看似员工"内卷"起来了，提高了完成任务的可能性，但也可能引发员工完成任务的质量不高的问题。

芽：众多员工陷入无效率的"内卷"。

兰：在员工"内卷"异质性的群体中，在由不同目标和动机的个体组成的群体中，如果存在以自我利益为先的利己者，他们的行为可能会推动整个群体趋向于一种特定的均衡状态，其中个体行为反映出对个人利益的追求。也就是说，利己者的存在会让群体表现得更像利己者的这类均衡结果，不但可以从行为经济的角度来进行解读，也可以从买卖双方之间的供求关系角度来进行分析。

芽：也就是说，若将买卖双方之间的公平感因素纳入分析其行为的逻辑框架中，该因素是进一步促进了完全理性假设下的供求关系预测的倾向，还是抑制了完全理性假设下的供求关系预测的倾向呢？这是不清楚的。

兰：无论是促进还是抑制行为，均揭示出政府可以采取一些干预机制，通过有针对性地调整买卖双方之间的关联结构，或许有助于增加员工的福利，避免因员工内卷带来的员工福利的损失。

芽：说到劳资双方之间的剑拔弩张的关系，让我想起了纪录片《美国工厂》（American Factory）。2016 年，"玻璃大王"曹德旺赴美国建厂，试图将中国工厂的生产管理模式带到美国。最初，作为资方的福耀玻璃和作为劳方的美国工人也有着一段"蜜月"期。随着工厂正式运营，问题随之爆发，资方追求高产出、强制加班，但是劳方工人自由散漫，并且双方在安全问题、薪资待遇等方面出现矛盾。2018 年，经历几年的折腾，福耀玻璃的美国工厂开始盈利，但是资方裁掉了多数员工，一些岗位由机械臂取而代之，所剩无几的员工也随时面临下岗。

兰：作为资方的福耀玻璃能引入"物质利己者"类型的机器人，代替具有利他、互惠偏好的员工，这进一步削弱了员工和资方谈判中的相对优势。

9.3 考虑公平感的模型

公平感偏好是一种复杂的心理因素，没有人绝对利他，也鲜有人极端

利己。并且，每个人对善意的表达与感知都是千人千面。因此，基于 9.1
节中关于具有公平感的行为，本节给出如何刻画决策者公平感的模型，分
别讨论结果导向的差异厌恶模型，公平、互惠和竞争模型（equity,
reciprocity, and competition model），考虑社会福利偏好的模型，以及考虑
意图的公平感模型，并分析各自的适用情景。

9.3.1　结果导向的差异厌恶模型

结果导向的公平感模型假设个体仅关注收益分配是否公平，而不关注
对方对他是否表达了善意。其中，个体不仅关注自身收益，也关注他人收
益，并且个体有缩小与对方收益差异的决策动机。

实践中，不公平感存在方向。最后通牒、独裁者博弈中的不公平感是
负向不公平，指个体因获得不如他人的收益而产生的不公平感。还有一种
不公平感是正向的，这种不公平感发生在个体获得的收益超过他人时，可
能是由于自我内疚或感觉不配获得较多而产生，即担心被他人视为贪婪或
不公平。

> **定义 9-5（负向和正向不公平感）**：负向不公平感是指个体不希望
> 他人的收益高于自己。正向不公平感是指个体不希望自己的收益高于
> 他人。

结合定义 9-5 刻画的负向不公平感和正向不公平感，可得当领先他人
时，个体会牺牲自己的收益去增加他人的收益；当落后于他人时，个体会
采取行动损害他人的收益（Fehr & Schmidt, 1999）。

不失一般性，考虑博弈参与者的集合 $i \in \{1, 2, \cdots, n\}$，相对于参与者 i 的
补集为 $-i$。众多参与者不仅可以代表众多商家决策者，也可以代表企业决
策者和消费者。参与者 $i \in \{1, 2, \cdots, n\}$ 的决策为 x_i，经济收益为 $\pi_i(x_i, x_{-i})$，那
么具有负向和正向不公平感偏好的参与者 i 的效用为

$$U_i(x_i, x_{-i}) = \pi_i(x_i, x_{-i}) - \frac{\alpha_i}{n-1} \sum_{-i} (\pi_{-i}(x_{-i}, x_i) - \pi_i(x_i, x_{-i}))^+$$
$$- \frac{\beta_i}{n-1} \sum_{j \neq i} (\pi_i(x_i, x_{-i}) - \pi_{-i}(x_{-i}, x_i))^+ \tag{9-1}$$

其中，α_i 表示参与者 i 对负向不公平感的厌恶（$\alpha_i \geq 0$），刻画了参与者 i 的利己主义倾向，β_i 表示参与者 i 对正向不公平感的厌恶（$0 \leq \beta_i < 1$），刻画了参与者 i 的利他主义（altruism）倾向；$\beta_i < \alpha_i$ 意味着参与者 i 因正向不公平感而受到的效用损失，小于负向不公平感带来的效用损失。也就是说，与 $\pi_{-i}(x_{-i}, x_i) < \pi_i(x_i, x_{-i})$ 相比，当 $\pi_{-i}(x_{-i}, x_i) > \pi_i(x_i, x_{-i})$ 时，参与者 i 的效用下降的速度要快得多。特别是只有两位参与者 i 和 $-i$，当 $\pi_{-i}(x_{-i}, x_i) = \pi_i(x_i, x_{-i})$ 时，参与者 i 的效用达到最大值。$(\pi_{-i}(x_{-i}, x_i) - \pi_i(x_i, x_{-i}))^+ = \max\{\pi_{-i}(x_{-i}, x_i) - \pi_i(x_i, x_{-i}), 0\}$ 和 $(\pi_i(x_i, x_{-i}) - \pi_{-i}(x_{-i}, x_i))^+ = \max\{\pi_i(x_i, x_{-i}) - \pi_{-i}(x_{-i}, x_i), 0\}$ 传递出不公平感受是以自我为中心的，参与者不仅将自身收益与那些比自己好的人相比（如 α 刻画的利己主义），还将自身收益与那些比自己差的人相比（如 β 刻画的利他主义）。无论是哪种不公平类型下的收益，都需要归一化，因此式（9-1）中的第 2 项和第 3 项都需要除以 $(n-1)$。

记式（9-1）刻画的公平感模型为 FS（Fehr-Schmidt）模型。观察式（9-1），我们有如下发现。

第一，FS 模型假定个体的效用函数既包含"利他"，也包含"非利他"，且双方对彼此的效用函数的构成达成了共识。然而，博弈双方如何才能形成有效的共同知识呢？若缺失共同知识，博弈双方如何判断对方的策略并制定自我策略，进而在纳什均衡的基础上给出均衡解呢？

第二，FS 模型假设人是宽泛意义上的利己者——不关心他人的行为和结果，只要不影响自己的主观效用，就不喜欢也不讨厌他人的决策。也就是说，参与者并不关心发生在自身以外的其他参与者之间的不公平现象。与此同时，FS 模型也假设参与者只关心分配结果上的公平与否，而不关心对方决策的意图。

当费尔（Fehr）和施密特（Schmidt）将公平偏好引入解释公平与自利

的模型,建立了 FS 模型后,后续学者均接受了 FS 模型中暗含的公平感因素。但是,在关于参与者是对公平或不公平的意图还是结果做出反应方面出现了分歧。博尔顿和奥肯费尔斯(Bolton & Ockenfels,2000)持公平意图(fairness intention,FI)行为无关论(亦称为结果论),即模型中主要关注公平分配的结果对人们行为的影响,而不考虑公平意图的影响。然而,杜文贝里与其合作者(Dufwenberg & Firchsteiger,2004)则持公平意图行为相关论,认为公平意图是重要的行为影响因素。

接下来,9.3.2 节和 9.3.3 节讨论公平意图无关论;9.3.4 节讨论公平意图相关论下公平感的定量构造;9.3.5 对比分析考虑公平感的不同模型的差异。

9.3.2　公平、互惠和竞争模型

公平、互惠和竞争(equity,reciprocity,and competition,ERC)模型认为,参与者关心他们的绝对收益,以及他们相对于其他人总收益的相对水平,而不关心他人收益的分布及他人的决策意图(Bolton & Ockenfels,2000)。

采用数学语言表达用绝对收益 π_i 和相对收益 r_i 刻画公平感的 ERC 模型。假设在 n 个参与者组成的集合中,他们的总收入为 $S = \sum_{i=1}^{n} \pi_i$,参与者 i 的效用函数为 $u_i(\pi_i, r_i)$,其中, $r_i(\pi_i, S, n) = \begin{cases} \dfrac{\pi_i}{S} & S > 0 \\ \dfrac{1}{n} & S = 0 \end{cases}$ 。效用函数关于自身收益 π_i 是递增的凹函数,即参与者 i 更偏好增加自我收益;效用函数在 $r_i = \dfrac{1}{n}$ 时达到最大,即参与者 i 的效用函数关于相对收益 r_i 是严格凹的,且参与者 i 偏好平均分配。

ERC 模型通常可获得与 FS 模型类似的预测结果。然而,在 3 个及以上博弈参与者的博弈中,这两种模型的预测结果有所不同。原因在于,ERC 模型假设只要平均收益保持不变,参与者就不关心他人的收益了。FS 模型

认为，参与者会将其自身收益与其他每一位参与者比较，据此形成正向或负向的不公平感。

9.3.3　考虑社会福利偏好的模型

社会福利偏好思想在哲学领域源远流长。社会福利偏好作为利他偏好（other-regarding preference）的一种形态，可以解释人们的自我牺牲行为。比如，消费者在社交平台晒出自己的淘宝"隐藏订单"。那些标有"公益宝贝"标签的商品，每成交一笔，商家就会给某公益项目捐赠几分钱。消费者每购买一笔该商品，就相当于参与公益事业了。尽管每成交一笔，商家只捐几分钱，但日积月累，数量也颇为可观。还有一些消费者看到鸿星尔克为疫情捐款的善举，会出于对该企业的社会责任感的认同而去购买该企业的产品。越来越多的企业家将社会责任、他人利益考虑到自己的决策目标函数中，从而潜移默化地在消费者心目中打了广告。另外，有些平台借助"双 11"的东风，发出"农货多一件"倡议，在平台直播间帮助乡村出售农产品，使蔬菜、水果被售出，让农民的腰包比平时鼓一点。

基于社会福利偏好的假定，构造参与者 i 的效用函数为

$$U_i(x_i, x_{-i}) = (1-\lambda)\pi_i(x_i, x_{-i}) + \lambda[\delta \min\{\pi_i(x_i, x_{-i}), \pi_{-i}(x_{-i}, x_i)\}$$
$$+ (1-\delta)(\pi_i(x_i, x_{-i}) + \pi_{-i}(x_{-i}, x_i))]$$

其中，λ 为参与者 i 对整体社会福利的关注度（$0 \le \lambda \le 1$）；δ 为参与者 i 的罗尔斯（Rawls）主义的测度系数（$0 \le \delta \le 1$），即为对社会最差福利群体的关注程度。

我们将上述考虑社会福利偏好的参与者效用函数记为社会福利（social welfare，SW）模型。一些商家的最大化自身收益的目标和最大化所处社会系统的社会福利的目标是一致的，如上文提及的商家借力消费者的慈善偏好，采取相应的营销策略，不仅可以使自身的收益最大化，也可以使所处社会系统的社会福利最大化。但是，当社会福利最大化的目标与自身收益最大化的目标发生冲突时，商家会做出何种决策呢？以外卖平台为例，曾经平台引以为傲的创新是"算法最优"，这意味着若跑得最快的

骑手能在 10 分钟就送完货物，算法也会想让所有外卖骑手都在 10 分钟内送完。为了实现劳动价值的最大化，算法不断地压缩外卖骑手的送餐时间，继而引发了交通安全等一系列问题。算法决策也有目标函数，这体现了算法的价值观，如何让算法的价值观更加符合人类社会可持续性发展的目标人性化，考虑包括外卖骑手利益在内的社会福利最大化，成了一个问题。2021 年，《市场监管总局 国家网信办 国家发展改革委 公安部 人力资源社会保障部 商务部 中华全国总工会关于落实网络餐饮平台责任切实维护外卖送餐员权益的指导意见》印发，其中提到不得将"最严算法"作为考核要求，要通过"算法取中"等方式，合理确定订单数量、在线率等考核要素，适当放宽配送时限。这就是说不能把奥运冠军的水平作为考核普通人的标准。令人欣慰的是，政府将算法纳入监管后，引发了互联网企业自外而内的算法革新。

9.3.4 考虑意图的公平感模型

个体决策行为不仅会受到对方决策行为的影响，还会受到对方决策意图的影响。依据罗宾（Rabin，1993）的研究成果，构造双人博弈中的参与者 i 的效用函数为

$$U_i(a_i, b_{-i}, c_i) = \pi_i(a_i, b_i) + [1 + f_i(a_i, b_{-i})]\tilde{f}_{-i}(b_{-i}, c_i)$$

其中， a_i 为参与者 i 的策略， b_{-i} 为参与者 i 认为参与者 $-i$ 会采取的策略， c_i 为参与者 i 认为的参与者 $-i$ 认为参与者 i 会采取的策略。 $\pi_i(a_i, b_i)$ 为参与者 i 的收益。 $[1 + f_i(a_i, b_{-i})]\tilde{f}_{-i}(b_{-i}, c_i)$ 为公平感给参与者 i 带来的效用，参与者 i 对参与者 $-i$ 的善意度为 $f_i(a_i, b_{-i})$ ，参与者 i 认为参与者 $-i$ 对参与者 i 的善意度为 $\tilde{f}_{-i}(b_{-i}, c_i)$ 。

构造善意函数的关键在于如何衡量对方的善意程度。将考虑参与者善意度的模型记为公平意图模型。

首先，衡量参与者 i 对参与者 $-i$ 的善意度 $f_i(a_i, b_{-i})$ 。依据罗宾（Rabin，1993）的研究，则有

$$f_i(a_i, b_{-i}) = \frac{\pi_{-i}(b_{-i}, a_i) - \pi_{-i}^e(b_{-i})}{\pi_{-i}^{\max}(b_{-i}) - \pi_{-i}^{\min}(b_{-i})}$$

其中，$\pi_{-i}^e(b_{-i}) = \dfrac{\pi_{-i}^{\max}(b_{-i}) + \pi_{-i}^{\min}(b_{-i})}{2}$ 为参与者 i 认为参与者 $-i$ 选择策略 b_{-i} 时，在帕累托有效下参与者 $-i$ 能获得的最大收益 $\pi_{-i}^{\max}(b_{-i})$ 和最小收益 $\pi_{-i}^{\min}(b_{-i})$ 的加权平均。若 $\pi_{-i}^{\max}(b_{-i}) = \pi_{-i}^{\min}(b_{-i})$，那么 $f_i(a_i, b_{-i}) = 0$。

其次，衡量参与者 i 认为参与者 $-i$ 对参与者 i 的善意度 $\tilde{f}_{-i}(b_{-i}, c_i)$，则有

$$\tilde{f}_{-i}(b_{-i}, c_i) = \frac{\pi_i(c_i, b_{-i}) - \pi_i^e(c_i)}{\pi_i^{\max}(c_i) - \pi_i^{\min}(c_i)}$$

其中，$\pi_i^e(c_i) = \dfrac{\pi_i^{\max}(c_i) + \pi_i^{\min}(c_i)}{2}$ 为参与者 i 认为参与者 $-i$ 选择策略 b_{-i} 时，在帕累托有效下参与者 i 能获得的最大收益 $\pi_i^{\max}(c_i)$ 和最小收益 $\pi_i^{\min}(c_i)$ 的加权平均。若 $\pi_i^{\max}(c_i) = \pi_i^{\min}(c_i)$，那么 $\tilde{f}_{-i}(b_{-i}, c_i) = 0$。

9.3.5　考虑公平感的不同模型的差异

总体来说，考虑公平感的各个模型虽然表现形式各异，但正如前面理论揭示的那样，各模型之间存在着密不可分的内在联系。它们产生的最初动机就是为了解决实验中出现的与完全理性者假设相左的行为悖论。从形式上来看，各个模型都是扩展了效用函数的具体形式，加入了各类公平感的刻画形式，且均以博弈论为基本的分析框架。

各种模型的本质区别是对"公平"的理解不同。前述 4 种模型对"公平"的理解存在 4 种方案：① "公平"是全体平均分配或平等分配；② "公平"是自己不占便宜且不吃亏；③ "公平"是贫富差距最小；④ "公平"是善有善报。具体采用哪种模型，取决于具体情形中决策者倾向于或被引导如何界定"公平"，具体如下。

行业巨头企业偏好采用结果导向的差异厌恶的 FS 模型来决策。当行业巨头企业的决策者决定是否要推出新产品时，如果新产品创造的期望收益低于其他品牌同类产品，产品对于企业扩大市场、增加收益没有明显的

作用，企业不推出此产品。因此，在决策时，参考其他知名品牌的收益，是行业巨头企业决策者可能会采用的策略。

竞争较为激烈、同质化比较严重的企业倾向于采用考虑公平、互惠和竞争的 ERC 模型来进行决策。例如，衣物品牌繁多且目前市场上可相互替代的衣物广泛存在，消费者在购买时可能并不会那么关注品牌效益。因此，服装业决策者的盈利能力超过了市场的平均水平，存活下来的可能性就大，可能会更关注自己的收入是否超过了行业平均水平。

公益性质的国家扶持企业倾向于采用考虑社会福利偏好的 SW 模型来进行决策。例如，直播助农可以直播营销农民种植的不易，宣传每成交一单可以捐赠给农民多少费用，唤起消费者的同理心，激发消费者参与公益的热情，从而增加农产品销量，创造收益。例如，商家宣称"购买一件商品就会为贫困地区捐出 1 元钱"，其实就是引导消费者从 SW 模型刻画的要素考虑公平感，但消费者也可能因此付出更高的价格。

对上下游供应链成员依赖性较强的企业更倾向于采用考虑意图偏好的 FI 模型来进行决策。例如，生鲜冷链物流对捕捞、保鲜、配送各个环节的要求都很高，要求选用高效的保鲜手段，建立快速的配送网络，需要企业选择有能力且信得过的伙伴进行合作。

第10章　去信任与被信任行为

与公平感类似，信任是人作为高等智能体和社会性动物取得社会进步的重要因素。没有信任，人类更可能会在诸如囚徒困境之类的种种陷阱之中停滞不前。本章围绕个体的主动信任他人的行为及被他人信任的行为展开讨论。10.1 节介绍信任博弈（trust game）、礼物交换博弈（gift exchange game）及基于第三方奖励或惩罚的互惠博弈下的决策者的去信任和被信任行为；10.2 节分析影响信任度的因素；10.3 节讨论提高信任度的机制。

10.1　与去信任和被信任行为相关的典型实验

我们往往会对他人展现出依赖，如请教问题是对其能力的信任，建立亲密关系亦是如此，在有一定了解的基础上建立起信任，方才觉得对方是一个可以依托之人。同时，被信任的时候，我们也往往倾向于付出更多的努力以求不辜负他人的信任，如被请教问题时总想给对方讲通方肯罢休，在感受到被信任时也恨不得表达十二分的爱意以让对方感到安心。然而，如此的良性循环只是建立在双方善良的基础之上，如果信任与被信任被居心叵测之人利用，亦会使寄托信任而受骗之人深感失望，或痛失清白，或倾家荡产，甚至悔恨自裁。为了清晰地解读信任和被信任，本节讨论三个典型实验：信任博弈（10.1.1 节）、礼物交换博弈（10.1.2 节）及基于第三方奖励或惩罚的互惠博弈（10.1.3 节）。

10.1.1　信任博弈

定义 10-1（信任博弈）：在信任博弈框架中，委托人和受托人获得相同的初始资金 e。首先，委托人选择投资资金 $i \times e$，$0 \leqslant i \leqslant 1$；其次，主试将该投资乘以系数 m（$m \geqslant 1$）后，传给受托人资金 $m \times i \times e$；最后，收到资金 $m \times i \times e$ 的受托人自愿返给委托人资金 $r \times (m \times i \times e)$，$0 \leqslant r \leqslant 1$，且委托人一定接受。

我们将定义 10-1 刻画的信任博弈表述为图 10-1。

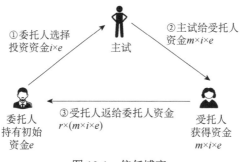

图 10-1　信任博弈

借助信任博弈，我们可以观察到委托人和受托人的决策行为，并将其标记为"信任"和"信任度"，这样就有了定义 10-2。

定义 10-2（信任和信任度）：投资比例 i 被视为委托人对受托人的信任度，回报比例 r 被视为受托人的可信度。

若委托人和受托人都是利己的，那么在均衡情况下，$i = r = 0$。然而，一些研究表明，委托人投资了其初始资金的 50.2%，受托人返还了其在手资金的 37.2%（Berg et al., 1995）。

特别地，信任博弈并不是测量信任和可信度的唯一框架。博尔顿与其合作者（Bolton et al., 2004）利用电子购物平台的反馈系统考察了这一概

念。实验中，买家选择是否购买，若买家选择购买，他需要先付款，然后
卖家选择是否发货。卖家的行为存在道德风险，因为他可能会携款潜逃而
不发货。学者考虑三个市场：①陌生人市场，即买卖双方仅见过一面，并
且无法获得对方的交易信息；②反馈市场，即网上系统记录了卖家以前的
发货决策，并且在买家做出购买决策时展现给买家，每一轮中买卖双方随
机配对；③伙伴市场，即具有和反馈市场一样的反馈机制，但是买卖双方
的配对在整个实验过程中保持不变。依从定义 10-2 的精神，用买家下订单
的比例度量信任，用买家决定购买时卖家的发货比例度量可信度。研究发
现，无论是从信任度还是可信度来看，伙伴市场表现最好，反馈市场表现
次之，而陌生人市场表现最差。

在商业实践中，电商平台也会利用这一现象进行产品推荐。比如，消
费者在某购物平台上搜索一款产品，电商平台会优先推荐"已关注"店铺
的产品或消费者曾发生交易的店铺的产品，以提高消费者对产品质量的信
任度，助推消费者的购买欲望。

10.1.2　礼物交换博弈

将信任博弈放在雇主和雇员关系的情景中解读，就有了礼物交换博弈
（Akerlof，1982）。

> **定义 10-3（礼物交换博弈）**：劳动力市场中有作为雇主的参与者 A
> 和作为雇员的参与者 B，参与者 A 支付给 B 任意工资，参与者 B 选择
> 接受或拒绝。若拒绝，那么双方的收益都是 0；若接受，那么参与者 B
> 将决定其愿意提供的努力程度，这将会影响双方的最终收益。

在礼物交换博弈中，雇主与雇员间的博弈是序贯囚徒困境博弈，其中
雇员的占优策略是选择最低努力程度。对于雇主而言，唯一的子博弈精练
均衡策略是仅提供最低工资。但是实验结果并非如子博弈精练均衡预言
的，而是雇主提供了显著高于最低工资水平的工资，雇员的努力水平也显

著高于最低努力水平。

费尔和其合作者（Fehr et al.，1993）发现，雇主提供效率工资和雇员提供高努力程度的互惠行为广泛存在。约40%的雇员在收到较高工资时回报以较高水平的努力。但也存在一部分雇员，无论收到何种工资，都只付出最低水平的努力。与此同时，雇主通常会提供远高于最低水平工资的薪资。

互惠型个体的存在可能会使得竞争对市场结果的影响无效化。费尔和福尔克（Fehr & Falk，1999）将礼物交换博弈框架嵌入以劳动力市场为框架的双重拍卖的背景中。他们设计了两组实验情景：双边垄断情景（1名雇主和1名雇员）及竞争情景（多名位雇主和多名雇员），如图10-2所示。

(a) 双边垄断情景 　　　　　　　　　　(b) 竞争情景

图10-2　双边垄断情景和竞争情景中的互惠行为

被试扮演的雇主和雇员都可以在区间[20,120]进行工资投标，雇员最低工资是20元，而一次交易的最高收入是120元。若投标被接受，双方签订劳动合同。雇员可自由地选择任何可行的努力水平，同时承担努力成本，而雇主则从其努力中受益。

在双边垄断情景中，有10名雇主和10名雇员，轮流做10次实验，每名雇主和每名雇员只相遇一次，不失一般性，只展现一对雇主和雇员之间的关系，如图10-2（a）所示。轮流做10次实验，每名雇主和每名雇员只相遇一次，雇主必在每期向所匹配的雇员提供报价，若雇员接受，则选择努力水平；若雇员拒绝公司的报价，双方均无所获。

在竞争情景中，有8名雇主和12名雇员，如图10-2（b）所示。每位雇主最多可雇佣 1 名雇员。雇员签订合同的成本为 20 元。因此，由于劳动力供应过剩，竞争性工资水平为 20 元。拍卖持续 10 期，一次拍卖持续 3 分钟。

基于完全理性假设，无论是在双边垄断情景还是竞争情景中，雇员均只提供最低努力水平，所以雇主将支付最低工资 20 元。但实验结果与完全理性假设下的预测完全不同，在经过 5 次实验后，竞争情景中的平均工资略高于双边垄断情景，这说明当努力水平不是外生给定时，雇主与雇员间的互惠显著地抑制了市场中竞争的影响，使支付非竞争工资对雇主来说有利可图。

此外，雇主与雇员间的互惠可能会导致非竞争性工资差异。当雇员接受了雇主的工资邀请后，在他做出努力水平选择之前，他被告知雇主的利润空间，这保证了该信息只影响雇员的努力水平而不影响雇员是否接受工作，雇主和雇员都提前知道了此信息的披露程度（Fehr et al., 1997）。研究发现，拥有更好利润空间的雇主会支付更高的工资。这种工资政策相当合理，因为对于非常赚钱的公司来说，它的雇员相同程度努力的增长会带来更大的利润增长，从而公司就有更高的动机通过支付高工资以激励雇员展现出互惠型行为。

芽：攻读硕士学位期间，在我还没有最终确定要出国攻读博士学位之前，我到业界找工作。硕士毕业后，我曾得到两家公司的正式工作机会，一个是互联网大厂在广州的产品经理岗位，另一个是快消品企业在杭州的产品经理岗位。互联网大厂给了非常丰厚的工资和奖金，但是工作强度大、工作稳定性低，可能前一天上午还在对接客户需求，第二天上午就被人力资源部通知拎包走人。快消品企业虽然给的工资和奖金不是那么丰厚，但是工作强度不大，工作环境具有人情味，能较长久地干下去。

兰：互联网大厂类似于拥有更好利润空间的雇主，而快消品企业的利润空间则少了一些。因此，互联网大厂希望通过提供更高的薪酬，鼓励员工卖命地干活。

芽：这两家雇主都通过提供互惠型工资吸引优秀员工，并鼓励他们做出更多努力。

兰：你最后还是放弃了这两家企业提供的工作机会，而是选择了继续读博士。

芽：在找工作的过程中，我发现自己对雇主和雇员之间关系背后的机理更感兴趣，所以就暂时放弃了业界的工作机会。

总体来说，礼物交换博弈刻画了雇主和雇员的自觉性。雇主愿意支付显著高于平均最低水平工资的报酬，员工也愿意付出更高水平的努力。实践中，尽管一些雇员可能会抱怨工作"事多钱少"，但亦有些人觉得公司给他们的福利待遇很好，尽管他们需要面对不太和睦的同事关系和不固定的加班时长，但他们在上班时认真努力，且愿意维护公司的权益，为公司良好的口碑做宣传。

10.1.3　基于第三方奖励或惩罚的互惠博弈

基于第三方奖励或惩罚的互惠博弈的基本理念体现在图 9-1（a）和图 9-1（b）刻画的间接互惠中，不过此时，人群涉及方多于 3 方。基于间接互惠模型，小文帮助或不帮助小雨的行为被观察到，闲谈、八卦等随之发生，从而令小文建立起了好或坏的声誉，如图 10-3 所示。

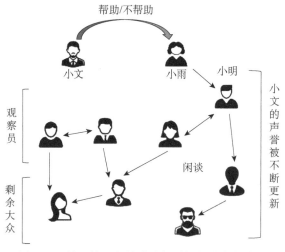

图 10-3　基于第三方奖励或惩罚的声誉建立过程

在声誉建立的过程中，可能存在偏差和噪声。比如，施惠者的行为或意图在不同人眼里有不同解释。有些人可能会从不同来源收到相互矛盾的信息，有些人可能根本没有收到任何信息。因此，个体的声誉并不是对所有人都可见的标签，而是每个人都有关于他的私人评价，即"仁者见仁，智者见智"。

在经济管理决策情景中，间接互惠俯拾皆是。善意可经由间接互惠传递开来，从而为善意提供者带来良好的声誉，并形成良性循环。与此同时，恶意也有可能发生连锁甚至激增的反应。比如，雇员受到来自上级的不公正待遇引起的情绪反应，可能会使该雇员以不友善的态度对待下属。当面对不同的生意伙伴时，某次不愉快的交易经验可能会使商家以更吝啬的态度对待其他商家。

在现实世界中，随着微信红包、转账、购物卡等产品的普及，民众广泛地参与到了一项大规模间接互惠的实地实验中。有学者采用脸书上 150 万的网络礼物交换数据和 3380 份礼物赠送者和接收者的调查问卷，分析了互联网技术对人们收送礼行为的影响（Kizilcec et al.，2018）。实验中，脸书为个人提供了付款购买礼品卡并将其发送给朋友的选项，朋友可以将其兑换为各种商品和服务，实验对比并记录了礼物接首者的送礼行为。研究发现，收礼者更易成为送礼者，而大部分收礼者在下一次送礼时会选择不同的收礼对象，而不是直接返还给送礼者。也就是说，在社交网络中的送礼行为，更多地呈现出间接互惠模式，而非直接互惠模式。并且，由于社交网络提高了人际关系中收送礼行为的可见度，更有利于送礼者建立良好的声誉，这使得网上送礼行为得以快速传播。

兰：微信红包作为表达感恩的一种方式，反映了当下中国人对即时互惠和工具性礼物需求的增加，这种需求的增加与日益普及的物质主义意识形态密切相关。

芽：在微信红包流行之前，当人们接受礼物，特别是金钱时，送礼者和接受者都要来回地争一会儿。因为社会规范要求他们"表演不情愿"，以传递对金钱的冷漠态度。

兰：在微信红包流转情景中，人们也可以"表演不情愿"，只是不具有场面感。

芽：除了基于直接互惠动机的发红包行为，在那些基于间接互惠动机的发红包活动中，哪些人有可能会成为发红包者呢？

兰：有学者基于微信平台的用户数据，利用微信红包中的随机分配机制，在涉及 340 万用户和 3600 万元微信红包的大规模自然实验中，研究了真实生活情景中的间接互惠行为。微信群内收到最大红包的人有更大概率发送红包，并且收到的红包金额越大，发送的红包金额也会越大。进一步的数据分析显示，在红包领取人数大于 1 人的情况下，手气最佳者应是下一轮发红包的人，这种社会规范维持了群内红包发放的持续性（Yuan et al.，2021）。

芽：无论是在直接互惠还是间接互惠情景中，人们发红包总是有动机的。

兰：2014 年农历春节期间，腾讯公司靠着红包利器，让几亿多用户绑定银行卡。这使得阿里巴巴的马云形容抢红包是微信对支付宝发起的"珍珠港偷袭"。

若增加考虑具有独立利益的第三方，他对待提议者给出的不公平分配方案会做出何种行为反应呢？费尔和费施巴赫（Fehr & Fischbacher，2004）设计了第三方惩罚博弈（third-party punishment game），又被称为利他博弈，即基于独裁者实验的设计，增加一个第三方，他可以惩罚违背社会规范的一方，如图 10-4 所示。

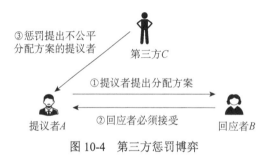

图 10-4　第三方惩罚博弈

费尔和费施巴赫将被试分为提议者 A、回应者 B 和第三方 C。第三方 C 被赋予 50 个代币的初始禀赋，他可以在观察到提议者 A 对回应者 B 的分配金额后，决定对提议者 A 的惩罚点数。第三方 C 的每 1 个惩罚代币会使得提议者 A 减少 3 个单位的代币，但不会使自己的代币增加。根据完全理性假设，第三方 C 应当从来不做出惩罚，因为这种惩罚是损人（提议者 A）不利己的。但是，实验结果表明，约 2/3 的第三方 C 会惩罚那些违反公平规则的提议者 A。由此可见，即使与自己的利益毫无关系，甚至还需要自己付出成本，第三方 C 也会"路见不平一声吼"。并且，正义得到了声张，第三方惩罚者会感到释然和满意。与此同时，第三方 C 也建立起了自己能主持公道的良好声誉。

社会规范鼓励第三方的惩罚行为，比如，法律鼓励个体见义勇为，即便个体冒着自己承担金钱损失和生命风险的可能性。在经济管理实践中，在售卖产品的电子商务平台（第三方 C），如淘宝，平台上的商家（提议者 A）是相对强势方，而平台上的消费者（回应者 B）是相对弱势方，若商家和消费者之间发生纠纷，平台作为第三方需出面主持公道，调解纠纷。在短视频直播行业中，由于短视频直播售卖渠道中的消费者多是进行冲动性的激情购物，消费者下单后退货的可能性非常大。消费者退货的典型情景有几大类：货物还没打包从仓库发出去时，消费者就退货了；货物打包从仓库发出去后，消费者在签收货物之前退货了；消费者签收货物后再退货。出于保护消费者权益的考虑，平台向消费者提供了无理由退货、极速退款等服务，这不仅使得商家承担了非常高的退货成本，还有可能在"货物打包从仓库发出去后，消费者在签收货物之前退货了"的情景下，无法成功地拦截物流，结果可能是消费者收到了退款，也收到了货物，使商家陷入财、物两空的境地。

类似地，在连接竞标者和发包商的众包平台上，如猪八戒网等，为了保护处于弱势地位的竞标者，众包平台也需花费人力和物力惩罚那些不遵循规则的发包商。通俗地说，平台通过建立声誉，即打造"人设"，吸引更多的消费者来平台消费，再借助更多消费者吸引卖家或发包方到平台上，从而提高平台的活跃度。

平台作为第三方 C 之所以会惩罚提议者 A 的不公平行为，可能的解读如下：①第三方惩罚提高了违规行为的成本，降低了违规行为的发生频率，从而能长久地改善社会福利；②惩罚是一种社交信号，它传达了第三方 C 对违规行为的道德谴责，激活了提议者 A 原本就知道的何为善与何为恶的知识，而这种认知的觉醒抑制了提议者 A 的自利行为。

10.2　影响信任度的因素

在复杂互动决策情景中，个体没法对他人知根知底，就需要依据线索建立信任。这些线索可以是双方的专业背景、熟悉程度、个体经历、生理年龄及所处环境温度等。本节重点考察生理年龄和所处环境温度如何影响个体对他人的信任度。

10.2.1　生理年龄

生理年龄会影响个体对他人的信任度。一些研究发现，老年人更易对他人产生信任，年轻人更不易对他人产生信任。卡斯尔与其合作者（Castle et al., 2012）探讨了当老年人和年轻人同时看到一些陌生人的面孔时，他们如何判断这些人的可信程度。主试准备了 30 幅面孔图片（根据事先打分，将这些图片分为 10 幅可信面孔、10 幅中性面孔和 10 幅不可信面孔）。研究发现，对于可信面孔，老年人和年轻人的感受差不多，但面对不可信面孔时，老年人比年轻人更易相信不可信的面孔。

上述讨论绝不是宣称年轻人不会轻信他人，而老年人总是轻信他人。对于保健品、保险这类产品，老年人缺乏相关专业知识。与此同时，老年人对健康的渴望很高，他们会轻信保健品、保险产品宣传者的推销信息。老年人对推销信息的认知心态与年轻人听朋友、公众号、网红博主的推荐没有本质的区别。由此可见，在信息准确的情况下，老年人也会很谨慎、考虑周全，他们的表现并不差。如果年轻人身处不熟悉的决策情景中，他们也可能会轻信他人。

芽：老年人比起年轻人更易轻信他人，大多是因为他们的认知不够，加之杞人忧天的性格，易被"忽悠"，如购入一些虚假保健品，甚至被传销"洗脑"。

兰：该影响也许会随着全民素质的提升而有所缓解。未来老年人可能不会像当前老年群体那样容易受骗。除非认知能力下降，否则由于经历丰富，他们对外界可能会更加谨慎。

芽：关于年龄影响信任度的研究是基于统计分析得出的结论，具有概括性。相比年龄，个人的性格、经历、认知更能区分一个人对他人的信任度。

兰：具体到某个人，就要因人而异了。

10.2.2 外界温度

决策者之间的信任度会受到外界环境的影响。威廉姆斯和巴奇（Williams & Bargh，2008）的研究发现，温暖自己的双手会使人们对世界产生更温暖和更慷慨的看法，而冰冷的双手往往会导致人们对他人缺乏信任。为了评估身体温暖程度对人们判断一个人的性格有无影响，学者让被试双手握住温暖的咖啡杯或冷饮料杯，然后让他们给他人的性格打分。学者发现，那些手握温暖的咖啡杯的被试对他人的评判更慷慨，而那些手握冷饮料杯的被试对他人的评价更苛刻。进一步，学者发现那些手握温暖咖啡杯的被试更愿送给别人礼物。

还有学者基于信任博弈，探究了外界温度对被试的信任度的影响。被试需手握或冷（15℃）或热（41℃）的保健贴，进行信任博弈。委托人可以决定自己在受托人身上投入的钱款金额大小，而匿名的受托人则坐在另一个房间。投资的款项一旦获得受托人的接受，立马会得到 3 倍的增长。

接下来，由受托人决定自己回报给委托人的钱款金额。

研究发现，那些在游戏前用手拿过凉保健贴的被试投资的钱款要少于那些用手拿过热保健贴的人。比较而言，手拿凉保健贴的被试无法轻易相信受托人，怀疑受托人能否对其投资给予回报。但是，手中的热保健贴却使被试变得更加慷慨，更易对他人产生信赖感。背后的原因可能是，触摸与信任之间的联系可能与我们大脑中的脑岛部分紧密相关。当我们触摸到热的东西时，这部分大脑就开始变得活跃。这也解释了充满政治观念分歧的政治家之间"围炉夜话"的行为动机。

温暖能促使人们更易信任他人，变得更加慷慨和亲切，但这种效果维持的时间并不会太长。虽然我们的体感对认知的影响转瞬即逝，但短暂并不意味着微不足道。要想掌控和利用环境及他人对我们产生的刺激，首先就要察觉到这些看似鸡毛蒜皮的小暗示。比如，在工作和生活中，我们都可以利用温度帮助自己解决实际问题。要想使谈判、销售等顺利进行，给别人留下热情、值得信任的印象，那就给对方提供一杯热气腾腾的饮料；要想为团队或者家人营造积极的气氛，就应适当地调高室内的温度。

影响信任行为的因素很多，除了上述内容，还可以扩展讨论影响信任行为的其他因素，如文化差异、个体的道德观念和过往经验等。

10.3　提高信任度的机制

本节从三个角度助推信任度和可信度的建立。10.3.1 节分析如何基于渐进主义（incrementalism）提高信任度；10.3.2 节分析如何基于请求机制和威胁机制提高信任度；10.3.3 节分析如何基于平台背书提高信任度。

10.3.1　基于渐进主义提高信任度

基于渐进主义提高信任，可以不严谨地被解读为徙木立信。《史记·卷六十八·商君列传》记载："孝公既用卫鞅，鞅欲变法，恐天下议己。令既具，未布，恐民之不信，已乃立三丈之木于国都市南门，募民能徙置北门者予十金。民怪之，莫敢徙。复曰：'能徙者予五十金！'有一人徙之，辄予五十金，以明不欺。卒下令。"

叶茂亮和合作者（Ye et al., 2020）探索了渐进主义促进基于信任协作的机制，即先让成员从事小的、难度低的项目的协作开始，逐渐增加所负责项目的规模和难度，而不是一开始就让他们从事大规模、高难度的项目。实验中，主试控制了项目的规模，把被试随机分到三个实验组别中：①项目规模从小开始并慢慢增大（渐进主义小组）；②项目规模从小开始，但在某一轮突然大幅增加（半渐进主义小组）；③从一开始就是大规模的项目（大爆炸小组）。学者发现，渐进主义小组在大规模项目的协作上的成功率远高于另外两个小组。随后，叶茂亮和合作者还做了辅助实验，探索了动态协作与信念的关系，加深了对渐进主义机制原理的理解：从小规模项目做起，可以使每名被试对其他被试参与贡献的概率有着更高的信念，从而自己也更愿意贡献。

商业实践中也有类似的情景。曾在阿里巴巴工作过一段时间，后离职创立同程旅行网的吴志祥，在一次商业模式竞赛活动中，再次遇到阿里巴巴创始人马云。面对马云问及如何把企业价值观传递给所有员工时，吴志祥坦言道：从最初只有4人的创业团队开始，他们就把当天工作的心得实时地分享在公司内网中。随着公司规模的增大，员工彼此之间的信任也在不断地增加（佚名，2019）。

但是，也有人利用渐进主义建立起来的信任行使诈骗。让我们借助阿拉伯商人和义乌小商品市场之间的关系来说明。阿拉伯商人爱义乌商家，义乌商家更爱阿拉伯商人。阿拉伯商人刚到义乌的时候，他们只能用现金交易。交易时只能一手交钱一手交货，因为他们刚来，彼此不熟悉，也不信任对方。但是现金交易有很大的局限性，每次带的现金是有限的，比如，带5万美元，就只能买5万美元的货，这意味着他们需要来多次。因为5万美元的货很快就卖完了，所以他每隔半个月左右就得再来一次，不断地往返，将很多钱花在了机票上，也浪费了很多时间。所以，阿拉伯商人就跟义乌商家说："你们的货在我们那里卖得很好，能不能赊账给我？这样我就能一次进更多的货了。"互相熟悉之后，义乌商家开始赊账给阿拉伯商人，带 5 万美元可以拿走几十万美元的货。但是，也出现了一些阿拉伯商人逃债的情况，更严重的是，一些专业的骗子也进入了义乌小商品市场。

有很多中国卖家向政府投诉这些事情，义乌政府坐不住了，就想了一些办法，其中之一是成立了义乌市涉外纠纷人民调解委员会。他们聘请了一些生意做得比较好、人脉比较广的阿拉伯商人来做协调员，若发生了货款纠纷，就让这些阿拉伯人自己来调解，这样就不会让他们觉得中国人只帮中国人了。

一些影视作品的剧情设计也借用了基于渐进主义培养信任的机制。在电影《孤注一掷》中，设计的诈骗手段是通过一个美女荷官带领用户参与赌博，美女荷官通过透露所谓"内幕"信息的方式，取得用户的信任，用户根据美女荷官给的所谓"内幕"信息下注，赢了几次。获得了少量赢利后，美女荷官与用户之间的信任关系就逐渐地建立并得到了巩固。随后，美女荷官便教唆用户下更大的注，诱惑用户陷入倾家荡产的境地。

推而广之，在反诈骗教育如此普及的当下，仍然有人不断掉入诈骗陷阱，背后也是这类认知机制在起作用。

10.3.2　基于请求机制和威慑机制提高信任度

如何提升雇主与雇员之间的信任度？研究者从雇员培训的角度切入进行了研究（He et al.，2022）。企业考虑是否向员工提供某种技能培训的时候，存在两种机制：①请求机制代表着雇员事前主动向雇主申请培训资源；②威慑机制代表着雇主会事后对雇员的技能进行考核奖惩。具体实验设计如下：在请求机制下，在传统的信任博弈的基础上加一个阶段，允许雇员向雇主发出请求，即请你培训我。在威慑机制下，在传统的信任博弈的基础上加一个阶段，即雇主对雇员的方案是否满意，若满意，就按照分配方案执行，若不满意，双方一拍两散，分文不得。有学者发现，这两种机制都有正面效应，我们把这种效应叫作信任提升效应。信任提升效应是指相比没有这些机制的时候，雇主会有更大可能性去投资，也就是说雇主会更信任雇员。我们发现，请求机制和威慑机制都可以在一定程度上提升雇主对雇员的信任度，但是只有威慑机制有助于提高雇员值得雇主信任的可信度。

10.3.3 基于平台背书提高信任度

买卖双方之间的信任度是由双方之间的交易频次确定的。实践中，越来越多的交易发生在陌生人市场中，为此平台作为中介，试图建立陌生买卖双方之间的信任，从而促成商业交易。

比如，支付宝背后蚂蚁金服的成功依赖于信任体系的建立。淘宝为支付宝提供数据，支付宝反过来促使用户在淘宝上买更多的商品，从而卖家可以卖出更多商品。以蚂蚁金服为代表的金融平台壮大的原因之一，是电商平台可以为金融平台提供很多用户，比如，在淘宝上购物的用户必须要有支付宝，还可以提供很多关于交易细节的数据，这是传统银行不能获得的信息。因此，蚂蚁金服在提供金融服务的时候，也可以利用这部分数据。此外，支付宝还对非淘宝商家开放，使蚂蚁金服能收集更多的数据，便于开发更多的服务，如芝麻信用、花呗、余额宝等。这使得金融平台和原先的电商平台有了很多协同，比如，支付宝可以提供信用支付功能，用户可以使用该功能在淘宝平台购物。但是，在商业实践中，成功的蚂蚁金服却无法正常上市。这是因为蚂蚁金服的钱不是自己的，而是银行的，无法应对潜在的金融风险危机。为了避免出现金融危机的系统风险，相关部门禁止其到境外资本市场上市。

为了促进双方在平台上的交易，平台事先投资很多来建立用户和服务商之间的信任（比如，确保服务商提供的服务质量高、提供身份证明、能力测试），但是这种信任越高，越容易产生跳单风险。比如，在爱彼迎（Airbnb）平台，若房客和房主直接联系，可以双方都省钱。举个例子，由于爱彼迎对成交的订单每晚都要抽成 20%，若用户要在爱彼迎上租房一个月，其策略是在爱彼迎上先租几天，获得房主的联系信息，再直接与房主协商延长租期，避免被爱彼迎抽掉佣金。如何解决跳单问题？为了防止出现跳单问题，美国家政服务平台公司 Thumbtack 在用户和服务商建立联系之前就收取费用。操作形式如下：用户在 Thumbtack 网站上公布自己的服务需求和愿意支付的价格，Thumbtack 将工作描述提供给平台上所有的服务提供商，一旦服务提供商想要看工作描述并获取用户联系方式，就需要付钱。所以，Thumbtack 并不是使双方匹配才收钱，而是在匹配成功之前浏览工作描述就要收钱，这可以避免此次跳单，但无法解决随后出现的跳单问题。

由此可见，尽管平台提供了建立信任的保障措施，但这本身并不足以让用户感到他们离不开该平台。为此，平台可以为用户提供额外的服务，如在交易时提供监控和监督、售后纠纷处理方面的服务，并确保这些额外服务是必要的，方能从根本上杜绝跳单风险。比如，某些网站不仅匹配买卖双方之间的交易，还为交易过程中发生的公司注册、商标注册等业务提供增值服务。

但是，也有基于平台建立的信任体系不成功的。P2P 借贷平台扮演的是撮合委托（投资）人与受托（借款）人之间借贷的中间人角色，并从中抽成部分受托人支付的利息和收取服务费作为主要收入来源。也就是说，委托人把钱投资给这些平台（主试），平台再将这些钱转移给受托人，由受托人去创造更大的市场价值。之后，平台按照向委托人保证的收益率，定期给他们返还收益。在高风险高回报的市场中，平台不断吸引新的委托（投资）人加入，以支付前期需要付给委托人的利息。这是庞氏骗局（传销），投资的回报来自后加入的投资者，而非平台或受托人通过正当投资获利，即"拆东墙补西墙"。随着更多委托人的加入，平台逐渐地入不敷出，骗局泡沫爆破时，就是爆雷的时刻。其背后的原因是，平台或受托人并不具有可信度，与此同时，平台也利用了委托人轻信他人及"利"字当头的人性弱点。

第11章 有限推理层级行为

世界是参差的。因系统 2 调动不足导致互动博弈中推理层级低的人确实存在，但大多数人都主观希望自己的推理层级高于别人，因为这能使其在互动博弈中获利。但问题在于，人对自己和其他人的推理层级总是存在误判，自信程度和对他人的了解程度都会产生很大影响。

个体的自信水平并不是源于自己知多少，而是源于自己不知多少。知道的越少，就越容易把一些信息、事件链接在一起，就越容易做出想当然的判断。俗话说"不怕神一般的对手，就怕拖后腿的队友"，蕴含着人们过度自信的认知。多数情况下，人们喜欢采取外部归因推理，将失败的原因归结到"拖后腿的队友"身上。然而，为何就是自己能干，而队友却拖后腿呢？说不定自己才是那位"拖后腿的队友"。古往今来，最不缺的就是聪明人，也就是认为自己心眼多、套路深的人。背后的可能原因是，当个体的推理能力很低时，脑海里的个人构念就会趋于单一，缺乏弹性。但是，这种构念却成了全部，让自己误认为这是最好的对策。也就是说，知识越匮乏的人，越是拥有莫名其妙的勇气和自豪感，压根儿听不进去与自己观点相对立的观点。因此，过度自信者易沉浸在自我营造的虚幻优势之中，高估自我能力水平，而对他人的能力嗤之以鼻，无法客观地评价他人的能力，该现象被称为好于平均效应（above-average effect）。若过度自信者通过社会比较，不得不承认那些不如自己的人取得了成功，那么过度自信者就会产生怀才不遇的郁闷。其实，多数情况下，是他的能力撑不住他的野心，看似"怀才不遇"，实乃"怀才不够"。

芽：如何从外表识别出一个人是否过度自信呢？

兰：观眉方知情重。一些学者深信自恋者的眉毛自有其与众不同之处。基于此预设，他们招募了包括白人、黑人在内的几百名志愿者，并在实验室里给他们做摆拍及自恋人格测试。其最终发现，眉毛特征与自恋人格之间存在特定的关联：那些自恋者的眉毛的辨识度很高，如比别人的更厚实、更浓密，棱角更分明（Giacomin & Rule，2019）。

芽：若眉毛长得没有特色，又想表现出过度自信，有什么办法？

兰：熬夜令人更加自我欣赏。有学者发现，经常熬夜的人更易具有自恋、控制欲和心理变态的倾向，而有自恋、控制欲和心理变态特征的人群往往在日常生活中表现得非常好，他们更容易拥有理想的工作（Jonason et al.，2013）。这项关于熬夜令人更加自我欣赏的研究还获得了2014年搞笑诺贝尔心理学奖。

芽：可能存在幸存者偏差（survivorship bias）。在那些自恋、控制欲和心理变态特征的人中，成功的那些人处于公司高层，掌管整个公司，财富数以百万；而不成功的那些人则最终出现在监狱里。

芽：熬夜有风险。还有什么方法能助推人的过度自信呢？

兰：喝酒，"醉人眼里出西施"。2013年搞笑诺贝尔心理学奖获奖者劳伦特·贝格和合作者（Bègue et al.，2013）发现，人们在喝酒后的确会觉得自己更具有吸引力，他们以实验证实了认为自己喝醉了的人同时也认为自己长得好看。

芽：即便没有喝酒，日常生活中，一些男性也容易对自己对女性的吸引力过度自信。一个女人走在路上，回头看了一个帅气的男人一眼，这个女人的行为不是明显地对这个男人有好感，也不是明显的普通行为，而是处于信号发布和噪声分布的重叠区域，但是男人就会想当然地认为这个女人对他有好感。

兰：苏东坡就很"自恋"。他在游览庐山时，写下了《初入庐山三首其一》，其中提及"可怪深山里，人人识故侯"。

芽：为何男性如此自信呢？

兰：为了繁衍自己的基因。男人认为，一旦发生漏判，其效用损失就会较大。

芽：女性也需繁衍自己的基因啊！

兰：在择偶、生育等事情上，男性犯错的代价要小于女性，毕竟女性要经历怀胎十月及漫长的哺乳过程。这使得男性在择偶、生育方面表现出强烈的进取性、攻击性行为。特别是当男性的权力凌驾于女性之上时，更有可能从物化、性的角度审视女性（Bargh et al., 1995）。

人的推理能力（认知层级）越高，越会获得更多的经验，时刻保持求知如渴、虚心若愚的心态，他的个人构念就会越丰富，在同样的问题面前不会过于固执，不会执着于一种答案，而是会考虑几种可能的答案。比如，苏格拉底说"了知你自己（认知你自己）"。他的学生问他：你四处说"了知你自己"，但你了知你自己吗？苏格拉底回应：不，但我对这个无知有所了知（柏拉图，2019）。庄子的"朝菌不知晦朔，蟪蛄不知春秋"也揭示了人们的认知受限于自我生长环境和阅历。因此，拥有以远见超越自己之未见的心态，能够帮助人们理性地过好有限的一生。

如苏格拉底、庄子这般圣人，对自我认知能力有着清晰的认知，不会高估自己的推理能力。作为普通的个体，可以通过在战略互动博弈中的训练，获取逆向归纳的分析能力，从而改善推理能力。逆向归纳法（backward induction）是刻画战略互动博弈行为的思考方式，其基本思路是从动态博弈中的最后一个阶段开始，局中人都遵循效用最大化原则选择行动，然后逐步倒推至前一个阶段，一直到博弈开始局中人的行动选择。逆向归纳法的提出可追溯到关于国际象棋有最优策略解的证明，后来学者将其推广到了更广泛的博弈决策情景中（Schwalbe & Walker，2001）。

然而，通过逆向归纳推理得到的关于博弈局中人的理论预测，也可能出乎意料地违背了人们的直觉。高估自我推理能力，造成了博弈推理和实际中人们的真实行动的不一致性，这被称为逆向归纳悖论。

学术研究"后浪迭起"。本章旨在讨论放松纳什均衡下的"无穷推理能力"假设，刻画有限理性决策者的推理行为特征。11.1 节考察三个典型的推理案例；11.2 节引入认知层级模型刻画个体的推理行为；11.3 节利用认知层级模型刻画群体中个体间的战略互补和替代行为。

11.1 典型的推理案例

在本节，我们将借助 p-选美博弈（p-beauty contest）、蜈蚣博弈（centipede game）及讨价还价博弈这些模型来分析逆向归纳悖论。

11.1.1 p-选美博弈

我们借助 p-选美博弈刻画玩家（决策者）的推理能力有限。在该博弈中，每个玩家在 0—100 选择一个数，将各玩家所选数的平均值乘 p，其中，$0 < p < 1$，可以得到一个数值，所选数最接近该数值的玩家赢得比赛。假设玩家认为所有玩家猜的数平均值是 x，那么该玩家猜的数字应为 px。深入思考后，理性玩家发现，若他认为其他玩家的推理层级都是无穷的，由于存在乘数 p，那么平均值 x 将不断变化，经由 $x, px, p^2x, \cdots$，必然收敛到 0。因此，具有无穷推理能力的玩家的最优决策是报告 0。

在实践中，当设置 $p = \dfrac{2}{3}$ 时，玩家的平均选择数为 20—35，其决策并未收敛为 0。这是因为群里中既存在推理层级低的玩家，也存在推理层级高的玩家。推理层级低的玩家认为，既然不知道其他玩家如何决策，均值也许是 50，那么就选 $50 \times \dfrac{2}{3} \approx 33$。然而，推理层级高的玩家认为，推理层级低的玩家会选择 33，这使得他们会选择 $33 \times \dfrac{2}{3} = 22$。从理论上而言，推理层级高的玩家可以反复地推理其他推理层级低的玩家的决策，但这样他们思考的代价就大了，并且由于未必知晓其他推理层级低的玩家的确切推理层级的数，也未必能使得自己猜得更准。

芽：p-选美博弈构造的背景是什么？为何这个问题受到了人们的

关注？

兰：第二次世界大战前后，物资匮乏，电视媒体开始发展，一些人想到了要做选美比赛。若广大民众都积极参与这个活动，不仅可以帮助民众缓解物资匮乏带来的问题，主办方也可以获得更多的广告费。于是，主办方就让民众投票，得票最高者就是冠军，而为冠军投票的人也会获得相应的奖励。

芽：根据上述讨论，我不会选择自己认为漂亮的，而是选择自己猜测的多数人认为漂亮的候选人。

兰：内格尔（Nagel）把风靡一时的大众选美比赛规范化地描述为 p-选美博弈（Nagel，1994）。在该博弈中，民众要有意识地与他人的策略保持基本一致，因为美的标准是由多数人的认知信念确定的——多数人觉得美的候选人方是美的。

芽：如此推理，"选股"也如"选美"，预测哪支股票会涨时，股民通常不会考量公司的技术或管理风格等实实在在的证据，而是关心"聚焦点"，即预期别人预期他可能会怎么做的方法。

兰：经济下行的时期，股民会变得悲观，于是他们卖掉手上的股票；股市持续下跌，导致股价变得更低，于是股民就更加疯狂地甩卖自己持有的股票。

芽："p-选美博弈"的逻辑在其他方面是否也有所体现？

兰："p-选美博弈"的隐喻同样适用于叙事的传播。当我们向他人讲故事的时候，若我们觉得他人会喜欢并传播这个故事，我们就会有更强的动机传播此故事。

11.1.2 蜈蚣博弈

蜈蚣博弈是完全信息动态博弈，因其博弈树形似蜈蚣而得名（Rosenthal，1981）。借助由玩家 1 和玩家 2 构成的两轮蜈蚣博弈，如图 11-1 所示。

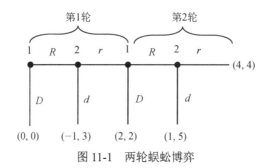

图 11-1 两轮蜈蚣博弈

在第 1 轮，玩家 1 选择合作（R）或不合作（D），若选择不合作（D），则结束博弈，玩家 1 获得 0，玩家 2 获得 0，收益记为（0，0）；若玩家 1 选择合作（R），则轮到玩家 2 选择。若玩家 2 选择不合作（d），则结束博弈，收益为（–1，3）；若玩家 2 选择合作（r），则将选择权交给玩家 1，进入第 2 轮。

在第 2 轮，若玩家 1 选择不合作（D），则直接结束博弈，玩家 1 获得 2，玩家 2 获得 2，收益记为（2，2）；若玩家 1 选择合作（R），则轮到玩家 2 选择。若玩家 2 选择不合作（d），则直接结束博弈，收益为（1，5）；若玩家 2 选择合作（r），博弈结束，收益为（4，4）。

由上述讨论可得，玩家 1 有 4 种纯策略：（R，R）、（R，D）、（D，D）和（D，R）。类似地，玩家 2 也有 4 种纯策略：（r，r）、（r，d）、（d，d）和（d，r）。上述两轮蜈蚣博弈的收益矩阵等价于表 11-1 刻画的正则博弈矩阵。

表 11-1　蜈蚣博弈的正则博弈矩阵

玩家 1	玩家 2			
	（r，r）	（r，d）	（d，d）	（d，r）
（R，R）	4, 4	1, 5	–1, 3	–1, 3
（R，D）	2, 2	2, 2	–1, 3	–1, 3
（D，D）	0, 0	0, 0	0, 0	0, 0
（D，R）	0, 0	0, 0	0, 0	0, 0

注：采用画线法可得，均衡策略是玩家 1 选择不合作后直接结束

我们采用逆推归纳法分析该博弈。在最后一轮，玩家 2 在"合作"和"不合作"的策略中做出选择，根据完全理性的假定，玩家 2 会选择带来收益 5 的"不合作"策略。以此往前递推，可得：在第一轮时，玩家 1 选择"不合作"策略来结束这个博弈。此时，两个玩家各自的收益都为 0。

然而，在绝大多数的博弈中，一般都不会出现由逆推归纳法预测的玩家 1 在初始就选择不合作的策略结束博弈的情况，这被记为蜈蚣悖论。为什么会产生蜈蚣悖论？这是因为决策均衡源于适应、进化、交流或模仿，由于该过程需要时间，玩家在决策时通常不会花费很多时间去做充分而前后一致的思考。因此，非充分或前后不一致的思考可能表现为玩家无法无限推理各种可能情况发生的概率，并且对各种可能结果的判断是前后不一致的。因此，我们需要讨论玩家的有限推理能力产生的影响。

11.1.3 讨价还价博弈

本节讨论轮流出价的讨价还价博弈模型。鲁宾斯坦（Rubinstein, 1982）用完全信息动态博弈的方法，对基本的、无限期的完全信息讨价还价过程进行模拟，并据此建立了轮流出价的讨价还价博弈模型。在此模型中，两位玩家分割一块饼。在第 1 阶段，玩家 1 先提出分配方案 (x_1, x_2)，其中，玩家 i 获得份额 x_i，$i = 1, 2$，玩家 2 可以选择接受或拒绝。若玩家 2 选择接受，则博弈结束，按玩家 1 的方案分配；若玩家 2 选择拒绝，进入第 2 阶段。玩家 2 提出分配方案，玩家 1 可以选择接受或拒绝。若玩家 1 接受，博弈结束，按玩家 2 提出的方案分配；若玩家 1 拒绝，进入第 3 阶段，他再出价。如此下去，直到一位玩家的出价被另一位玩家接受为止。假设玩家 i 的贴现因子为 $\delta_i (i = 1, 2)$，在完全理性假设下，玩家间的分配均衡如命题 11-1 所示。

> **命题11-1（无限期讨价还价博弈）**：在轮流出价的无限期讨价还价博弈中，在第1阶段，完全理性玩家1向完全理性玩家2提议的分配方案为 $(x_1, x_2) = \left(\dfrac{1-\delta_2}{1-\delta_1\delta_2}, \dfrac{\delta_2(1-\delta_1)}{1-\delta_1\delta_2} \right)$，且该提议被完全理性玩家2接受（Rubinstein，1982）。

与蜈蚣博弈类似，现实中，处于轮流出价的讨价还价博弈决策情景中的玩家并非按照如命题11-1所刻画的分配方案行事。我们引入推理层级模型刻画后，再来回答此问题。

无论是蜈蚣博弈还是讨价还价博弈，均涉及纳什均衡的概念和均衡存在定理。这些概念的提出者为1994年诺贝尔经济学奖获得者约翰·纳什。实践是检验真理的唯一标准。提出均衡分析理论后，约翰·纳什试图寻找实证证据支持相关研究假设。但是，虽然该理论越来越有影响力，他本人却饱受精神疾病的折磨而被迫停止研究工作，个人生活也遭遇离婚、居无定所的跌宕起伏，不存在什么"好的均衡"。待他身体恢复后，又因年事已高，无法再开展研究，遗憾作罢。

中午时分，兰和芽在会议餐厅遇到同是会议参与者的小月。

芽：小月！你现在在做什么研究？

小月：我在研究平台经济中的博弈问题，最近在调研电商平台和供应商之间的讨价还价机制，发现他们的博弈过程很有意思。

兰：愿闻其详。

小月：最基础的博弈是围绕收入分成比例和订购量展开的。通常是双方先确定收入分成比例，再由供应商决定订购量。供应商每年和平台签一次合约，收入分成比例就在这时候定下来。

芽：那订购量是怎么确定的呢？

小月：这就体现出了电商平台与传统零售商的独特之处了，也就是与平台的引流机制密切相关。比如，在"618"这样的大型促销活动期间，供应商根据平台能提供的流量资源来决定给平台备多少货。平台要说服供应商提供更多货量，要么降低扣点给其更多收入分成，要么承诺给予更多引流支持。

兰：听起来，这一合作方式很灵活。

小月：是的。而且，合约类型也很多样。有买断型合同、可退货型合同、实销实结型合同、流水倒扣型合同等。不同品类产品一般采用不同类型的合同。比如，对于季节性强的服装，可能更倾向于采用流水倒扣型合同来规避贬值风险。

芽：这些合同类型的差异主要体现在哪里？

兰：主要是在风险分担上。比如，在可退货型合同下，供应商会特别关心订购量，担心卖不出去退货；而在实销实结型合同下，他们更关心实际销售进度。平台也会通过各种返利机制来调节定价和采购量。

芽：这已经远远超出了简单的轮流出价的讨价还价博弈模型了吧？

小月：确实。现实中的讨价还价涉及多个维度的博弈，不仅要考虑价格和数量，还要考虑流量资源、返利机制等多个因素，这也是我现在的研究重点。

11.2　认知层级模型

在完全理性假设下的博弈决策中（如鲁宾斯坦的讨价还价决策），博弈推理迭代的信念被推到相当高的层级上，认知层级模型化解了对经典博弈理论中均衡概念循环性的批评，并给出了解决问题的措施（Harstad & Selten，2013）。

认知层级模型通过展示参与者如何通过逐层推理来预测对方的策略，阐明了即便在沉默中，双方也在心理上建立了深层次的联系和预期。假设讨价还价博弈中的两个参与者分别为天真者和老练者。天真者将任何一轮的行为都视为最后通牒博弈，考虑公平因素的影响，天真者提出将40%的份额给老练者。老练者比对手（天真者）的推理层级高一层，会思考"下一轮，天真者会做出什么提议？"比如，在第 1 轮，老练者认为"在第 2 轮，天真者将要做出的提议是分 40%的份额给自己"。因此，向前展望，在第 1 轮，老练者会提议 $\cdot$ 个略超过 40%份额的分配方案。若老练者关于对手为天真者的推理能力的信念是准确的，该提议会被天真者立刻接受。

接下来，考虑与推理层级密切相关的两个模型：k 层级模型（level-k model）和认知层级模型。需要说明的是，本节讨论的两个认知层级模型均假设决策者对自身推理层级和对他人推理层级的信念是静态的，不随着决策轮数的增加而动态更新。

11.2.1　k 层级模型

本节考虑一组决策者，参与者的推理层级是异质的，分为层级 $0(L_0)$，层级 $1(L_1)$，层级 $2(L_2)$，$\cdots$，层级 $k(L_k)$。只有 L_0 类型的决策者是非策略的，即他们不会对任何其他类型的行为做出最优反应。对于所有层级为 $k \geqslant 1$ 的决策者，他们认为其他决策者的类型为 $k-1$，并据此做出最优反应。这样就有了定义 11-1。

> **定义 11-1（k 层级模型）**：在多人博弈且其推理能力有限的决策情景中，参与者的认知层级是其关于对手认知层级水平的认知信念，即 k 认知层级的参与者认为其对手的认知层级不高于 $k-1$。

有了上述准备，就可用 k 层级模型分析讨价还价博弈决策中参与者 1 和参与者 2 的决策行为了。

L_1 参与者认为他人为 L_0。关于 L_0 参与者的行为规则假设为 L_0 参与者等概率地在可行区域内随机决策（Camerer et al.，2004）。也有学者假设不存在 L_0 参与者（Ho et al.，2021）。本书假设不存在 L_0 参与者。但是，L_1 参与者认为他人是 L_0，且认为 L_0 参与者不会考虑他人的决策行为，仅考虑在当前阶段自身效用的最大化。

在第 1 轮的讨价还价博弈中，L_1 参与者 1 推理到，当讨价还价进行到第 2 轮时，若 L_0 参与者 2 拒绝参与者 1 在第 1 轮给出的报价后会如何给出报价，并且 L_1 参与者 1 的推理到此为止。据此，L_1 参与者 1 认为在第 2 轮，L_0 参与者 2 的决策问题为

$$\max u_2(x_1, x_2) , \quad s.t. u_1(x_1, x_2) \geqslant 0$$

解得 $(x_1, x_2) = (0, 1)$。

因此，L_1 参与者 1 认为 L_0 参与者 2 在第 2 轮的最大份额为 1。倒推回第 1 轮，当且仅当 L_0 参与者 2 在第 1 轮获得的份额不小于 δ_2，参与者 2 才会在第 1 轮接受参与者 1 的报价。所以，在第 1 轮，L_1 参与者 1 的决策问题为

$$\max u_1(x_1, x_2) , \quad s.t. u_2(x_1, x_2) \geqslant \delta_2$$

解得 $(x_1, x_2) = (1 - \delta_2, \delta_2)$。

接下来，我们分析 L_2 参与者 1 与 L_1 参与者 2 之间的讨价还价行为。L_2 参与者 1 认为，L_1 参与者 2 会认为参与者 1 为 L_0。若 L_1 参与者 2 拒绝参与者 1 在第 1 轮提出的报价，那么参与者 2 在第 2 轮会思考如何报价以让参与者 1 更好地接受。L_1 参与者 2 在第 2 轮的决策问题与 L_1 参与者 1 在第 1 轮的决策问题类似。所以，在第 2 轮，L_1 参与者 2 的报价决策为 $(x_1, x_2) = (\delta_1, 1 - \delta_1)$。倒推至第 1 轮，当且仅当参与者 2 在第 1 轮获得的份额不小于 $\delta_1(1 - \delta_2)$，参与者 2 才会在第 1 轮接受参与者 1 的报价。所以，第 1 轮中，L_2 参与者 1 的决策问题为，

$$\max u_1(x_1, x_2) , \quad s.t. u_2(x_1, x_2) \geqslant \delta_1(1 - \delta_2)$$

解得 $(x_1, x_2) = [(1 - \delta_1(1 - \delta_2)), \delta_1(1 - \delta_2)]$。

上述讨价还价中，参与者 1 和参与者 2 的推理思维如图 11-2 所示。

当 k 为有限值时，即参与者表现为有限推理层级，采用递归分析方法，可获得认知层级为 k 的参与者的均衡决策。特别地，当 k 趋向于无穷，即参与者趋近于完全理性时，分配方案趋近于鲁宾斯坦讨价还价下的均衡策略。

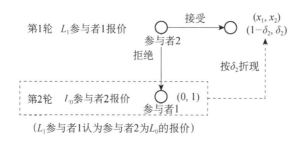

（a）L_1参与者1主观认知的推理行为

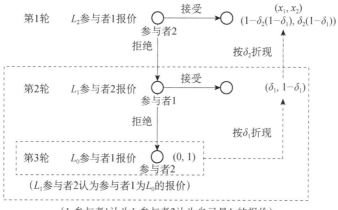

（b）L_2参与者1主观认知的推理行为

图11-2　认知层级

　　芽：关于0层级人群在现实中到底是否存在的提问，除了方便模型的构建与计算外，其本身的现实可能性也可能在于的确存在不考虑他人选择而坚持本心的人。

　　兰：说来听听。

　　芽：比如，选美博弈，当然可以选择你认为的大多数人会选择的选项，但也一定存在出于"诚实"的心理需求或粉丝的支持行为，而坚定地选择自己认为最美的那一位。

　　兰：有没有日常生活情景中的例子？

　　芽：比如，我打游戏。在《王者荣耀》游戏中给多个英雄的皮肤投票，每人一票，投给最终票数最多的英雄的人可以免费获得该英雄的皮肤。为了免费获得皮肤，我当然可以选择大多数人认为的最受欢迎的英雄。事实上，我把票数投给自己最擅长玩、最喜爱的英雄，而不是我认为最受大多数人欢迎的英雄，哪怕最后有很大概率无法获得免费皮肤。

兰：忠诚于自己的内心选择。

11.2.2　CH 模型

k 层级模型的一个推广是 CH 模型。

> **定义 11-2（CH 模型）**：在多人博弈且其推理能力有限的决策情景中，参与者的认知层级是其关于对手认知层级认知水平的认知信念。对于所有层级为 $k \geqslant 1$ 的决策者，他们认为其他决策者的类型为 $k-1$，$k-2$，$\cdots$，0 上的某种分布（通常假设为泊松分布），然后据此做出最优反应。

我们依从卡默勒与其合作者（Camerer et al.，2004）的研究成果，构建 CH 模型。假设决策者 v 属于 k（$k \geqslant 0$）认知层级（CH）的概率密度服从泊松分布，则有

$$f(k) = \frac{\tau_v^{\,k} \mathrm{e}^{-\tau_v}}{k!} \qquad (11\text{-}1)$$

其中，τ_v 表示决策者 v 所属群体的平均认知层级。

当群体平均认知层级较高时，即 $\tau_v \gg k$，属于 k 认知层级的决策者 v 认为与自身认知层级相近的决策者在群体中所占比例较高，即 $\dfrac{f(k-1)}{f(k-2)} \to \infty$。当群体平均认知层级较低时，即 $\tau_v \ll k$，属于 k 认知层级的决策者 v 认为远低于自己认知层级水平的决策者在群体中占比较高，即 $\dfrac{f(k-1)}{f(k-2)} \to 0$。由上述分析可得，泊松分布的概率密度函数符合以上特性，因此假设决策者属于 k 认知层级的概率服从泊松分布具有合理性，如图 11-3 所示。

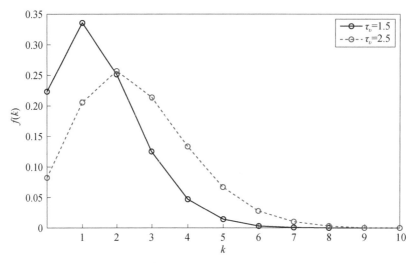

图 11-3　CH 模型中推理层级与人数比例的关系

　　CH 模型隐含着决策者过度自信的假设，即决策者不认为群体中存在认知层级高于自己的人，但对低认知层级的其他决策者的比例有准确信念。也就是说，k 认知层级决策者可以推算出 0 至 $k-1$ 认知层级决策者的频数及其可能策略，能根据该信念做出最佳响应，却无法意识到其他决策者可能和自己一样聪明甚至更聪明。因此，$k(k \geqslant 1)$ 认知层级决策者 v 认为认知层级为 h 的其他决策者 $\bar{v}$ 的概率分布函数为

$$g_k(h) = \begin{cases} 0, & \forall h \geqslant k \\ \dfrac{f(h)}{\sum_{l=0}^{k-1} f(l)}, & \forall h < k \end{cases} \qquad (11\text{-}2)$$

　　根据式（11-1）和式（11-2），将 k 认知层级决策者认为的相对频数与真实的相对频数的绝对偏差记为 $D(k)$，则有

$$D(k) = \left| g_k(h) - f(k) \right| = \sum_{h=0}^{k-1} \left| \frac{f(h)}{\sum_{l=0}^{k-1} f(l)} - f(h) \right| + \sum_{h=k}^{\infty} \left| f(h) - 0 \right| \qquad (11\text{-}3)$$

其中，$\lim\limits_{k \to \infty} D(k) = 2\left[1 - \sum_{h=0}^{k-1} f(h) \right] = 0$。这意味着随着认知层级 k 的增加，决策者继续努力思考的边际效益递减，因此决策者愈发没有动机进行深度

思考。

基于 CH 模型刻画决策者的推理行为与基于 k 层级模型刻画的决策者的推理行为，在给定推理层级下，决策者的行为反应是相同的。CH 模型和 k 层级模型的主要区别在于，是否假设他人的认知层级是服从截尾的泊松分布，还是他人的认知层级仅比自己的低 1 层（Ho et al.，2021）。

芽：在互动博弈中，若意识到自己不够聪明，是不是就没有赢的可能？

兰：实践中的互动博弈有很大的不确定性，若是博弈中的决策和个人努力水平有关系，那么是否能"笑到最后"，取决于是否坚持，而非推理能力、智力水平。

芽：乐观地想，人与人之间最小的差别是智商，最大的差别是坚持。

兰：并且，人还可以创造出比自己聪明的 AI 算法。AI 之于人类有些类似于人类之于黑猩猩。研究 AI 的学者可能犯的错误是假定人类很聪明，实际上跟 AI 相比，不见得如此。

芽：是的，阿尔法狗以 4 : 1 打败了李世石，然后阿尔法元以 100 : 0 打败了阿尔法狗。在围棋领域，人们跟计算机比赛下围棋就像人类与宙斯去斗法，人类几乎没有胜算。

芽：人类如何与 AI 相处？

兰：面对困难问题，利用 AI 很容易解决，因此，若人类打不过 AI，就跟 AI 组成团队吧！但是，对于简单问题，利用 AI 却不容易解决。

采用 CH 模型刻画决策者的认知层级可以得出如下管理启示：多数决策者都会进行一定认知层级的思考，并且会因为工作记忆有限，使得高认知层级决策者每增加一个认知层级思考的边际收益递减[由式（11-3）间接可见]，因此决策者的平均认知层级既不会为 0，也不会是特别大的数字。换句话说，k 认知层级决策者需要做所有低层次参与者做过的计算，然后再结合此结果计算自己的最佳响应。随着 k 的增加，越来越少的决策者做出高于 k 层次的思考。这一限制可以用相对频数 $\dfrac{f(k)}{f(k-1)}$ 随着 k 单调递减来表示。一些实验证据表明，L_1 决策者占比较高，比例稍低的是 2 认知层级，比例更低的是 3 认知层级，而高于 3 认知层级的则很少。

为了解读决策者偏离理性预测的过程，CH 模型降低了对决策者之间相互一致性（mutual consistency）的要求，却假设决策者选择最佳反应。这与第 7 章讨论的 QRE 模型恰好相反，QRE 模型假设决策者之间的彼此推理能够保持相互一致性，但假设决策者无法做出最佳反应。因此，相对于 QRE 模型，CH 模型的主要贡献在于刻画了决策者的有限推理层级。除此之外，QRE 模型需要求解不动点，这导致求解过程较为缓慢，而 CH 模型的可计算性也是学者选择该模型刻画互动博弈中的参与者行为的主要原因之一。

11.3　用认知层级模型刻画战略行为

在群体决策博弈中，群体的推理能力存在异质性，作为群体中的个体应该如何掌握推理的程度呢？比如，在 p-选美博弈中，若所有成员均为完全理性者，能无限推理，那么所有人的最优决策为 0。但是，在现实中，选择 0 大约是无法赢得比赛的。那么，人们在反复思考他人如何决策时，应该推理到什么程度呢？

本节讨论在互动博弈中，高推理层级的决策者如何策略性地展现自我的推理层级，从而最大化自身的收益。高推理层级决策者有两种策略：模仿低推理层级决策者的行为，记为战略互补；维持高推理层级决策者的行为，记为战略替代。接下来，基于卡默勒（Camerer）的系列工作展开讨论。

11.3.1　模仿低推理层级决策者的行为：战略互补

何时完全理性者（认知层级高的玩家）会选择有意识地做出与认知层级低的玩家相似的行动，从而获利呢？也就是说，聪明可能反被聪明误，"扮羊反而能吃狼"。让我们借助 p-选美博弈来进行解释。

在 p-选美博弈中，两个决策者在 $[0,100]$ 区间任意选择一个整数，$p = \dfrac{2}{3}$。将决策者获胜的收益记为 1，输掉比赛则收益为 0。记决策者 i 的第 j 个决策为 s_i^j，其对手 $-i$ 的第 j' 个决策 $s_{-i}^{j'} \in \{0,1,2,3,\cdots,100\}$，$\pi_i\left(s_i^j,\ s_{-i}^{j'}\right) \in \{0,1\}$，若决策者 $-i$ 为 0 认知层级，对于任一 j'，可得 $P_0\left(s_{-i}^{j'}\right) = \dfrac{1}{101}$。因此，有

$$E_1(\pi_i(0)) = \sum_{j'=1}^{101} \pi_i\left(0,\ s_{-i}^{j'}\right) P_0\left(s_{-i}^{j'}\right) = 1$$

$$E_1(\pi_i(1)) = \sum_{j'=1}^{101} \pi_i\left(1,\ s_{-i}^{j'}\right) P_0\left(s_{-i}^{j'}\right) = 1 - \frac{1}{101}$$

$$E_1(\pi_i(2)) = \sum_{j'=1}^{101} \pi_i\left(2,\ s_{-i}^{j'}\right) P_0\left(s_{-i}^{j'}\right) = 1 - \frac{2}{101}$$

可得，$k(k>1)$ 认知层级的决策者会认为其对手的认知层级属于 $\{0,1,\cdots,k-1\}$，对于任一认知层级的对手，$k(k>1)$ 认知层级的决策者最佳响应都为 0。所以，在 p-选美博弈中，0 认知层级决策者在可行策略内随机决策，1 认知层级及以上的决策者选择策略 0。

由上述讨论可得，在 p-选美博弈中，完全理性（非常高推理能力）的玩家采取战略互补策略，即若认为别人猜大数，自己也应猜大数，反之亦然。这是因为参与游戏的玩家并非都是理性的，只要存在有限理性的玩家，最终获胜的数字就大于 0。因此，完全理性玩家通过伪装为战略推理能力有限（有限理性）的玩家，有意识地匹配有限理性玩家的策略，有利于最大化自身的收益。也就是说，赢的关键在于自己的推理层级比他人的仅多了几层而不是非常多的层，而这又需要完全理性者拥有所有玩家的认知层级信息。

在股票市场中，常胜投资者的交易行为表现为战略互补。股票市场对信息反应迅速，几乎不可能凭借公开信息在市场中获利。同时，股票是对正在营业的上市公司利润的反映，因此永远没有一个固定的时间来确定上市公司的真实价值，也无法确定上市公司是否如实地公布了所有信息，即使是完全理性且消息灵通的交易者也不一定能利用估价的信息获得利润。同时，市场中充斥着大量噪声交易者，也就是那些没有掌握信息也无法做

出正确判断的交易者，他们的买卖行为不能真实地反映资产价值。但由于数量庞大，他们对股价的影响导致股票不一定朝着真实价值移动。若理性交易者认为这一股票的价格被低估了，于是买入。但市场中的大量噪声交易者不这么认为，他们受错误的信息影响，大量抛售，最终股票价格会朝着错误的定价越走越远，越跌越低，选择买入股票的理性交易者就会蒙受损失。因此，理性交易者要想盈利，最佳策略是模仿噪声交易者的行为。这会导致整个交易市场中的交易者的行为呈现出受羊群效应（herding behavior）驱使的行为。

由以上讨论可以推出，决策者并非越聪明越好。若过于聪明，会出现聪明反被聪明误的现象。是否要提高决策者的聪明程度，取决于决策情景。比如，智商低的人认为智商高的人是天生的领导者。然而，若智商差异超过两个标准差，上述推理关系就会被打破，因为这两类人之间无法有效沟通。换句话说，多数情况下，高智商者并不能成为有效的领导者，而较高智商者的成功概率有可能高于高智商者。因为高智商者会让智商平平的人觉得难以沟通。虽然高智商者无法和民众有效沟通，但是他们却适合做科研人员、政府高级顾问等，与作为领导者的较高智商者沟通。

11.3.2　维持高推理层级决策者的行为：战略替代

何时认知层级高的玩家可以主导互动博弈，使得结果趋近于完全理性假设下的情景呢？即高推理层级个体在何时有意识地做出与低推理层级玩家相反的行动，从而抵消低推理层级人的行为带来的影响，实现获利？

实践中，无论是金融市场对未来事件的预测、总统选举的胜出者、体育赛事的赢家，还是立法机关通过政策提案的概率，参与者都会针对各种事件的结果打赌。参与者猜对了就能赚钱，这就激励他们尽可能地收集信息并进行分析，做出正确的预测，不能只是简单地跟随他人的行为。同时，做出错误预测的人越多，做出正确预测的人赚的钱就越多。接下来，我们借助猎鹿博弈（stag hunt game）来解读高推理层级人的战略替代行为。

猎鹿博弈又称为协调博弈（coordination game），源于法国启蒙思想家卢梭的著作《论人类不平等的起源和基础》中的一个故事。两个猎人出去打猎，猎物可为鹿或兔，他们事前彼此不知道对方选择的猎物。若选择鹿，则需要另一人也选择鹿，进行合作才能成功狩猎；若选择兔，不需要合作也能成功，但是猎兔的收益要小于猎鹿。在猎鹿博弈中，记鹿为 H，记兔为 L。当每位猎人都选择 H 时，均衡结果为 H，则每位猎人的收益均为 1。只要有一位猎人选择 L，则均衡结果为 L。若某些猎人选择 H，但均衡结果为 L，则该收益为 0，而选择 L 的猎人的收益为 $x(0 < x < 1)$。猎鹿博弈中猎人的决策树，如图 11-4 所示。

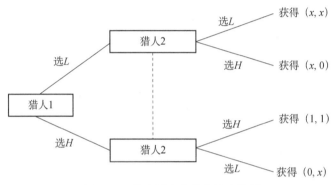

图 11-4　猎鹿博弈中猎人的决策树

　　以图 11-5 为代表的决策树反映了完全理性猎人充分而前后一致的思考基于以下三个假设：①每位猎人都可以准确预测其他猎人的策略；②猎人可以通过分析其他猎人的策略形成信念；③猎人可以依据信念做出应对其他猎人策略的最佳响应。由此可得，猎鹿博弈存在两个严格帕累托占优纯策略均衡：全合作策略（H, H）和全背叛策略（L, L），并且全合作策略（H, H）帕累托优于全背叛策略（L, L）。特别地，区别于囚徒困境的博弈，猎鹿博弈有两种纯策略纳什均衡，即全合作或全背叛，而在囚徒困境中，尽管全合作是帕累托最优，但只有全背叛才能达到纳什均衡。

　　我们采用认知层级解读有限推理层级猎人的均衡策略选择行为。在 2 位猎人情况下，0 认知层级猎人的选择在可行区域内等概率进行；1 认知层级猎人选择策略 L 时的期望收益为 x；选择策略 H 时的期望收益为

$0 \times \dfrac{1}{2} + 1 \times \dfrac{1}{2}$。故当且仅当 $x < 0.5$ 时，1认知层级及以上猎人选择策略 H。

将经典两人猎鹿博弈扩展到 n 位猎人猎鹿博弈的情境，说明高认知层级猎人具有战略替代行为。

在 3 位猎人情况下，0认知层级猎人在可行区域内等概率进行，1认知层级决策者认为其他两位猎人均为0认知层级。1认知层级猎人选择策略 L 时的期望收益为 x；选择策略 H 时的期望收益为 $1 \times \left(\dfrac{1}{2}\right)^{2}$，即此时的群体策略为 (H, H, H)。故当 $x < 0.25$ 时，1认知层级及以上的猎人会选择策略 H。

在 n 位猎人情况下，0认知层级猎人随机决策，1认知层级猎人认为其他 $n-1$ 位猎人的认知层级均为 0。1认知层级猎人选择策略 L 时的期望收益为 x；选择策略 H 时的期望收益为 $1 \times \left(\dfrac{1}{2}\right)^{n-1}$。故当 $x < 1 \times \left(\dfrac{1}{2}\right)^{n-1}$ 时，1认知层级及以上猎人会选择策略 H。

采用递归法可得，给定 x，随着猎人数量的增加，采用认知层级模型预测的猎人选择策略 L 的可能性增加。上述行为被称为战略替代。

第12章 从众行为

让我们回忆一下第 6 章讨论的疑邻盗斧的故事。丢斧子的老王很生气，于是跟街坊邻居讨论着，怀疑是小豆偷的斧子。隔壁家的老李听了，心里想：小豆平时看着挺乖啊，居然偷斧子。于是，他和老王一起谴责小豆。对门的阿兰听见了，很是不信，心里想小豆不可能这样，于是跑过去和老王、老李理论，气氛紧张极了。过了两天，老王找到了斧子，连说："小豆是个乖孩子啊！"老李也应和着："对啊，对啊，小豆平时可乖了。"阿兰心想果然我是对的。气氛又其乐融融了。

同样是接收了老王对小豆负面评价的信号，老李的认知由于受信号影响的程度高，即使心里觉得小豆是好孩子，还是跟着给出了负面评价，表现出羊群效应。由于阿兰心里认为"小豆不可能这样"，从而受信号影响的程度低，表现出了确认偏差，于是通过理论来证明自己的观点。

由上述例子可推得，一旦个体融入群体之中，其个人行为往往不再单独承担后果。在这种情况下，个体倾向于展现出更为放纵、不加约束的一面。群体追求与信赖的，往往并非理性之光，而是可能陷入盲从的漩涡、偏执的深渊及狂热的浪潮之中。

从众行为来自人类的社会化。人类想要具有社会性，观察与学习是必经过程，也是刻进骨子里的行为习惯。本章分析身处群体中的个体的从众行为，以及其产生的影响。12.1 节介绍从众行为的实验和特征，12.2 节分析如何利用从众行为，12.3 节介绍从众行为的刻画。

12.1 从众行为的实验和特征

本节考察关于观察学习行为的典型实验和模型。具体而言，12.1.1 节通过讨论班杜拉（Bandura）的波波玩偶实验（Bobo doll experiment），揭示受他人影响的从众行为，12.1.2 节讨论从众行为的特征。

兰：从生物进化的角度来看，从众行为其实是一种适应性策略。

芽：在很多情况下，跟随多数人的选择能降低决策成本，也能避免一些潜在的风险。就像原始人在发现新的食物时，会观察其他人是否已经安全食用。

兰：但盲目从众也会带来问题。比如，当每个人都忽略自己的判断，仅仅根据他人的选择来决策时，可能会造成群体性的错误决策。

芽：在股市中，一个投资者开始卖出某支股票，其他人看到后也跟着卖，即使有些人手中有这支股票表现良好的信息，最终也可能因为跟风而卖出。

兰：这样一来，群体中每个人可能掌握的有价值信息都被忽略了。

芽：群体行为可能会导致股票被严重低估，造成非理性的市场波动。

兰：历史上很多群体性恐慌就是这样产生的。正因为如此，理解从众行为的特征很重要。班杜拉的波波玩偶实验就很好地揭示了人们是如何通过观察他人来学习和做出决策的。

12.1.1 班杜拉的波波玩偶实验

人的决策会受到外界环境的影响，自然也会受到他人决策的影响。该宣称不同于赢定输移战略（个体的行为实践是通过对试错行为的惩罚及对试错行为的奖励而形成的）。然而，实践中，个体总是采用基于自我决策经验的赢定输移战略行事，是难以想象和很少见的，因为犯错的代价高昂。因此，即便是有限理性的个体也会通过观察他人的行为，形成思维模式和行为方式。特别地，无论是基于自我的学习还是受他人影响的学习，均属于行为主义学习的流派。其中，受他人影响的学习被称为观察学习，个体通过观察他人的行为及其结果，就能学到复杂的行为反应。

观察学习研究流派的领军学者为班杜拉。他的波波玩偶实验生动地刻画了人们如何利用社会性信息，学习复制他者的决策行为。波波玩偶实验的表述如下：采用斯坦福大学幼儿园年龄为 3—6 岁的男孩和女孩作为被试，让他们观看一位成人榜样殴打一只波波玩偶。控制组被试观看攻击性行为，实验组 1 和实验组 2 的被试观看非攻击性行为。对于实验组 1 和实验组 2 的被试，按性别再次分组，并分别观看同性榜样和异性榜样。然后，将这些孩子置于没有成人榜样的新环境中，以观察他们是否会模仿成人榜样的攻击性或非攻击性行为。

基于波波玩偶实验的主要结论如下。①目睹攻击性成人榜样行为的孩子，将试图模仿或实施类似的攻击性行为，即使成人榜样不在现场。此外，这些孩子的行为与那些目击非攻击性成人榜样行为的孩子大为不同。②成人榜样不在现场时，观察非攻击性成人榜样行为的孩子表现出来的攻击性行为不仅少于目睹攻击性成人榜样行为的孩子，也少于没有观察任何榜样行为的孩子。③孩子更乐于模仿同性成人榜样的行为，因为孩子通常更认可同性成人。④由于攻击性行为更多地具有男性化的特征，男孩更乐于展示攻击性行为，尤其是观察到攻击性男性成人榜样的男孩。

回看历史长河中和观察学习有关的巴甫洛夫实验中的食物、铃声与狗的唾液分泌之间的关系，以及认知神经科学领域关于输入刺激与大脑特定部位神经活动之间的关系，波波玩偶实验中的孩子可能并不明白模仿攻击行为导致的负面后果。他们的模仿行为更像是基于"刺激—反应"法则下的机械式模仿，类似于巴甫洛夫实验中的狗，是简单的强化学习行为，并不是出于对背后的"行为—后果"机理的遵从而采取响应的行为。

芽：波波玩偶长什么样子？

兰：是约 1.5 米高的充气娃娃。班杜拉发现影片中的暴力动作可能会引发儿童的模仿，这对儿童的人格发展、社会化发展会产生负面作用。1968年，根据班杜拉的研究成果，美国国会颁布电影分级制度的管理法令。随后，电影分级制度被世界其他国家逐渐采纳。

芽：我小时候没有从众的意识。小时候看到"乌合之众""人云亦云"这些词，也没有什么感觉。我觉得自己的从众心理好像是随着自身的社会化慢慢表现出来的。

兰：人是社会性动物，编织出了各种各样的关系，如夫妻关系、亲子关系、同事关系等。人们浸染在这些关系中，不自主地会受到他人行为的影响。

芽：在个体受他人行为影响的机制中，可能有哪些调节因素？

兰：环境温度可能是其中一个调节因素。当消费者在温暖而非凉爽的房间里汇报对产品的偏好时，他们更可能依赖他人的意见。当天气变暖时，人们在购买或出售股票时，也倾向于顺应他人的预测。这是因为高温会增加人们之间的亲近感，从而助推人的从众行为（Huang et al.，2014）。

12.1.2 从众行为的特征

从众行为也称为羊群效应。从字面上理解，羊群是一种很散乱的组织，平时在一起也是盲目地左冲右撞，一旦有一只头羊动起来，其他羊也会不假思索地一哄而上，全然不顾前面可能有狼，或者不远处有更多的草。在动物界，不仅羊群会表现出从众行为，其他动物也可能有这类表现。《昆虫记》的作者法布尔发现，一种名为列队毛虫的动物总是集体出行，后继者依靠感知前行者的气味来锁定方向。法布尔把列队毛虫放到花盆的边缘上，设法引诱其中一只开始爬行，于是它身后的毛毛虫便亦步亦趋，沿着花盆的边缘循环往复、周而复始地行军。整整一个星期，它们因为饥饿或者疲劳而不断落地乃至死亡，却不会结束无谓的劳作。接下来，我们来分析人类社会中的羊群效应。

从众心理易导致盲从（Banerjee，1992），因此就有了定义 12-1。

> **定义 12-1（从众行为）**：个体行为受多数人决策的影响，向与多数人一致的方向变化。

盲从往往会令人陷入骗局。在股市中，投资者很难对市场未来的不确定性做出合理的预期，往往是通过观察周围人群的行为而提取信息。在这种信息的不断传递中，许多人的信息大致相同且彼此强化，从而产生从众行为。职场中，做人工智能方面的工作赚钱，大家都想去做人工智能类工作；做管理咨询赚钱，大家就一拥而上；做公务员很稳定，收入也不错，很多大学毕业生就去考公务员。在消费情景中，选择购物的伙伴时，最好挑一些与自己的消费能力层次相同的朋友，反之，与消费能力高于自己或低于自己的伙伴一起购物，都会受到羊群效应的影响，会情不自禁地做出不符合自己消费习惯的非理性行为。

一些商家善用人们从众行为中的"省事"认知捷径的漏洞，助推人们的消费行为。比如，吴京导演和主演的电影《战狼 2》，在 2017 年上映，票房为 50 多亿元，然而，同为吴京导演和主演的《战狼》，在 2015 年上映，票房约为 5 亿多元。显然，在 2 年时间内，市场中的观众基数不可能多出 10 倍，吴京导演的影片在质量上不可能成倍地提升，吴京的演技也不太可能有太大的变化。那么，是什么原因造成了《战狼 2》的流行？这受到了人群中的阈值分布的影响。在群体中有 N 个观众，每个观众都有一个阈值，该阈值的意思是至少需要多少人参加这个活动，他自己才会加入。若小文的阈值是 0，那就是吴京的忠实影迷，无论吴京拍出什么电影，他都会去看。若小文的阈值是 8，也就是说周围有 8 个人看了，小文才会去。每个人都有不同的阈值，随着低阈值的人选择看电影，高阈值的人会跟随，毫不犹豫地买票去看。这时就出现了信息瀑布，表现为大量观众去观影，形成了从众行为。《战狼》刚上映时，观众的阈值都较高，因为观众之前没有看过《战狼》系列电影。当《战狼 2》上映时，受《战狼》的影响，观众的阈值变得较低，此时观众就很容易受他人的影响而去购票。这对电影发行公司的管理决策的启示是：在一部新电影试影结束后，若观众反应不佳，那么电影发行公司就需要加大初期的营销投资，用钱"砸出个水花"，尽可能地在短时间内聚集更多的观众，而不是将同样的营销金额以细水长流的方式花掉。

芽：我在 2022 年暑假玩过一款游戏《羊了个羊》。游戏开发商利用游戏玩家的从众行为，大肆收割了一波"流量"，股价也连连上涨。

兰：作为玩家，你玩游戏的体验是什么？

芽：受羊群效应的影响，看到周围人都在玩，我也玩。并且我还觉得是在为自己的队伍而战斗，通关了，特别有面子。

兰：你全都通关了吗？

芽：第一关的确是轻松通过，到了第二关，就需要一点玩游戏的技巧。我玩了无数次，总算通关了。在打第二关时，我玩不过不睡觉。

兰：作为行为决策的研究者，你玩游戏的感受是什么？

芽：游戏开发商充分地掌握了玩家的心理，游戏通关难度是先易后难，拿第一关当诱饵，让玩家快快地上钩。

兰：你从这个游戏中看到了什么行为机制？

芽："牧羊人"是游戏开发商，他们创造了该游戏的羊群效应，并因此获取了直接利益，成了受益方。"领头羊"就是该游戏的通关玩家，作为标杆告诉后来者该游戏可以通关，刺激更多玩家成为"羊群"中的"羊"。"羊群"就是普通玩家，在周围人及网络传播的影响下被吸引跟风，成为游戏开发商宰割的"羊群"。

兰：游戏《羊了个羊》中有"狼"吗？

芽："狼"是游戏《羊了个羊》中的竞争者，其存在可作为警示器，刺激、促使"羊群"更加团结，还可以借助图来表达该游戏中的相关决策者之间的关系。

兰：引申到现实社会中，你有什么思考？

芽："牧羊人"即企业家，他们通过创造热点吸引大众，在提高知名度后为自己获取利益，这个过程是价值创造。广大民众是待宰的"羊群"，牧羊人即从广大"羊群"中实现价值套现。"领头羊"则是广大"羊群"中脱颖而出的标杆，他们或是被"牧羊人"安排，或是机缘巧合，成了"羊群"中的领头者，使"羊群"外的民众被领头者获得的利益吸引，前赴后继地进入"羊群"，因此又可以将"领头羊"看作"羊群"的代言人和天然广告。

兰：提高个人的认知水平，不仅可以帮助人们扩大信息收集的范围，还能使他们更清晰地认识自身的定位，勇于跳出自己的舒适圈，从而增强心智能力。在信息不对称情况下，根据羊群效应做决策有其合理性。但是，羊群效应受人诟病的原因在于，人们随大流时缺乏自我判断，对他人的信息和行为盲目信任。

芽：受多数人影响而从众的现象无处不在。一些人本打定主意走一条特立独行的路，却可能在一番心理斗争后依然选择维持现状，而是选择了去做人生的"打钩本"，因为大家都这么过。

兰：机械式重复是多数人的常态，像创新这种特立独行的事，永远只有少部分人能够做到，因为模仿是最简单、风险最低且收益最高的方法。

在经济管理决策情景中，从众行为现象广泛存在。比如，P2P 平台连接项目发起人和投资者，就是利用了羊群效应，自己投资促进交易达成。这是因为当平台参与投资时，筹资进度会加快，羊群效应就得到加强。羊群效应还体现在直播打赏中。网络主播的粉丝由于对主播的盲目追捧而选择性地接受直播传递出的信息，出现认知偏差，从而受非理性情感的驱使而打赏。非粉丝观众观察到以后，受到氛围渲染和情绪感染，容易跟风打赏。那些签约主播的机构更有可能生产出符合当下潮流的优质直播内容，也更有可能掌握调动观众情绪的技巧，这使观众打赏的羊群效应更强。一些人因为要打赏主播，而自己又没钱，于是就采用互联网金融来借贷，这可能也引发了社会不安。

类似地，萨尔加尼克与合作者（Salganik et al.，2006）开展了一项大型音乐下载的实地实验,论证了人们的确会受到羊群效应的影响。学者创造了一个几千人的控制组,控制组的被试可以听并下载 72 首新歌中的 1 首或多首。控制组的被试未被告知他人说了什么、做了什么等额外信息。这样,他们独立判断自己喜欢哪一首歌或希望下载哪一首歌。但研究还创设了其他 8 组,对应 8 种群体情境,并将成千上万的被试随机分配到这些情境中。对于这些组中的被试来说,所有其他信息一样,除了他们可以看到他们组中的其他人先前下载过哪些歌曲。

学者考察了噪声源"社会影响"如何影响被试的决策。在某个群体中,《最好的错误》(Best Mistakes)可能非常成功,而《我是个错误》(I am Error)则非常失败。在另一个群体中,《我是个错误》极其成功,但《最好的错误》则一塌糊涂。若一首歌最初就受欢迎,它随后也会表现更好。若最初没有获得这种优势,那么结果就难说了。可以肯定的是,最差的歌(在控制组中表现最差)排名不可能靠前,最好的歌也不太可能垫底。但对于其他歌曲而言,任何事情都有可能发生。在非常大的群体中,受欢迎和不受欢迎的程度受排名的影响相同。唯一的例外是,随着时间的流逝,控制组中最好听的歌曲会逐渐变得更受欢迎,这意味着反向排名也没有让它垫底。但是,对于绝大部分歌曲而言,反向排名决定了它的最终排名。

人们在网上如何对各种评论做出判断?希伯来大学教授列夫·穆奇尼克(L. Muchnik)及其同事(Muchnik et al., 2013)在一个网站上开展实验,向人们呈现不同的故事,并允许人们发表评论,人们还可以对这些评论投赞成或反对票。学者可以人为、自动化地给一些评论投出第一张赞成票。你可能会想,在成百上千名访客中,使某个评论多出一张初始赞成票根本无足轻重。该想法看似合理却有错,在看到第一张赞成票后,下一个访客投赞成票的可能性增加了 32%。更明显的是,该效应随时间的推移而持续。5 个月后,开始时人为投出的那张赞成票,使得评论的平均分增加了 25%。最初的一张赞成票产生了如此大的效果,表明存在噪声。不管那一票是为何而投,它都对整体的受欢迎程度产生了巨大的影响。

12.2 利用从众行为

哪些因素会使消费者从众呢？已有研究确定了两个因素：为避免社交关注的需要及社交需要。上述这两个因素的影响往往是在个体有意识的情况下产生的。

12.2.1 为避免社交关注而从众

在消费过程中，消费者经常需要保密，比如，为他人购买的礼物，或其他需要保密的物品。学者分析了保密对消费者从众行为的影响，发现强调消费者的秘密会使消费者在消费过程中更易从众，产生这一现象的可能原因是消费者想要避免引起社交关注。

人们都有自己的秘密，会下意识地担心自己的行为是否泄露有关秘密。为了更好地保守秘密，独处是可行的方式。然而，大多数时候，人们都会处在社交情景中，此时避免社交关注则成了保守秘密的可行策略。当消费者想要避免社交关注时，他们会选择购买从众的物品以"隐藏在人群中"，即通过融入群体的方式降低被关注的程度（He et al.，2022）。因此，那些销售涉及个人隐私物品的企业可以通过引导消费者的避免社交关注的认知心态，从而仅推出有限款的产品，达到降本增效的效果。

由于消费者从众消费行为的出发点是担心与秘密相关信息的泄露，若消费者并不担心自我披露，那么保密对从众消费的影响就会被削弱。据此可得，当消费者认为自己的自我控制能力较高时，保密对消费者从众消费行为的影响就会减弱。

芽：为了避免社交关注而从众，非常符合性格内向人的心理。他们常常因为不想引人注目而选择中庸的决策，例如，不会买个性张扬的衣物。

兰：反过来想，羊群中的"领头羊"通常由什么人在扮演呢？

芽：我不禁联想到如今的短视频平台，隔一段时间总会有新的莫名其妙的热点，这些无厘头的热梗的始作俑者是谁？其为何有这么大的能量让几亿人在短时间内知道一个新词，并且通过流量赚取畸形的高额利润？大概率是利用了羊群效应。

兰：只有跨出舒适圈，争当"领头羊"，才能摆脱被动接受时代风潮裹挟的命运吧！

12.2.2 为表达奉承而从众

模仿和追捧是一种看起来很真诚的奉承。

在投资决策情景中，购买理财产品时，一些人图省事，看周围人买什么，自己就买什么。比如，跟着资本市场中的最牛散户安同良教授购买股票。在理财产品销售一线的员工的确也是利用了人的这种心理特征。其背后的道理是，希望省事的人购买与他人类似的资产，是因为他推测这项资产具有更高的价值。除了上述理由，还有一种可能性是：与他人拥有同种资产还可以获得更多谈资。这意味着人们除了寻求"省事"，还在主动寻求与他人建立社交关系。表达奉承是一种社交需求，奉承者希望据此获得归属感。

12.3 从众行为的刻画

12.3.1 借助餐馆选择说明从众行为

我们借助两个餐馆的选择来说明人们的从众行为。有相邻的餐馆 A 和 B，餐馆 A 较好的先验概率为 51%，餐馆 B 较好的先验概率为 49%。有 100 个人按顺序抵达餐馆，观察上一个人做出的选择，并做出自己的选择。除了知道先验概率外，每个人还会获得一个信号（证据）。信号显示餐馆 A 较好或餐馆 B 较好（这个信号可能是正确信号，也可能是错误信号），并且假定每个人收到的信号质量相同。

假设这 100 人中有 99 人收到了餐馆 B 较好的信号，1 人收到了餐馆

A 较好的信号，而这个人是第一个抵达餐馆的。显然，这个人选择餐馆 A，第二个人知道了第一个人拥有关于餐馆 A 的利好信号。由于信号质量相同，两个信号就抵消了，此时理性的选择是根据先验概率去餐馆 A。以此类推，之后每个人都选择餐馆 A，即使他们收到的信号都是餐馆 B 较好。

接下来，我们用贝叶斯更新法则对上述问题做形式化的描述。假设信号正确率为 $\mu(\mu > 51\%)$。记餐馆 A 较好为信号 C，餐馆 B 较好为信号 $\bar{C}$。餐馆 A 较好且第一个人收到信号 C 的概率为 $P(C|A)P(A) = 0.51\mu$。餐馆 B 较好且第一个人收到信号 C 的概率为 $P(C|B)P(B) = 0.49(1-\mu)$。第一个人收到信号 C 的全概率为

$$P(C) = 0.51\mu + 0.49(1-\mu) = 0.49 + 0.02\mu$$

第一个人收到信号 C 时，认为餐馆 A 较好的概率为 $P(A|C) = \dfrac{P(C|A)P(A)}{P(C)} = \dfrac{0.51\mu}{0.49 + 0.02\mu}$，认为餐馆 B 较好的概率为 $P(B|C) = \dfrac{P(C|B)P(B)}{P(C)} = \dfrac{0.49 - 0.49\mu}{0.49 + 0.02\mu}$。由于 $\mu > 51\%$，$P(A|C) - P(B|C) = \dfrac{\mu - 0.49}{0.49 + 0.02\mu} > 0$，$P(A|C) > P(B|C)$，所以第一个人收到信号 C 时，他会选择餐馆 A。

同理可得，第一个人收到信号 $\bar{C}$ 的概率为 $P(\bar{C}) = 0.49\mu + 0.51(1-\mu)$，餐馆 A 较好且第一个人收到信号 $\bar{C}$ 的概率为 $P(\bar{C}|A)P(A) = 0.51(1-\mu)$，餐馆 B 较好且第一个人收到信号 $\bar{C}$ 的概率为 $P(\bar{C}|B)P(B) = 0.49\mu$。第一个人收到信号 $\bar{C}$ 的情况下，认为餐馆 A 较好的概率为 $P(A|\bar{C}) = \dfrac{P(\bar{C}|A)P(A)}{P(\bar{C})} = \dfrac{0.51 - 0.51\mu}{0.51 - 0.02\mu}$，认为餐馆 B 较好的概率为 $P(B|\bar{C}) = \dfrac{P(\bar{C}|B)P(B)}{P(\bar{C})} = \dfrac{0.49\mu}{0.51 - 0.02\mu}$。由于 $\mu > 51\%$，$P(A|\bar{C}) - P(\bar{A}|\bar{C}) = \dfrac{0.51 - \mu}{0.51 - 0.02\mu} < 0$，所以第一个人收到信号 $\bar{C}$ 后，认为餐馆 B 较好的概率较高，他会选择餐馆 B。

以上证明当信号正确率大于 51%时，第一个人会跟随自己收到的信号做决策，所以第二个人看到第一个人选择餐馆 A 时，会知道第一个人收到了餐

294 认知与行为决策——探寻人类行为的非理性逻辑

馆 A 较好的信号。第二个人相当于分别收到了一个餐馆 A 较好的信号和一个餐馆 B 较好的信号，由于信号质量相同，此时他根据先验概率选择餐馆 A。同时，后来者都选择了餐馆 A，虽然他们收到的信号都是餐馆 B 较好。

假设第一个人收到了信号 C，那么他选择餐馆 A 是有道理的。每个跟随者都可以看到前面的人的选择，但看不到那些早期人的选择，这让参与者陷入了困境。

如何规避羊群效应造成的影响呢？若我们能看到他人在做出选择之前时的犹豫不决，这表明他们内心很矛盾，他们并不完全确定自己是否做出了正确的决定。这让人们对群体共识缺乏信心，让他们自由地根据自己的信息做出决定。这可以帮助群体避免糟糕的结果。假设你排在第四位，收到了信号 $\overline{C}$，这表明选择餐馆 B 是有道理的。但是，你看前面三个人都选了餐馆 A，你必须决定是选择信号建议的餐馆 B，还是随大流选择餐馆 A，这就是犹豫产生的来源。若你看到前一个人在选择餐馆 A 之前等待了一段时间，这可能是重要信号。之前的那个人可能也像你一样收到了信号 $\overline{C}$，犹豫了一下，才和其他人一样选了餐馆 A。在此情况下，对你来说，选择餐馆 B 可能更有意义。

12.3.2　从众行为与传染病模型的异曲同工之处

从众行为的内在机理和传染病模型一致：要想让信息扩散出去，传染率必须超过康复率。最简单的传染病模型把某一时刻 t 某一区域内的人群分为两类：易感人群 $S(t)$、感染人群 $I(t)$。易感人群与感染人群接触就会被传染，没有潜伏期，无法被治愈。假设区域内的总人数为 N，则有

$$N = S(t) + I(t)$$

假设易感人群被感染人群传染的概率为 β，可得易感人群的增长率为 $\dfrac{dS(t)}{dt} = -\beta S(t)I(t)$，这部分人由易感人群转化为感染人群。对应地，感染人群的增长率为 $\dfrac{\mathrm{d}I(t)}{\mathrm{d}t} = \beta S(t)I(t) = \beta(N - I(t))I(t)$。可推得 $\ln\left(\dfrac{I(t)}{N - I(t)}\right) = N\beta t + C$，其中，$C$ 为常数。进一步可推得 $I(t) = \dfrac{N}{1 + \exp(-N\beta t - C)}$。若不

加管控，时间足够长后，所有人都会被感染，即当 $t \to \infty$ 时，有 $I(t) \to N$。

进一步，可以把在一个区域内时刻 t 的人群分为四类：易感人群 $S(t)$、暴露人群 $E(t)$、感染人群 $I(t)$ 和恢复人群 $R(t)$。易感人群与感染人群接触后会进入潜伏期，一段时间后才会出现症状。假设区域内的总人数为 N，则有

$$N = S(t) + E(t) + I(t) + R(t)$$

假设易感人群被传染的概率为 β，可得易感人群的增长率为 $\dfrac{dS(t)}{dt} = -\beta S(t) I(t)$，这部分人由易感人群转化为了感染人群。对应地，感染人群的增长率为 $\dfrac{dE(t)}{dt} = \beta S(t) I(t) = \beta(N - I(t)) I(t)$。可推得 $\ln\left(\dfrac{I(t)}{N - I(t)}\right) = N\beta t + C$，其中，$C$ 为常数。进一步可推得 $I(t) = \dfrac{N}{1 + \exp(-N\beta t - C)}$。若不加管控，时间足够长后，所有人都会被感染；即当 $t \to \infty$ 时，有 $I(t) \to N$。

芽：和您在参会期间的茶余饭后的聊天，让我对日常生活自我决策过程中的偏差与噪声有了新的认识。

兰：我们讨论的目的是总结不完美人的行为的特点，并用数理模型表达，这是归纳过程。

芽：归纳出来的这些内容有什么创新之处吗？

兰：从宏观尺度看，我们讨论的内容没有跳出行为经济学、行为管理学的现有研究内容和相关理论体系，但是从微观尺度看，我们的讨论是从各个角度灵活地理解这些理论体系。这能够帮助感兴趣的人较为轻松地理解和掌握人类决策偏差和噪声背后的奥秘。

芽：对这些相关理论进行总结后，您后续有什么写作计划？

兰：你看，我的研究领域的主战场不是行为决策，而是企业管理、运营管理、行为运营管理。像我这样做企业运营管理的人，分析的多是企业幕后的运营问题。按老话，应在冷寂中专注地走完学术生涯。其实，多数同行至今走的仍是这条路，他们在学术领域威望很高，却不进入喧嚣的大众视野。我是想用精练、易懂的语言，将我的主战场中关于行为运营管理的内容传播出去。

芽：很是期待。在社交媒体盛行的时代，我们不应局限于仅为学术圈内人士阐述观点，而应积极走向"台前"，与广大公众展开对话，这样的交流同样具有不可估量的价值。

最后一场分论坛结束，会议接近尾声，与会者们陆续离开会场，兰和芽也缓步走出会场。两人站在酒店门前，挥手作别。兰回到办公室，继续她的研究工作。芽则带着此行的收获与思考，踏上了归途。

参 考 文 献

安迪·格鲁夫. 2002. 只有偏执狂才能生存. 安然译. 北京：中信出版社.

柏拉图. 2019. 柏拉图对话集. 王太庆译. 北京：商务印书馆.

曹伯言整理. 2003. 胡适全集·第 27 卷·日记（1906—1914）. 合肥：安徽教育出版社.

丹尼尔·卡尼曼. 2012. 思考，快与慢. 胡晓姣，李爱民，何梦莹译. 北京：中信出版社.

慧能. 2008. 六祖坛经. 徐文明译. 郑州：中州古籍出版社.

霍涌泉. 2015. 新中国心理学发展史研究. 北京：科学出版社.

刘欢，梁竹苑，李纾. 2009. 得失程数的变化：损失规避现象的新视点. 心理学报，（12）：
    1123-1132.

迈克尔·刘易斯. 2018. 思维的发现：关于决策与判断的科学. 钟莉婷译. 北京：中信出版社.

尼古拉·尼葛洛庞帝. 2017. 数字化生存. 胡泳，范海燕译. 北京：电子工业出版社.

庞巴维克. 1981. 资本实证论. 陈瑞译. 北京：商务印书馆.

庞巴维克. 2011. 资本与利息. 何崑曾，高德超译. 北京：商务印书馆.

司马迁. 2010. 史记. 韩兆琦译. 北京：中华书局.

新浪财经. 2022. 任正非最新内部文章：从追求规模转向追求利润和现金流. https://
    finance.sina.com.cn/chanjing/gsnews/2022-08-23/doc-imizmscv7393856.shtml.

亚当·斯密. 2005. 国富论. 唐日松等译. 2005. 北京：华夏出版社.

佚名. 2019. DBA Voice·对话|吴志祥的创业修炼之路. https://www.sohu.com/a/
    314655889_753294.

佚名. 2023. 彭凯平×许知远：改变社会，要从改变人心开始. https://www.thepaper.cn/
    newsDetail_forward_22513505.

N. 玻尔. 1999. 尼尔斯·玻尔哲学文选. 戈革译. 北京：商务印书馆.

Achtziger A, Alós-Ferrer C. 2014. Fast or rational? A response-times study of Bayesian updating.
    Management Science, 60（4）: 923-938.

Akerlof G A. 1982. Labor contracts as partial gift exchange. The Quarterly Journal of

Economics, 97（4）: 543-569.

Allais M. 1953. Le comportement de l'homme rationnel devant le risque: Critique des postulats et axiomes de l'ecole Americaine. Econometrica, 21（4）: 503-546.

Allais M. 1991. An outline of my main contributions to economic science. Theory and Decision, 30（1）: 1-26.

Altay S, Hacquin A S, Chevallier C, et al. 2023. Information delivered by a chatbot has a positive impact on COVID-19 vaccines attitudes and intentions. Journal of Experimental Psychology: Applied, 29（1）: 52-62.

Andersen S, Ertac S D, Gneezy U, et al. 2011. Stakes matter in ultimatum games. American Economic Review, 101（7）: 3427-3439.

Anderson L R, Stafford S L. 2009. Individual decision-making experiments with risk and intertemporal choice. Journal of Risk and Uncertainty, 38（1）: 51-72.

Arkes H R, Blumer C. 1985. The psychology of sunk cost. Organizational Behavior and Human Decision Processes, 35（1）: 124-140.

Augenblick N, Rabin M. 2019. An experiment on time preference and misprediction in unpleasant tasks. Review of Economic Studies, 86（3）: 941-975.

Ayton P, Fischer I. 2004. The hot hand fallacy and the gambler's fallacy: Two faces of subjective randomness? Memory and Cognition, 32: 1369-1378.

Azoulay P, Fons-Rosen C, Zivin J S G. 2019. Does science advance one funeral at a time? American Economic Review, 109（8）: 2889-2920.

Azoulay P, Zivin J S G, Wang J L. 2010. Superstar extinction. The Quarterly Journal of Economics, 125（2）: 549-589.

Banerjee A V. 1992. A simple model of herd behavior. Quarterly Journal of Economics, 107（3）: 797-817.

Barbey A K, Sloman S A. 2007. Base-rate respect: From ecological rationality to dual processes. Behavioral and Brain Sciences, 30（3）: 241-254.

Bargh J A, Raymond P, Pryor J B, et al. 1995. Attractiveness of the underling: An automatic power-->sex association and its consequences for sexual harassment and aggression. Journal of Personality and Social Psychology, 68(5): 768-781.

Baumeister R F, Bratslavsky E, Muraven M, et al. 1998. Ego depletion: Is the active self a limited resource? Journal of Personality and Social Psychology, 74（5）: 1252-1265.

Becker G S, Murphy K M. 1988. A theory of rational addiction. Journal of Political Economy, 96（4）: 675-700.

Bègue L, Bushman B J, Zerhouni O, et al. 2013. Beauty is in the eye of the beer holder': People who think they are drunk also think they are attractive. British Journal of Psychology, 104（2）: 225-234.

Belk R W. 1988. Possessions and the extended self. Journal of Consumer Research, 15（2）: 139-168.

Bell D E. 1982. Regret in decision making under uncertainty. Operations Research, 30（5）: 961-981.

Berg J, Dickhaut J, McCabe K. 1995. Trust, reciprocity and social history. Games and Economic Behavior, 10（1）: 122-142.

Bernoulli D. 1954. Exposition of a new theory on the measurement of risk. Econometrica, 22（1）: 23-36.

Bhattacharya U, Holden C W, Jacobsen S. 2012. Penny wise, dollar foolish: Buy-sell imbalances on and around round numbers. Management Science, 58（2）: 413-431.

Biais B, Weber M. 2009. Hindsight bias, risk perception, and investment performance. Management Science, 55（6）: 1018-1029.

Biyalogorsky E, Boulding W, Staelin R. 2006. Stuck in the past: Why managers persist with new product failures. Journal of Marketing, 70（2）: 108-121.

Bolton G E, Katok E, Ockenfels A. 2004. How effective are electronic reputation mechanisms? An experimental investigation. Management Science, 50（11）: 1587-1602.

Bolton G E, Ockenfels A. 2000. ERC: A theory of equity, reciprocity, and competition. American Economic Review, 90（1）: 166-193.

Bu D, Hanspal T, Liao Y, et al. 2022. Cultivating self-control in FinTech: Evidence from a field experiment on online consumer borrowing. Journal of Financial and Quantitative Analysis, 57（6）: 2208-2250.

Burnham T C. 2007. High-testosterone men reject low ultimatum game offers. Proceedings of the Royal Society B: Biological Sciences, 274（1623）: 2327-2330.

Busemeyer J R, Bruza P D. 2012. Quantum Models of Cognition and Decision. Cambridge: Cambridge University Press.

Busse M R, Knittel C R, Zettelmeyer F. 2013. Are consumers myopic? Evidence from new and used car purchases. American Economic Review, 103（1）: 220-256.

Camerer C F, Ho T H. 1994. Violations of the betweenness axiom and nonlinearity in probability. Journal of Risk and Uncertainty, 8（2）: 167-196.

Camerer C F, Ho T H, Chong J K. 2004. A cognitive hierarchy model of games. The Quarterly Journal of Economics, 119（3）: 861-898.

Camerer C, Loewenstein G, Weber M. 1989. The curse of knowledge in economic settings: An experimental analysis. Journal of Political Economy, 97（5）: 1232-1254.

Caraco T, Martindale S, Whittam T S. 1980. An empirical demonstration of risk-sensitive foraging preferences. Animal Behaviour, 28（3）: 820-830.

Castle E, Eisenberger N I, Seeman T E, et al. 2012. Neural and behavioral bases of age differences in perceptions of trust. Proceedings of the National Academy of Sciences of the United States of America, 109（51）: 20848-20852.

Chick C F, Reyna V F. 2012. A fuzzy-trace theory of adolescent risk-taking: Beyond self-control and sensation seeking. In V. F. Reyna, S. Chapman, M. Dougberty, et al（Eds.）, The Adolescent Brain: Learning, Reasoning, and Decision Making（pp.379-428）. Washington: American Psychological Association.

Cook P J, Clotfelter C T. 1993. The peculiar scale economies of Lotto. American Economic Review, 83（3）: 634-643.

Cooper D J, Kagel J H, Lo W, et al. 1999. Gaming against managers in incentive systems: Experimental results with Chinese students and Chinese managers. American Economic Review, 89（4）: 781-804.

Damisch L, Mussweiler T, Plessner H. 2006. Olympic medals as fruits of comparison? Assimilation and contrast in sequential performance judgments. Journal of Experimental Psychology: Applied, 12（3）: 166-178.

Danziger S, Levav J, Avnaim-Pesso L. 2011. Extraneous factors in judicial decisions. Proceedings of the National Academy of Sciences of the United States of America, 108（17）: 6889-6892.

Dean M, Neligh N. 2023. Experimental tests of rational inattention. Journal of Political Economy, 1131（12）: 3415-3461.

Deichmann D, Baer M. 2023. A recipe for success? Sustaining creativity among first-time creative producers. Journal of Applied Psychology, 108（1）: 100-113.

DellaVigna S, Malmendier U. 2006. Paying not to go to the gym. American Economic Review,

96（3）：694-719.

DellaVigna S，Pollet J M. 2009. Investor inattention and Friday earnings announcements. The Journal of Finance，64（2）：709-749.

Dufwenberg M，Kirchsteiger G. 2004. A theory of sequential reciprocity. Games and Economic Behavior，47（2）：268-298.

Edwards W，Lindman H，Savage L J. 1963. Bayesian statistical inference for psychological research. Psychological Review，70（3）：193-242.

Emanuel A，Katzir M，Liberman N. 2022. Why do people increase effort near a deadline? An opportunity-cost model of goal gradients. Journal of Experimental Psychology：General，151（11）：2910-2926.

Ericson K M. 2017. On the interaction of memory and procrastination：Implications for reminders，deadlines，and empirical estimation. Journal of the European Economic Association，15（3）：692-719.

Eskreis-Winkler L，Fishbach A. 2020. Hidden failures. Organizational Behavior and Human Decision Processes，157：57-67.

Fehr E，Falk A. 1999. Wage rigidity in a competitive incomplete contract market. Journal of Political Economy，107（1）：106-134.

Fehr E，Fischbacher U. 2004. Third party punishment and social norms. Evolution and Human Behavior，25（2）：63-87.

Fehr E，Gächter S，Kirchsteiger G. 1997. Reciprocity as a contract enforcement device：Experimental evidence. Econometrica，65（4）：833-860.

Fehr E，Kirchsteiger G，Riedl A. 1993. Does fairness prevent market clearing? An experimental investigation. The Quarterly Journal of Economics，108（2）：437-459.

Fehr E，Schmidt K M. 1999. A theory of fairness，competition and cooperation. The Quarterly Journal of Economics，114（3）：817-868.

Feng L，Seasholes M S. 2005. Do investor sophistication and trading experience eliminate behavioral biases in financial markets? Review of Finance，9（3）：305-351.

Festinger L. 1954. A theory of social comparison processes. Human Relations，7（2）：117-140.

Festinger L. 1957. A Theory of Cognitive Dissonance. New York：Stanford University Press.

Fischbacher U，Fong C M，Fehr E. 2003. Fairness，errors and the power of competition. Journal of Economic Behavior & Organization，72（1）：527-545.

Fischhoff B, Beyth R. 1975. "I knew it would happen" —Remembered probabilities of once-future things. Organizational Behavior and Human Performance, 13 (1): 1-16.

Fisher I. 1930. The Theory of Interest: As Determined by Impatience to Spend Income and Opportunity to Invest It. London: Macmillan.

Fitzgibbon L, Komiya A, Murayama K. 2021. The lure of counterfactual curiosity: People incur a cost to experience regret. Psychological Science, 32 (2): 241-255.

Forsythe R, Horowitz J L, Savin N E, et al. 1994. Fairness in simple bargaining experiments. Games and Economic Behavior, 6 (3): 347-369.

Fredrickson B L, Kahneman D. 1993. Duration neglect in retrospective evaluations of affective episodes. Journal of Personality and Social Psychology, 65 (1): 45-55.

Frydman C, Rangel A. 2014. Debiasing the disposition effect by reducing the saliency of information about a stock's purchase price. Journal of Economic Behavior & Organization, 107 (Part B): 541-552.

Fudenberg D, Levine D K. 2006. A dual-self model of impulse control. American Economic Review, 96 (5): 1449-1476.

Gamble T, Walker I. 2016. Wearing a bicycle helmet can increase risk taking and sensation seeking in adults. The Psychological Science, 27 (2): 289-294.

Giacomin M, Rule N O. 2019. Eyebrows cue grandiose narcissism. Journal of Personality, 87 (2): 373-385.

Gigerenzer G, Hoffrage U. 1995. How to improve Bayesian reasoning without instruction: Frequency formats. Psychological Review, 102 (4): 684-704.

Gigerenzer G, Selten R. 2001. Rethinking rationality. In G. Gigerenzer, R. Selten (Eds.), Bounded Rationality: The Adaptive Tool-box. Cambridge: MIT Press.

Gilovich T, Vallone R, Tversky A. 1985. The hot hand in basketball: On the misperception of random sequences. Cognitive Psychology, 17 (3): 295-314.

Goeree J K, Holt C A. 1999. Stochastic game theory: For playing games, not just for doing theory. Proceedings of the National Academy of Sciences of the United States of America, 96 (19): 10564-10567.

Gonzalez R, Wu G. 1999. On the shape of the probability weighting function. Cognitive Psychology, 38 (1): 129-166.

Green D M, Swets J A. 1966. Signal Detection Theory and Psychophysics. New York: John

Wiley & Sons.

Griffin D, Tversky A. 1992. The weighing of evidence and the determinants of confidence. Cognitive Psychology, 24（3）: 411-435.

Güth W, Schmittberger R, Schwarze B. 1982. An experimental analysis of ultimatum bargaining. Journal of Economic Behavior and Organization, 3（4）: 367-388.

Halali E, Bereby-Meyer Y, Ockenfels A. 2013. Is it all about the self？ The effect of self-control depletion on ultimatum game proposers. Frontiers in Human Neuroscience, 7: 240.

Hanoch Y, Arvizzigno F, García D H, et al. 2021. The robot made me do it: Human-robot interaction and risk-taking behavior. Cyberpsychology, Behavior, and Social Networking, 24（5）: 337-342.

Hardie B G S, Johnson E J, Fader P S. 1993. Modeling loss aversion and reference dependence effects on brand choice. Marketing Science, 12（4）: 378-394.

Harstad R M, Selten R. 2013. Bounded rationality models: Tasks to become intellectually competitive. Journal of Economic Literature, 51（2）: 496-511.

He D J, Jiang Y W, Gorn G. J. 2022. Hiding in the crowd: Secrecy compels consumer conformity. Journal of Consumer Research, 48（6）: 1032-1049.

He Y W, Wang Z H, Xu B, et al. 2022. Trust under request versus trust with threat. https://www.semanticscholar.org/paper/Trust-under-Request-versus-Trust-with-Threat-He-Wang/120b807f366eec4e2f5b4119b1e8c13ab3a8400a.

Henrich J, Ensminger J, McElreath R, et al. 2010. Markets, religion, community size, and the evolution of fairness and punishment. Science, 327（5972）: 1480-1484.

Hershfield H E, Goldstein D G, Sharpe W F, et al. 2011. Increasing saving behavior through age-progressed renderings of the future self. Journal of Marketing Research, 48: S23-S37.

Hill R, Stein C. 2024. Race to the bottom: Competition and quality in science. https://carolynstein. gith ub.io/files/papers/comp_qual.pdf.

Ho T H, Park S E, Su X M. 2021. A Bayesian level-k model in n-person games. Management Science, 67（3）: 1622-1638.

Hong F H, Huang W, Zhao X J. 2019. Sunk cost as self-management device. Management Science, 65（5）: 1949-2443.

Huang X, Zhang M, Hui M K., Jr Wyer R S. 2014. Warmth and conformity: The effects of ambient temperature on product preferences and financial decisions. Journal of Consumer

Psychology, 24（2）: 241-250.

Huang Y H, Gong H. 2018. The minimal deviation effect: Numbers just above a categorical boundary enhance consumer desire. Journal of Consumer Research, 45（4）: 775-791.

Imai T, Rutter T A, Camerer C F. 2021. Meta-analysis of present-bias estimation using convex time budgets. The Economic Journal, 131（636）: 1788-1814.

Jacobs J E, Narloch R H. 2001. Children's use of sample size and variability to make social inferences. Journal of Applied Developmental Psychology, 22（3）: 311-331.

Jonason P K, Jones A, Lyons M. 2013. Creatures of the night: Chronotypes and the dark triad traits. Personality and Individual Differences, 55（5）: 538-541.

Kahneman D, Frederick S. 2002. Representativeness revisited: Attribute substitution in intuitive judgment. In T. Gilovich, D. Griffin, D. Kahneman（Eds.）, Heuristics and Biases: The Psychology of Intuitive Judgment（pp.49-81）. Cambridge: Cambridge University Press.

Kahneman D, Fredrickson B L, Schreiber C A, et al. 1993. When more pain is preferred to less: Adding a better end. Psychological Science, 4（6）: 401-405.

Kahneman D, Knetsch J L, Thaler R H. 1991. Anomalies: The endowment effect, loss aversion, and status quo bias. Journal of Economic Perspectives, 5（1）: 193-206.

Kahneman D, Tversky A. 1979. Prospect theory: An analysis of decision under risk. Econometrica, 47（2）: 263-291.

Kahneman D, Tversky A. 1984. Choices, values, and frames. American Psychologist, 39（4）: 341-350.

Kahneman D. 2011. Thinking, Fast and Slow. New York: Farrar, Straus and Giroux.

Kaplan H S, Gangestad S W. 2005. Life history theory and evolutionary psychology. http://www.unm.edu/~hkaplan/KaplanGangestad_2004_LHT+EP.pdf.

Karlsson N, Loewenstein G, Seppi D. 2009. The Ostrich effect: Selective attention to information. Journal of Risk and Uncertainty, 38（2）: 95-115.

Kaur S, Kremer M, Mullainathan S. 2015. Self-control at work. Journal of Political Economy, 123（6）: 1227-1277.

Keltner D, Gruenfeld D H, Anderson C. 2003. Power, approach, and inhibition. Psychological Review, 110（2）: 265-284.

Kidd C, Palmeri H, Aslin R N. 2013. Rational snacking: Young children's decision-making on the marshmallow task is moderated by beliefs about environmental reliability. Cognition,

126（1）：109-114.

Kizilcec R F，Bakshy E，Eckles D，et al. 2018. Social influence and reciprocity in online gift giving. In Proceedings of the 2018 CHI Conference on Human Factors in Computing Systems，126：1-11.

Korvorst M，Damian M F. 2008. The differential influence of decades and units on multidigit number comparison. Quarterly Journal of Experimental Psychology，61（8）：1250-1264.

Köszegi B，Rabin M. 2006. A model of reference-dependent preferences. The Quarterly Journal of Economics，121（4）：1133-1165.

Kouri E M，Lukas S E，Jr Pope H G，et al. 1995. Increased aggressive responding in male volunteers following the administration of gradually increasing doses of testosterone cypionate. Drug and Alcohol Dependence，40（1）：73-79.

Krajbich I，Bartling B，Hare T，et al. 2015. Rethinking fast and slow based on a critique of reaction-time reverse inference. Nature Communications，6（1）：7455.

Lacetera N，Pope D G，Sydnor J R. 2012. Heuristic thinking and limited attention in the car market. American Economic Review，102（5）：2206-2236.

Lejuez C W，Read J P，Kahler C W，et al. 2002. Evaluation of a behavioral measure of risk-taking：The balloon analogue risk task（BART）. Journal of Experimental Psychology：Applied，8（2）：75-84.

Li S. 1994. Equate-to-differentiate theory：A coherent bi-choice model across certainty, uncertainty and risk. Doctoral dissertation，University of New South Wales.

Li X L，Hsee C K. 2021. The psychology of marginal utility. Journal of Consumer Research，48（1）：169-188.

Li Y F，Meng J J，Song C C，et al. 2020. Information avoidance and medical screening：A field experiment in China. Management Science，67（7）：4252-4272.

Liang L H，Brown D J，Lian H W，et al. 2018. Righting a wrong：Retaliation on a voodoo doll symbolizing an abusive supervisor restores justice. The Leadership Quarterly，29（4）：443-456.

List J. 2019. The Voltage Effect: How to Make Good Ideas Great and Great Ideas Scale. London: Penguin.

Liu H Q，Peng L，Tang Y. 2023. Retail attention，institutional attention. Journal of Financial and Quantitative Analysis，58（3）：1005-1038.

Locke E A，Latham G P. 1984. Goal Setting：A Motivational Technique That Works. Englewood Cliffs：Prentice-Hall.

Locke E A，Latham G P. 1990. A Theory of Goal Setting and Task Performance. Englewood Cliffs：Prentice-Hall.

Locwenstein G F，O'Donoghue T，Rabin M. 2003. Projection bias in predicting future utility. The Quarterly Journal of Economics，118（4）：1209-1248.

Loewenstein G. 1996. Out of control：Visceral influences on behavior. Organizational Behavior and Human Decision Processes，65（3）：272-292.

Loomes G，Sugden R. 1982. Regret theory：An alternative theory of rational choice under uncertainty. The Economic Journal，92（368）：805-824.

Lowe R A，Ziedonis A A. 2006. Overoptimism and the performance of entrepreneurial firms. Management Science，52（2）：173-186.

Lynn S K，Barrett L F. 2014. "Utilizing" signal detection theory. Psychological Science，25（9）：1663-1673.

Macchi L，Osherson D，Krantz D H. 1999. A note on superadditive probability judgment. Psychological Review，106（1）：210-214.

Masnick A M，Morris B J. 2008. Investigating the development of data evaluation：The role of data characteristics. Child Development，79（4）：1032-1048.

McClure S M，Laibson D I，Loewenstein G，et al. 2004. Separate neural systems value immediate and delayed monetary rewards. Science，306（5695）：503-507.

McFadden D. 1972. Conditional logit analysis of qualitative choice behavior. https://escholarship.org/uc/item/61s3q2xr.

McKelvey R D，Palfrey T R. 1995. Quantal response equilibria for normal form games. Games and Economic Behavior，10（1）：6-38.

Meier S，Sprenger C D. 2015. Temporal stability of time preferences. Review of Economics and Statistics，97（2）：273-286.

Miller G A. 1996. The magical number seven，plus or minus two：Some limits on our capacity for processing information. Psychological Review，101（2）：343-352.

Muchnik L，Aral S，Taylor S J. 2013. Social influence bias：A randomized experiment. Science，341（6146）：647-651.

Mullainathan S，Schwartzstein J，Shleifer A. 2008. Coarse thinking and persuasion. The

Quarterly Journal of Economics, 123（2）: 577-619.

Nagel J. 1994. Constructing ethnicity: Creating and recreating ethnic identity and culture. Social Problems, 41（1）: 152-176.

Nash J F. 1950. Equilibrium points in n-person games. Proceedings of the National Academy of Sciences of the United States of America, 36（1）: 48-49.

Nash J F. 1951. Non-cooperative games. Annals of Mathematics, 54（2）: 286-295.

Norton M I, Frost J H, Ariely D. 2007. Less is more: The Lure of ambiguity, or why familiarity breeds contempt. Journal of Personality and Social Psychology, 92（1）: 97-105.

Nowak M A, Sigmund K. 2005. Evolution of indirect reciprocity. Nature, 437（7063）: 1291-1298.

O'Donoghue T, Rabin M. 1999. Doing it now or later. American Economic Review, 89(1): 103-124.

Odean T. 1998. Are investors reluctant to realize their losses? The Journal of Finance, 53（5）: 1775-1798.

Paserman M D. 2008. Job search and hyperbolic discounting: Structural estimation and policy evaluation. The Economic Journal, 118（531）: 1418-1452.

Peltzman S. 1976. Toward a more general theory of regulation. The Journal of Law & Economics, 19（2）: 211-240.

Peng L, Xiong W. 2006. Investor attention, overconfidence and category learning. Journal of Financial Economics, 80（3）: 563-602.

Petty R E, Cacioppo J T. 1986. The elaboration likelihood model of persuasion. Advances in Experimental Social Psychology, 19: 123-205.

Phelps E S, Pollak R A. 1968. On second-best national saving and game-equilibrium growth. The Review of Economic Studies, 35（2）: 185-199.

Phillips L D, Edwards W. 1966. Conservatism in a simple probability inference task. Journal of Experimental Psychology, 72（3）: 346-354.

Pierce J L, Kostova T, Dirks K T. 2003. The state of psychological ownership: Integrating and extending a century of research. Review of General Psychology, 7（1）: 84-107.

Pluchino A, Biondo A E, Rapisarda A. 2018. Talent versus luck: The role of randomness in success and failure. Advances in Complex Systems, 21（3-4）: 1850014.

Post T, van den Assem M J, Baltussen G, et al. 2008. Deal or no deal? Decision making under risk in a large-payoff game show. American Economic Review, 98（1）: 38-71.

Quiggin J. 1982. A theory of anticipated utility. Journal of Economic Behavior and Organization, 3（4）: 323-343.

Rabin M. 1993. Incorporating fairness into game theory and economics. American Economic Review, 83（5）: 1281-1302.

Rabin M, Schrag J L. 1999. First impressions matter: A model of confirmatory bias. The Quarterly Journal of Economics, 114（1）: 37-82.

Rockloff M J, Greer N. 2010. Never smile at a crocodile: Betting on electronic gaming machines is intensified by reptile-induced arousal. Journal of Gambling Studies, 26（4）: 571-581.

Rosenthal R W. 1981. Games of perfect information, predatory pricing and the chain-store paradox. Journal of Economic Theory, 25（1）: 92-100.

Ross M, Sicoly F. 1979. Egocentric biases in availability and attribution. Journal of Personality and Social Psychology, 37（3）: 322-336.

Rotter J B. 1966. Generalized expectancies for internal versus external control of reinforcement. Psychological Monographs: General and Applied, 80（1）: 1-28.

Rubinstein A. 1982. Perfect equilibrium in a bargaining model. Econometrica, 50（1）: 97-109.

Salganik M J, Dodds P S, Watts D J. 2006. Experimental study of inequality and unpredictability in an artificial cultural market. Science, 311（5762）: 854-856.

Samuelson P A. 1937. A note on measurement of utility. The Review of Economic Studies, 4（2）: 155-161.

Sayman S, Öncüler A. 2005. Effects of study design characteristics on the WTA-WTP disparity: A meta analytical framework. Journal of Economic Psychology, 26（2）: 289-312.

Schunk D, Betsch C. 2006. Explaining heterogeneity in utility functions by individual differences in decision modes. Journal of Economic Psychology, 27（3）: 386-401.

Schwalbe U, Walker P. 2001. Zermelo and the early history of game theory. Games and Economic Behavior, 34（1）: 123-137.

Sicherman N, Loewenstein G, Seppi D J, et al. 2016. Financial attention. The Review of Financial Studies, 29（4）: 863-897.

Sims C A. 2003. Implications of rational inattention. Journal of Monetary Economics, 50（3）: 665-690.

Slonim R, Roth A E. 1998. Learning in high stakes ultimatum games: An experiment in the

Slovak Republic. Econometrica, 66（3）: 569-596.

Sokolova T, Seenivasan S, Thomas M. 2020.The left-digit bias: When and why are consumers penny wise and pound foolish? Journal of Marketing Research, 57（4）: 771-788.

Stanovich K E, West R F. 2000. Individual differences in reasoning: Implications for the rationality debate. Behavioral and Brain Sciences, 23（5）: 645-726.

Stigler G J, Becker G S. 1977. De gustibus non est disputandum. American Economic Review, 67（2）: 76-90.

Thaler R H. 1981. Some empirical evidence on dynamic inconsistency. Economics Letters, 8 （3）: 201-207.

Thaler R H. 1985. Mental accounting and consumer choice. Marketing Science, 4（3）: 199-214.

Thaler R H. 1999. Mental accounting matters. Journal of Behavioral Decision Making, 12（3）: 183-206.

Thaler R H, Benartzi S. 2004. Save more tomorrow TM: Using behavioral economics to increase employee saving. Journal of Political Economy, 112（S1）: S164-S187.

Thaler R H, Shefrin H M. 1981. An economic theory of self control. Journal of Political Economy, 89（2）: 392-406.

Trope Y, Liberman N. 2010. Construal-level theory of psychological distance. Psychological Review, 117（2）: 440-463.

Tversky A. 1972. Elimination by aspects: A theory of choice. Psychological Review, 79（4）: 281-299.

Tversky A, Kahneman D. 1981. The framing of decisions and the psychology of choice. Science, 211（4481）: 453-458.

Tversky A, Kahneman D. 1992. Advances in prospect theory: Cumulative representation of uncertainty. Journal of Risk and Uncertainty, 5（4）: 297-323.

Tversky A, Kahneman D. 1974. Judgment under uncertainty: Heuristics and biases. Science, 185（4157）: 1124-1131.

von Neumann J, Morgenstern O. 1947. Theory of Games and Economic Behavior. Princeton: Princeton University Press.

Wakker P, Thaler R, Tversky A. 1997. Probabilistic insurance. Journal of Risk and Uncertainty, 15（1）: 7-28.

Wang X T. 2008. Risk communication and risky choice in context: Ambiguity and ambivalence hypothesis. Annals of the New York Academy of Sciences, 1128, 78-89.

Wang X T, Johnson J G. 2012. A tri-reference point theory of decision making under risk. Journal of Experimental Psychology: General, 141 (4), 743-756.

Wason P C. 1968. Reasoning about a rule. Quarterly Journal of Experimental Psychology, 20 (3): 273-281.

Wathieu L. 2004. Consumer habituation. Management Science, 50 (5): 587-596.

Watkins T, Patel A S, Antoine G E. 2022. You are what you eat: How and when workplace healthy eating cultivates coworker perceptions and behaviors. The Journal of Applied Psychology, 107 (9): 1459-1478.

Weber B J, Chapman G B. 2005. The combined effects of risk and time on choice: Does uncertainty eliminate the immediacy effect? Does delay eliminate the certainty effect? Organizational Behavior and Human Decision Processes, 96 (2): 104-118.

Williams L E, Bargh J A. 2008. Experiencing physical warmth promotes interpersonal warmth. Science, 322 (5901): 606-607.

Wu G, Gonzalez R. 1996. Curvature of the probability weighting function. Management Science, 42 (12): 1676-1690.

Ye M L, Zheng J, Nikolov P, et al. 2020. One step at a time: Does gradualism build coordination? Management Science, 66 (1): 113-129.

Yerkes R M, Dodson J. D. 1908. The relation of strength of stimulus to rapidity of habit-formation. Journal of Comparative Neurology and Psychology, 18 (5): 459-482.

Yin Y L, Huang Z Q. 2022. Social-jetlagged consumers and decreased conspicuous consumption. Journal of Consumer Research, 49 (4): 616-633.

Yuan Y, Liu T X, Tan C H, et al. 2021. Gift contagion in online groups: Evidence from virtual red packets. Management Science, 70 (7): 4465-4479.

Zheng Y M, Alba J W. 2023. Origin versus substance: Competing determinants of disruption in duplication technologies. Journal of Consumer Research, 49 (6): 944-966.

索　引

A

above-average effect　好于平均效应，263

Allais paradox　阿莱悖论，1

altruism　利他主义，241

anchoring effect　锚定效应，136

anecdotal evidence　轶事证据，130

Asian disease problem　亚洲疾病问题，78

attribution hypothesis　归因假说，99

availability heuristic　可得性启发，19

B

backward induction　逆向归纳法，265

balloon analogue risk task　虚拟气球模拟风险任务，86

Bayes updating's rule　贝叶斯更新法则，vi

belief-based learning　基于信念的学习，106

break-even effect　保本效应，82

Bobo doll experiment　波波玩偶实验，284

bounded rationality　有限理性，vi

C

centipede game　蜈蚣博弈，266

certainty effect　确定效应，10

certainty equivalent　确定性等价收入，13

confirmation bias　确认偏差，136

conservatism　保守主义，89

coordination game 协调博弈，280

correct rejection 正确否定，112

cognitive hierarchy model CH 模型，222

cognitive dissonance 认知失调，154

cumulative prospect theory 累积前景理论，23

D

dictator game 独裁者博弈，225

diminishing marginal utility 边际效用递减，v

discounted utility model 贴现效用模型，194

disposition effect 处置效应，58

drift diffusion model 注意力漂移扩散模型，173

dual system theory 双系统理论，89

E

echo chamber effect 回音室效应，57

ecological rationality 生态理性，199

elaboration likelihood model 双路径模型/精细加工可能性模型，121

endowment effect 禀赋效应，23

equity，reciprocity，and competition model 公平、互惠和竞争模型，240

equate-to-differentiate theory 齐当别理论，1

elimination by aspects 基于属性的筛选，185

escalation of commitment 承诺升级，47

expected utility theory 期望效用理论，v

exponential discounted utility model 指数贴现效用模型，194

exploration and exploitation 探索和利用，164

ε-greedy algorithm ε-贪心算法，165

F

false alarm 误判，112

fast-and-frugal tree 快速节俭树，114

fairness intention 公平意图，242

framing effect　框架效应，75

first order stochastic dominance　一阶随机占优性，40

G

gain-loss asymmetry　不对称性，36

gambler's fallacy　赌徒谬误，vi

gift exchange game　礼物交换博弈，247

goal　目标，77

Gumbel distribution　耿贝尔分布，158

H

halo effect　晕轮效应，234

herding behavior　羊群效应，280

hot hand fallacy　热手谬误，vi

house-money effect　赌场盈利效应，81

hindsight bias　后见之明偏差（事后聪明），120

I

incrementalism　渐进主义，258

information entropy　信息熵，185

intertemporal choice　跨期选择，193

inequity aversion　不公平厌恶，226

L

likelihood ratio　似然比，vi

loss aversion　损失厌恶，vi

law of large numbers　大数定律，106

level-*k* model　*k* 层级模型，272

left-digit bias　左位数偏差，175

locus of control theory　控制点理论，104

M

mental accounting　心理账户，vi

minimum requirement　底线，77

multi-normal logit choice model　多项选择模型，158

mutual consistency 相互一致性，278

N

neglecting base rate fallacy 忽视基础比例谬误，130

nudge 助推，2

O

Ostrich effect 鸵鸟效应，57

overreaction 反应过度，110

other-regarding preference 利他偏好，243

overconfidence 过度自信，125

P

path dependence theory 路径依赖理论，102

peak-ending effect 峰终效应，39

perseverance bias 固执偏差，136

p-beauty contest *p*-选美博弈，266

procedure invariance 程序不变性，7

present-biased preference 现时偏向型偏好，vii

prospect theory 前景理论，1

prior probability 先验概率，vi

prisoner's dilemma 囚徒困境，174

positive autocorrelation 正自相关，141

posterior probability 后验概率，106

projection bias 投射偏差，94

psychological distance 心理距离，32

Q

quantal response equilibrium 最优响应均衡，89

quasi-hyperbolic discounting model 拟双曲贴现模型，203

R

rank-dependent utility theory 等级依赖效用理论，43

ratchet effect 棘轮效应，73

rational addiction theory　理性成瘾理论, 103

rational inattention　理性疏忽, 185

regret theory　后悔理论, 1

receiver operating characteristic　接受者操作特性, 108

reinforcement learning　强化学习, 99

risk aversion　风险规避, 2

risk compensation effect　风险补偿效应, 79

risk premium　风险溢价, 13

risk seeking　风险寻求, 2

risk-sensitivity theory　风险敏感理论, 77

S

satisfactory solution　满意解, vi

self control　自我控制, 59

self-serving bias　自我服务偏差, 105

signal detection theory　信号检测理论, 106

Shannon entropy　香农熵, 185

St. Petersburg paradox　圣彼得堡悖论, 23

Stag hunt game　猎鹿博弈, 280

subadditivity　次可加性, 16

subcertainty　次确定性, 16

subproportionality　次比例性, 16

sunk cost　沉没成本, 2

system neglect　系统忽视, 133

subjective probability weight function　主观权重函数, v

superadditivity　超可加性, 19

survivorship bias　幸存者偏差, 264

T

third-party punishment game　第三方惩罚博弈, 254

trust game　信任博弈, 247

time-inconsistency preference　时间偏好不一致性, 192

time lag of interest　时差利息，193

trial and error learning　试错学习，99

tri-reference point theory　三参考点理论，77

U

ultimatum game　最后通牒博弈，225

upper confidence bound　上限置信区间，165

underreaction　反应不足，110

V

visceral effect　脏器效应，93

W

Weber-Fechner law　韦伯-费希纳定律，24

win-stay，loss-shift strategy　赢定输移战略，100

winner's curse　赢者诅咒，31

willingness to pay　支付意愿，69

后　记

从 2010 年到南京大学工作，开设行为决策相关课程，我就开始筹备本书稿的写作。到如今完成书稿，我曾经多次被迫将书稿撰写搁置一旁，让它"休眠"。其间，心有不甘，便将一些较为粗浅的理解整理为《决策的基因》一书（2017 年，科学出版社）。对于本书的孕育、修改，长达 14 年，对于个人来说时间很长，但是对于行为决策理论的发展来说却很短。

在漫长的写作过程中，我得到了很多前辈、同行和学生的各种方式的支持，也欠了很多"人情债"。感谢中国科学院胡旭东研究员，他于 2021 年来南京大学工程管理学院访问并做学术报告，整个报告过程中，我都深受触动。他能将深奥的数学理论和信手拈来的身边事巧妙地结合在一起，并且一边做报告，一边让包括我在内的听众做题，以保持听者的注意力。我尽量将自己从胡老师报告中学到的理论联系实践的精神贯穿到全书写作中。感谢浙江大学施俊琦教授和西南财经大学赵琳教授提出的关于增加一些行为决策研究的最新进展方面的建议。

感谢南京大学的同事周晶教授、肖条军教授、陈春林教授及刘烨副教授，他们对我的学术事业发展、教学工作等各方面提出了宝贵意见，也在其他方面提供了诸多帮助。特别是周晶教授在行为决策框架的搭建方面给予指导，并不断地提醒我要保证关键词的严谨性。肖条军教授在书稿的题目、章节标题拟定的准确性、关键术语用词的严谨性、相关行为公式的行为学解读、图表排版等方面给予了指导。本书的相关内容为南京大学工程管理学院本科生和研究生相关课程的讲义，陈春林教授在相关课程安排和协调方面提供了便利。刘烨副教授对文中经济与金融领域的相关文献的引用和解读给予了指导。

在本书写作的多个寒暑假，来自南京大学的电子信息、自动化、工业工程、管理科学与工程、法学、新闻与传播等多个专业的学生选修了与本书内容相关的课程，部分学生做了书稿修订方面的工作，他们是常晋维、陈海林、董亚男、杜明昊、季欣然、赖小碧、李子晗、林恺越、刘雨佳、刘润泽、全禹亭、马燕妮、倪明明、邵兰茜、史雨欣、孙柳、赵梓雯、张嘉豪、张皓杨、郑旖旎、朱天琪、朱羽欣。特别地，朱天琪同学复算了算例和推导过程，郑旖旎和董亚男梳理并修正了"兰"与"芽"之间的对话，赵梓雯协助制作了部分插图，杜明昊和董亚男校读了中英文学术术语，刘润泽校读了公式、定义等的编号及参考文献，张阳增补了相关文献及部分插图。感谢他们！

2023 年暑期，受香港科技大学刘倩教授的邀请，我到香港科技大学访问了一段时间。感谢刘教授提供的宽松学术氛围，我周末驻留在拥有无敌海景的图书馆，非常放松地修改了书稿的部分篇章，也希望将这种放松感传递给读者，让读者在阅读过程中不会有过多的紧迫感。香港中文大学（深圳）的陈昕韫教授在关于噪声如何影响决策行为方面给出了相关建议。阿里巴巴达摩院算法工程师印卧涛教授和孙常龙博士在关于 AI 辅助司法决策的相关内容方面给予了指点。南京大学刘烨副教授在关于投资决策情景中的行为分析方面给予了指点。武汉纺织大学陶智颖博士通篇校读全书，并给出了中肯的建议。书稿校读的后半程，我因摔伤住院一段时间，在这期间，我的同事徐红利教授给予了诸多支持，才使本书稿不至于拖延过久。

感谢科学出版社教育与心理分社同事们全力以赴地支持本书的出版。本书责任编辑朱丽娜也是我的第一本书《决策的基因》的责任编辑。我们年龄相仿，共同成长，真是幸事。科学出版社副总经理陈亮、副总编辑刘俊来及教育与心理分社社长付艳都提供了相应的帮助。感谢本书文字编辑高丽丽的辛苦劳作，保证了本书的文从字顺。高丽丽老师是我在科学出版社出版的所有书籍的文字编辑，我敬佩她的专业精神。从初审到最后的定稿过程中，高老师提供的多轮校稿意见，帮助我对一些内容想得更加清晰。

我非常放心将本书托付于她。

非常荣幸能够邀请到清华大学赵晓波教授和明尼苏达大学崔海涛教授花费精力点评本书，并为本书作序。赵晓波教授是国家杰出青年科学基金项目获得者（2004 年），以及中国运筹学会行为运筹与管理分会的创立者及首任理事长。崔海涛教授是教育部长江学者讲座教授（2016 年），以及中国运筹学会行为运筹与管理分会学术委员会首任主席。两位教授是行为决策、运营和营销行为决策领域的学术大家，他们的专业、独到的点评能令读者受益。

感谢我的两位学业导师的培养和帮助。感谢我的硕士生导师董沛武先生。我在哈尔滨工业大学攻读硕士学位期间，董先生言传身教校训"规格严格、功夫到家"所蕴含的精神。感谢我的博士生导师黄培清先生。我在上海交通大学攻读博士学位期间，黄先生给予的指导和帮助，为我后续养成坚毅科研态度和透彻生活心态打下了良好基础。上海交通大学校训"饮水思源，爱国荣校"的精神也镌刻在了我的血脉中：以高质量的科研成果培育一代代学生，为国家和社会做贡献。

最后，感谢我的父母。他们毫无保留地支持我的一切决定，给予我无尽的爱与支持，让我自由地选择职业和生活方式，时常要容忍我躲在办公室里或陷入沉思之中。

由于时间和精力有限，书稿中难免存在疏漏和不足，望广大读者批评指正。

李　娟

2024 年 7 月 20 日